Gläubigerschutz durch § 32a GmbHG

Europäische Hochschulschriften
Publications Universitaires Européennes
European University Studies

Reihe II
Rechtswissenschaft

Série II Series II
Droit
Law

Bd./Vol. 4071

PETER LANG
Frankfurt am Main · Berlin · Bern · Bruxelles · New York · Oxford · Wien

Edward Renger

Gläubigerschutz durch § 32a GmbHG

Ein Beitrag zur ökonomischen Analyse des Eigenkapitalersatzrechts unter Einbeziehung US-amerikanischer Regelungskonzepte

PETER LANG
Europäischer Verlag der Wissenschaften

Bibliografische Information Der Deutschen Bibliothek
Die Deutsche Bibliothek verzeichnet diese Publikation in der Deutschen Nationalbibliografie; detaillierte bibliografische Daten sind im Internet über <http://dnb.ddb.de> abrufbar.

Zugl.: Frankfurt (Main), Univ., Diss., 2004

D 30
ISSN 0531-7312
ISBN 3-631-52946-5

www.peterlang.de

Vorwort

Die Arbeit wurde im Sommersemester 2004 vom Fachbereich Rechtwissenschaft der Johann Wolfgang Goethe-Universität Frankfurt am Main als Dissertation angenommen. Die Druckfassung berücksichtigt Anmerkungen von Erst- und Zweitkorrektur. Rechtsprechung und Literatur sind bis Juli 2002, dem Zeitpunkt der Einreichung, berücksichtigt.

Prof. Dr. Dr. h. c. Theodor Baums hat mir die Gelegenheit zur Promotion gegeben, Prof. Dr. Andreas Cahn hat das Zweitgutachten erstattet. Ihnen gilt mein Dank wie all jenen anderen, ohne deren Hilfe die Erstellung um vieles mühsamer gewesen wäre. An erster Stelle danke ich meiner Frau Anna für ihre Korrekturen und Ermutigungen, ebenso meinem Freund Axel Rinjes und meinem Kollegen Ahmad Khonsari. Anregende Gespräche und Ideen verdanke ich meinen Freunden Dr. Christian Baschab, Judith Carstens, Dr. Janke J. Dittmer, Dr. Lars Lütgens und Dr. Marc Schweda. Ich danke weiterhin Prof. Richard M. Buxbaum, der mir nicht nur einen unvergeßlichen Forschungsaufenthalt an der University of California, Berkeley ermöglichte, sondern auch zahlreiche Anregungen für den US-amerikanischen Teil der Arbeit gab. Für interessante Gespräche und Hinweise danke ich außerdem den Professoren Dr. Ulrich Ehricke, Dr. Peter Mankowski, Dr. Heribert Hirte und Jesse M. Fried.

Die Arbeit wurde von der Friedrich-Naumann-Stiftung durch ein Promotionsstipendium mit Mitteln des Bundesministeriums für Bildung und Forschung gefördert. Die Arbeit ist meinem Vater Dr. Reinhard Renger gewidmet.

Edward Renger

Inhaltsverzeichnis

Abkürzungsverzeichnis

10th	Tenth
11th	Eleventh
12th	Twelfth
1st	First
2nd	Second
3rd	Third
4th	Fourth
5th	Fifth
6th	Sixth
7th	Seventh
8th	Eighth
9th	Ninth
a. A.	anderer Ansicht
a. a. O.	am angegebenen Ort
a. F.	alte Fassung
Abs.	Absatz
AcP	Archiv für die civilistische Praxis
AER	The American Economic Review
AG	Die Aktiengesellschaft
AGB	Allgemeine Geschäftsbedingungen
Ala. L. Rev.	Alabama Law Review
Am. Bankr. Inst. L. Rev.	American Bankruptcy Institute Law Review
AnfG	Anfechtungsgesetz
Anh.	Anhang

Anm.	Anmerkung
Art.	Artikel
Aufl.	Auflage
B.C.	Bankruptcy Code
B.R.	Bankruptcy Reporter
BAG	Bundesarbeitsgericht
Bankr.	United States Bankruptcy Court
BB	Der Betriebs-Berater
Bd.	Band
BewG	Bewertungsgesetz
BGB	Bürgerliches Gesetzbuch
BGBl.	Bundesgesetzblatt
BGH	Bundesgerichtshof
BGHZ	Entscheidungen des Bundesgerichtshofs in Zivilsachen
BMF	Bundesminister der Finanzen
BR-Drucks.	Drucksachen des Bundesrates
BSG	Bundessozialgericht
BStBl.	Bundessteuerblatt
BT-Drucks.	Drucksachen des Deutschen Bundestages
Bus. Law.	Business Lawyer
BVerfGE	Entscheidungen des Bundesverfassungsgerichts
Ca.	California
Cir.	Circuit Court of Appeals of the ... Circuit
cl.	clause
Co.	Company
Colum. L. Rev.	Columbia Law Review
Cong. Rec.	Congressional Record
Conn.	Connecticut
Corp.	Corporation
Cumb. L. Rev.	Cumberland Law Review

D.	(United States District Court of the) District of
DB	Der Betrieb
DBW	Die Betriebswirtschaft
Del. J. Corp. L.	Delaware Journal of Corporate Law
ders.	derselbe
dies.	dieselbe
	dieselben
Diss.	Dissertation
DJ	Deutsche Justiz
DMBilG	Gesetz über die Eröffnungsbilanz in Deutscher Mark und die Kapitalneufestsetzung (D-Markbilanzgesetz)
DStR	Deutsches Steuerrecht
DZWiR	Deutsche Zeitschrift für Wirtschaftsrecht
E. D.	(United States District Court of the) Eastern District of
Econ. J.	Economic Journal
ed.	edition
EGInsO	Einführungsgesetz zur Insolvenzordnung
EGInsOÄndG	Gesetz zur Änderung des Einführungsgesetzes zur Insolvenzordnung und anderer Gesetze
Einf. v.	Einführung vor
EStG	Einkommensteuergesetz
et seq.	et sequens
	et sequitur
EWiR	Entscheidungen zum Wirtschaftsrecht
f.	folgende
F.2d	Federal Reporter, Second Series
F.3d	Federal Reporter, Third Series
ff.	fortfolgende
Fn.	Fußnote
FS	Festschrift

Ga.	Georgia
gem.	gemäß
GewStG	Gewerbesteuergesetz
GewStR	Gewerbesteuer-Richtlinien
GFF	Gesellschafterfremdfinanzierung
GG	Grundgesetz für die Bundesrepublik Deutschland
GmbH	Gesellschaft mit beschränkter Haftung
GmbHG	Gesetz betreffend die Gesellschaften mit beschränkter Haftung
GmbHR	GmbH-Rundschau
h. M.	herrschende Meinung
Harv. L. Rev.	Harvard Law Review
HGB	Handelsgesetzbuch
Hrsg.	Herausgeber
hrsg. v.	herausgegeben von
i. e. S.	im engeren Sinn
i. S. d.	im Sinne des
i. S. v.	im Sinne von
i. V. m.	in Verbindung mit
Ill.	Illinois
Inc.	Incorporated
InsO	Insolvenzordnung
Int'l Rev. L. & Econ.	International Review of Law and Economics
IPRax	Praxis des Internationalen Privat- und Verfahrensrechts
J. Corp. L.	Journal of Corporation Law
J. L. & Econ.	Journal of Law and Economics
J. Legal Stud.	Journal of Legal Studies
JoF	The Journal of Finance
JoFE	Journal of Financial Economics
JoFQA	Journal of Financial and Quantitative Analysis

JoPE	Journal of Political Economy
JoPM	Journal of Portfolio Management
JuS	Juristische Schulung
JW	Juristische Wochenschrift
JZ	Juristenzeitung
KapAEG	Kapitalaufnahmeerleichterungsgesetz
KG	Kommanditgesellschaft
KO	Konkursordnung
KonTraG	Gesetz zur Kontrolle und Transparenz im Unternehmensbereich
KStG	Körperschaftsteuergesetz
KTS	Zeitschrift für Konkurs-, Treuhand- und Schiedsgerichtswesen
KuK	Kredit und Kapital
lat.	lateinisch
Ltd.	Limited
M. D.	(United States District Court of the) Middle District of
M. B. C. A.	Model Business Corporation Act
m. w. N.	mit weiteren Nachweisen
Mass.	Massachusetts
Md.	Maryland
	Maryland Reports
Minn.	Minnesota
N. A.	National Association
N. D.	(United States District Court of the) Northern District of
N. H.	New Hampshire
n. F.	neue Fassung
N.E.2d	North Eastern Reporter, Second Series
N.W.2d	North Western Reporter, Second Series
N.Y.U. L. Rev.	New York University Law Review

NB	Neue Betriebswirtschaft
NJW	Neue Juristische Wochenschrift
NJW-RR	Neue Juristische Wochenschrift - Rechtsprechungs-Report Zivilrecht
Nr.	Nummer
NS	New Series
NZG	Neue Zeitschrift für Gesellschaftsrecht
OLG	Oberlandesgericht
Pa.	Pennsylvania
R. I.	Rhode Island
RE	Rechnungseinheiten
RegE	Regierungsentwurf
RG	Reichsgericht
RGZ	Entscheidungen des Reichsgerichts in Zivilsachen
Rn.	Randnummer
Rz.	Randzahl
S.	Satz
	Seite
S. C. L. Rev.	South Carolina Law Review
S. D.	(United States District Court of the) Southern District of
sec.	section
sog.	sogenannt
st. Rspr.	ständige Rechtsprechung
StandOG	Gesetz zur Verbesserung der steuerlichen Bedingungen zur Sicherung des Wirtschaftsstandorts Deutschland im Europäischen Binnenmarkt (Standortsicherungsgesetz)
StuW	Steuer und Wirtschaft
Supp.	Supplement
Tex.	Texas

Tex. L. Rev.	Texas Law Review
Tex. Tech L. Rev.	Texas Tech Law Review
Tz.	Textzahl
u. a.	unter anderem
U. Chi. L. Rev.	University of Chicago Law Review
u. d. T.	unter dem Titel
U. Pa. L. Rev.	University of Pennsylvania Law Review
U. Pitt. L. Rev.	University of Pittsburgh Law Review
U. Toronto L. J.	University of Toronto Law Journal
U.S.	United States, United States Reports
UBGG	Gesetz über Unternehmensbeteiligungsgesellschaften
Univ.	Universität
Urt.	Urteil
USA	United States of America
v.	von
	versus
Vand. L. Rev.	Vanderbilt Law Review
vgl.	vergleiche
Vol.	Volume
Vt.	Vermont
W. D.	(United States District Court of the) Western District of
Wis.	Wisconsin
WiSt	Wirtschaftswissenschaftliches Studium
WL	WESTLAW Citations
WM	Wertpapier-Mitteilungen
Yale L. & Pol'y Rev.	Yale Law and Policy Review
z. B.	zum Beispiel
ZBB	Zeitschrift für Bankrecht und Bankwirtschaft
ZfB	Zeitschrift für Betriebswirtschaft

ZfbF	Schmalenbachs Zeitschrift für betriebswirtschaftliche Forschung
ZfgK	Zeitschrift für das gesamte Kreditwesen
ZfhF	Zeitschrift für handelswissenschaftliche Forschung
ZGR	Zeitschrift für Unternehmens- und Gesellschaftsrecht
ZHR	Zeitschrift für das gesamte Handelsrecht und Wirtschaftsrecht
Ziff.	Ziffer
ZInsO	Zeitschrift für das gesamte Insolvenzrecht
ZIP	Zeitschrift für Wirtschaftsrecht
zit.	Zitiert
zust.	Zustimmend

Einleitung

§ 32a GmbHG regelt das Schicksal von Gesellschafterdarlehen und verwandten Finanzierungsmitteln, die an eine GmbH in der Krise vergeben wurden und in der Insolvenz wieder abgezogen werden sollen. Die Vorschrift bildet zusammen mit anderen Normen (§ 32b GmbHG, § 135 InsO, § 6 AnfG, §§ 129a und 172a HGB) sowie den sogenannten Rechtsprechungsregeln des BGH (§§ 30, 31 GmbHG analog) das Rechtsgebiet des Eigenkapitalersatzrechts, welches einen umfassenden Schutz der Gläubiger vor diesen Finanzierungsmitteln gewährleisten soll.

Obwohl § 32a GmbHG vor mehr als zwanzig Jahren eingeführt worden ist, herrscht in der Fachwelt noch heute große Unsicherheit über die Notwendigkeit dieser Norm und den angemessenen Regelungsumfang. Exemplarisch hierfür ist die Aussage des österreichischen Juristen *Hans-Georg Koppensteiner*, der die Übernahme der deutschen Regelung ins österreichische Recht vor einigen Jahren scharf ablehnte und bemerkte: „Weder die §§ 32a, 32b GmbHG noch die bisherige Entwicklung des Richterrechts lassen sich auf ein dringendes rechtspolitisches Bedürfnis oder ein evidentes Postulat der Gerechtigkeit stützen.“[1] Zahlreiche deutsche Juristen sind der gleichen Ansicht und fordern die Abschaffung des Eigenkapitalersatzrechts[2]. Wie groß die Unzufriedenheit der Fachwelt mit den in § 32a GmbHG getroffenen Regelungen ist, zeigte sich sehr deutlich, als im Jahre

---

1 *Koppensteiner*, AG 1998, 308, 317.

2 *Götz*, Juristische und ökonomische Analyse des Eigenkapitalersatzrechts, S. 109 ff.; *Grunewald*, GmbHR 1997, 7, 9; *Reiner*, in: FS Boujong, S. 415 ff.; *Eidenmüller*, Unternehmenssanierung zwischen Markt und Gesetz, S. 389; kritisch auch *Claussen*, GmbHR 1994, 10 ff.; *ders.*, GmbHR 1996, 316, 319; aus österreichischer Sicht ablehnend *Schummer*, Das Eigenkapitalersatzrecht, S. 477.

1998 gleich zwei neue Ausnahmetatbestände eingeführt wurden (§ 32a Abs. 3 S. 2 und 3 GmbHG), die eine überaus polemische Kritik provozierten[3] und in den darauffolgenden Jahren zahlreiche Monographien nach sich zogen[4].

Die vorliegende Arbeit unternimmt den Versuch, Licht in das Dunkel zu bringen, das die Regelung des § 32a GmbHG umgibt. Ausgehend vom geregelten Lebenssachverhalt soll aufgezeigt werden, warum diese Norm notwendig ist und wie sie idealerweise ausgestaltet sein sollte. Zu diesem Zwecke vereint die Untersuchung drei nebeneinander bestehende wissenschaftliche Disziplinen: Eine finanzwirtschaftliche Untersuchung mit dem ersten umfassenden Modell der Gesellschafterfremdfinanzierung, eine ökonomische Analyse des Rechts zur Frage der rechtspolitischen Notwendigkeit ihrer Regulierung und eine rechtsvergleichende Untersuchung alternativer Regelungskonzepte in den USA. Diese werden durch eine Analyse möglicher Fortentwicklungen unter Berücksichtigung der gewonnenen Erkenntnisse ergänzt.

---

[3] Die Bandbreite der Ablehnung reichte im Vorfeld der Verabschiedung des § 32a Abs. 3 S. 2 GmbHG von der Kennzeichnung als „Verschlimmbesserung" (*Altmeppen*, ZIP 1996, 1455) oder „Regierungsideologie" (*Oellers*, ZIP 1996, 1579) bis hin zu der Beurteilung, die Regelung habe den „Charakter des Anstößigen" und sei daher rechtsethisch und -politisch verfehlt (*von Gerkan*, GmbHR 1997, 677, 682).

[4] *Barth*, Der Anwendungsbereich des Eigenkapitalersatzrechts (2001); *Lehner*, Sanierungsprivileg (2001); *Kuthe*, Die Änderungen im System der eigenkapitalersetzenden Gesellschafterdarlehen (2001); *Schenk*, Finanzierungsverantwortung eines Kleingesellschafters (2001); *Tillmann*, Privilegierte Kapitalhilfen durch GmbH-Gesellschafter (2001); *Vervessos*, Das Eigenkapitalersatzrecht (2001); *Bieder*, Das Kapitalersatzrecht im Umbruch (2000).

Kapitel 1: Einführung in die Untersuchung

Dieses Kapitel ist einer Einführung in die Untersuchung gewidmet. Dazu werden zunächst der Tatbestand des § 32a GmbHG und der von ihm geregelte Lebenssachverhalt vorgestellt (nachfolgend A). Daran schließt sich eine Analyse der rechtshistorischen und –dogmatischen Entwicklung der Norm an (nachfolgend B). Aus den Erkenntnissen dieser Analyse ergibt sich der Aufbau der vorliegenden Untersuchung (nachfolgend C). Dem folgen einige einschränkende Annahmen zu dieser Untersuchung (nachfolgend D).

A. Der von § 32a GmbHG geregelte Lebenssachverhalt

Das Eigenkapitalersatzrecht besteht aus den gesetzlich kodifizierten Regelungen in den §§ 32a, 32b GmbHG, § 135 InsO, § 6 AnfG, §§ 129a und 172a HGB und den sogenannten Rechtsprechungsregeln des BGH (§§ 30, 31 GmbHG analog)[5]. Aufgabe des Eigenkapitalersatzrechts ist die Regulierung der Gesellschafterfremdfinanzierung, also der Finanzierung einer Gesellschaft durch ihre Gesellschafter mit Fremdkapital[6]. Die bekannteste, aber nicht allein davon erfaßte Finanzierungsform ist das Gesellschafterdarlehen[7]. Die Normen des Eigenkapitalersatzrechts, die sich zum Teil überschneiden, regeln verschiedene

[5] Siehe zu einer Vorstellung der Normen und ihrer Entstehungsgeschichte den nachfolgenden Abschnitt B auf Seite 9 ff.

[6] *Klaus*, Gesellschafterfremdfinanzierung, S. 163.

[7] *Eilers/Sieger/Wienands*, Die Finanzierung der GmbH durch ihre Gesellschafter, Rn. 11; *Klaus*, Gesellschafterfremdfinanzierung, S. 163. Siehe zu einem ersten Überblick über die erfaßten Fi-

die sich zum Teil überschneiden, regeln verschiedene Teilaspekte der Gesellschafterfremdfinanzierung[8].

§ 32a GmbHG regelt nur einen Ausschnitt hieraus. Die Norm ist in den letzten Jahren Gegenstand verschiedener gesetzgeberischer Veränderungen gewesen[9] und setzt sich nun aus drei Gruppen von Tatbeständen zusammen: Dem Grundtatbestand, der in § 32a Abs. 1 GmbHG geregelt ist, zwei Umgehungstatbeständen, die in § 32a Abs. 2 und Abs. 3 S. 1 GmbHG festgelegt sind, sowie verschiedenen Ausnahmetatbeständen. Letztere sind zum Teil in § 32a GmbHG geregelt, nämlich in Abs. 3 S. 2 und 3, zum Teil aber auch in § 24 UBGG und § 56e DMBilG.

I. Der Grundtatbestand

Der in § 32a Abs. 1 GmbHG geregelte Grundtatbestand bestimmt, daß ein Gesellschafter seinen Anspruch auf Rückgewähr eines Gesellschafterdarlehens im Insolvenzverfahren über das Vermögen der Gesellschaft nur als nachrangiger Insolvenzgläubiger geltend machen kann, wenn er dieses Darlehen zu einem Zeitpunkt gewährt hat, in dem ihr die Gesellschafter als ordentliche Kaufleute Eigenkapital zugeführt hätten. Die Rechtsfolge knüpft an die durch die Insolvenzordnung eingeführte Unterscheidung verschiedener Klassen innerhalb der Insolvenzgläubiger an. § 39 Abs. 1 Nr. 5 InsO bestimmt, daß Forderungen auf Rückgewähr eines „kapitalersetzenden Darlehens“ eines Gesellschafters oder gleichgestellte Forderungen als letzte der nachrangigen Forderungen befriedigt werden.

---

nanzierungsformen die Standardkommentierungen in *Baumbach/Hueck/Fastrich*, GmbHG, § 32a Rn. 28 ff.; *Scholz/K. Schmidt*, GmbHG, §§ 32a, 32b Rn. 29 ff., 113 ff. und 142 ff.

[8] Siehe dazu die instruktive Einführung bei *Hommelhoff*, in: v. Gerkan/Hommelhoff (Hrsg.), Handbuch des Kapitalersatzrechts, Rz. 1.2 ff.

[9] Vgl. dazu die ursprüngliche Version von 1980 in BGBl. I S. 836, sowie die Änderungsbestimmungen in Art. 48 EGInsO (BGBl. I S. 2911), Art. 2 KapAEG (BGBl. I S. 707), Art. 10 KonTraG (BGBl. I S. 786) und Art. 1 Nr. 10 EGInsOÄndG (BGBl. I S. 3836) und die nachfolgenden Ausführungen in Kapitel 1:B.V auf Seite 20 ff.

Der Anwendungsbereich des § 32a Abs. 1 GmbHG erfaßt bei näherer Betrachtung nur bestimmte Gesellschafterdarlehen, nämlich solche, die die folgenden drei Voraussetzungen erfüllen: Erstens müssen sie zu einem Zeitpunkt gewährt worden sein, in dem ihr die Gesellschafter als ordentliche Kaufleute Eigenkapital zugeführt hätten. Zweitens müssen sie an eine Gesellschaft gegeben worden sein, die danach in die Insolvenz gerät. Drittens müssen die Gesellschafterdarlehen auch noch zum Zeitpunkt der Insolvenz bestehen, weil nur dann der Rangrücktritt greifen kann.

Leider ist das erste Tatbestandsmerkmal sehr vage. Wann ist ein Zeitpunkt erreicht, an dem die Gesellschafter als ordentliche Kaufleute ihrem Unternehmen Eigenkapital zugeführt hätten? Durch den Zusatz „Krise der Gesellschaft“ hinter diesem unbestimmten Rechtsbegriff wird der schwammige Begriff vom „ordentlichen Kaufmann“ jedenfalls nicht präzisiert, sondern vielmehr selber zu einer Legaldefinition herangezogen[10]. Zur Ausfüllung dieses unbestimmten Rechtsbegriffs muß deshalb auf außerhalb der Norm liegende Maßstäbe zurückgegriffen werden. Die Rechtsprechung und der überwiegende Teil der Lehre stellen auf das von *Ulmer* entwickelte Kriterium der Kreditunwürdigkeit ab[11]. Kreditunwürdig ist die Gesellschaft dann, wenn ein außenstehender Dritter das Darlehen in Kenntnis der kreditrelevanten Umstände entweder gar nicht oder aber bloß zu Bedingungen gewährt hätte, die nicht denen des Marktes entsprechen und wenn die Gesellschaft ohne die Zuführung von Eigenkapital oder Gesellschafterdarlehen hätte liquidiert werden müssen[12]. Maßstab für die Beurteilung des Verhaltens ist ein wirtschaftlich vernünftig handelnder Gläubiger,

10 *Pentz*, GmbHR 1999, 437, 438; *Altmeppen*, ZGR 1999, 291, 293; *Dauner-Lieb*, DStR 1998, 1517, 1519; *Hirte*, ZInsO 1998, 147; *Obermüller*, ZInsO 1998, 51, 53; *Seibert*, GmbHR 1998, 307, 309.

11 Vgl. dazu die in Fn. 12 Genannten. Das Kriterium der Kreditunwürdigkeit wurde vor der Einführung des § 32a GmbH für die Rechtsprechungsregeln des BGH zu §§ 30, 31 GmbHG entwickelt. Siehe zu den Rechtsprechungsregeln den nachfolgenden Abschnitt B auf Seite 9 ff.; zu den grundlegenden Ausführungen *Ulmers* zum Kriterium der Kreditunwürdigkeit *Hachenburg/Ulmer*, GmbHG, 7. Aufl., § 30 Anh. Rn. 72, 86.

12 In dieser Form ausdrücklich BGH BB 2001, 43 = NJW 2001, 1280; BGH DB 1990, 319, 320; BGH WM 1986, 447, 448; BGHZ 81, 365, 367; BGHZ 81, 252, 255; BGHZ 76, 326, 330; HK GmbH-Recht/*Bartl*, § 32a GmbHG Rn. 8; *Scholz/K. Schmidt*, GmbHG, §§ 32a, 32b Rn. 41; *Rowedder*, GmbHG, § 32a Rn. 15; *Lutter/Hommelhoff*, ZGR 1979, 39 ff. Vgl. zu einer

lich vernünftig handelnder Gläubiger, der nicht an der Gesellschaft beteiligt ist und sich auch nicht an ihr beteiligen will[13]. Das Kriterium ist in letzter Zeit insbesondere von Ökonomen als nicht aussagekräftig kritisiert worden[14]. Es führe insbesondere in denjenigen Fällen zu unbefriedigenden Ergebnissen, in denen die Gesellschaft mutmaßlich kreditunwürdig, aber aufgrund ausreichender Liquidität weder auf Gesellschafterdarlehen noch auf sonstige Mittelzuführung von außen angewiesen sei[15].

Eine Ausweitung hat der Anwendungsbereich des Grundtatbestandes durch die Rechtsprechung zum sog. „stehengelassenen Darlehen" erfahren[16]. Danach kann Gesellschafterfremdkapital unter bestimmten Voraussetzungen auch dann von § 32a GmbHG erfaßt sein, wenn es bereits vor der Krise vergeben, aber beim Eintritt derselben nicht abgezogen wurde. Die Voraussetzungen dieser Rechtsfortbildung sind im einzelnen in der Fachwelt umstritten. Der BGH verlangt als Voraussetzung, daß der Gesellschafter die eintretende Krise der Gesellschaft kannte oder kennen mußte[17]. Gleicher Ansicht sind auch Teile der Literatur[18]. Andere Teile der Literatur betrachten Darlehen nur dann als „stehengelassen", wenn eine Finan-

Übersicht über die unübersichtliche und uneinheitliche Rechtsprechung, die diese Kriterien zu konkretisieren versucht, aus jüngerer Zeit die zusammenfassende Darstellung in HK GmbH-Recht/*Bartl*, a. a. O., Rn. 7 m. w. N. Die näheren Einzelheiten sind für den weiteren Verlauf dieser Untersuchung jedoch nicht von Belang, vgl. dazu nachfolgend Kapitel 1:D auf Seite 25.

13 BGH GmbHR 1995, 38 = WM 1994, 2280; BGH GmbHR 1993, 87 = WM 1993, 144; BGH GmbHR 1992, 659 = WM 1992, 1650; *Lutter/Hommelhoff*, GmbHG, §§ 32a/b Rn. 19.

14 Vgl. *Bitz*, WiSt 1979, 353 ff.; *Drukarczyk*, in: FS Schneider, S. 171 ff.; kritisch auch *Götz*, Juristische und ökonomische Analyse des Eigenkapitalersatzrechts (2001), S. 41 ff.; *Luckan/Schacht*, DB 1970, 1449, 1452 ff.; *Matthes*, Eigenkapitalersetzende Gesellschafterdarlehen (2001), S. 96 ff. mit einem Verbesserungsvorschlag auf S. 125 ff. ; *Strobel*, DB 1973, 1961 ff.; *Swieters*, Gläubigerschutz durch Insolvenzrecht, S. 259.

15 *Matthes*, Eigenkapitalersetzende Gesellschafterdarlehen (2001), S. 121.

16 Siehe hierzu einführend *Johlke*, in: v. Gerkan/Hommelhoff (Hrsg.), Handbuch des Kapitalersatzrechts, Rz. 5.76 ff.; HK GmbH-Recht/*Bartl*, § 32a GmbHG Rn. 10; *Baumbach/Hueck/Fastrich*, GmbHG, § 32a Rn. 37 ff.

17 St. Rspr., vgl. nur BGH ZIP 1980, 115, 116; 1981, 1332; 1985, 1075, 1076; 1988, 1248, 1253; 1992, 177, 179; 1992, 618, 620; 1995, 23; BGHZ 127, 336.

18 *Lutter/Hommelhoff*, GmbHG, §§ 32a/b Rn. 47; *Westermann*, EWiR 1995, 157 f.; *Fleck*, EWiR 1995, 367.

zierungsabrede besteht[19]. Eine dritte Meinung stellt schließlich allein auf den objektiven Tatbestand ab, also ob Gesellschafterfremdkapital zum Zeitpunkt des Kriseneintritts in der Gesellschaft belassen wurde[20]. In neueren, insbesondere ökonomischen Veröffentlichungen zu diesem Thema wird die Figur des „stehengelassenen Darlehens" sogar abgelehnt[21].

II. Die Umgehungstatbestände

Der Anwendungsbereich des Grundtatbestandes wird in § 32a Abs. 2 und Abs. 3 S. 1 GmbHG um zwei Fälle erweitert. § 32a Abs. 2 GmbHG erfaßt den Fall eines Gesellschafters, der das Darlehen nicht selbst vergibt, sondern das Darlehen eines Dritten besichert oder sich dafür verbürgt. Als Gesellschaftersicherheiten kommen alle Formen der üblichen Kreditsicherheiten in Betracht. Möglich ist insbesondere die Gewährung von Personalsicherheiten, wie Schuldmitübernahme und Garantie, sowie von Mobiliar- und Immobiliarsicherheiten. In der Praxis häufiger anzutreffen ist aber wohl die in § 32a Abs. 2 GmbHG ausdrücklich genannte Bürgschaft[22]. Abs. 3 S. 1 erweitert den durch Abs. 2 bestimmten Anwendungsbereich nochmals, und zwar auf alle Rechtshandlungen eines Gesellschafters oder Dritten, die der Darlehensgewährung nach Abs. 1 oder 2 wirtschaftlich entsprechen.

Diese Gesamtheit von Gesellschafterdarlehen und der mit ihr verwandten Finanzierungsformen wird in der betriebswirtschaftlichen Literatur als *Gesellschafterfremdkapital* bezeichnet, die Finanzierung damit als *Gesellschafterfremdfinanzie-*

---

19 *Hachenburg/Ulmer*, GmbHG, § 32a, b Rn. 30 ff., 90 ff.; *Ulmer*, ZIP 1984, 1163, 1169 ff.; *Baumbach/Hueck/Fastrich*, GmbHG, § 32a Rn. 38.

20 *Schouler*, Grundlagen des Eigenkapitalersatzrechts (2001), S. 260; OLG Hamburg ZIP 1984, 584, 586; *Wiedemann*, ZIP 1986, 1293, 1297; *v. Gerkan*, GmbHR 1996, 400, 401 f.; *Altmeppen*, ZIP 1994, 1939 ff.; *Roth/Altmeppen*, GmbHG, § 32a Rn. 20 f.

21 Vgl. nur *Götz*, Juristische und ökonomische Analyse des Eigenkapitalersatzrechts, S. 183 ff.

22 Siehe zu der umfangreichen Kasuistik *Hachenburg/Ulmer*, GmbHG, §§ 32a, b Rn. 135; *Lutter/Hommelhoff*, §§ 32a/b Rn. 116; *Rowedder*, GmbHG, § 32a Rn. 64; *Eilers/Sieger/Wienands*, Die Finanzierung der GmbH durch ihre Gesellschafter, Rn. 120.

rung[23]. § 32a Abs. 2 und Abs. 3 S. 1 GmbHG erweitern somit den Anwendungsbereich des Grundtatbestandes auf alle Formen der Gesellschafterfremdfinanzierung. Auf diesen Begriff wird im Verlauf der vorliegenden Untersuchung verschiedentlich zurückgegriffen werden.

III. Die Ausnahmetatbestände

Die Ausnahmetatbestände zu § 32a GmbHG sind zum einen in Abs. 3 S. 2 und 3 geregelt, zum anderen in § 24 UBGG[24] und § 56e DMBilG. Ihnen kommt die Funktion zu, die Rechtsfolge des § 32a GmbHG in bestimmten Einzelfällen außer Kraft zu setzen. § 32a Abs. 3 S. 2 GmbHG tut dies für den Fall des nicht geschäftsführenden Gesellschafters, der mit zehn vom Hundert oder weniger am Stammkapital beteiligt ist. § 32a Abs. 3 S. 3 GmbHG macht eine Ausnahme für bestehende oder neu gewährte Kredite eines Darlehensgebers, der in der Krise der Gesellschaft Geschäftsanteile zum Zweck der Überwindung der Krise erwirbt. § 24 UBGG schließt eine Anwendung der Regeln über den Eigenkapitalersatz für den Fall aus, daß ein Gesellschafter einer Unternehmensbeteiligungsgesellschaft einem Beteiligungsunternehmen[25] ein Darlehen gewährt oder eine der Darlehensgewährung wirtschaftlich entsprechende Handlung vorgenommen hat. § 56e DMBilG erklärt das Kapitalersatzrecht für nicht anwendbar auf Kredite, über die gem. Art. 25 Abs. 7 des Einigungsvertrages ein Schuldenmoratorium ausgesprochen wurde, und auf Kredite, welche die Treuhandanstalt der Gesellschaft gewährt oder für die sie eine Sicherheit bestellt oder sich verbürgt hat. Dies gilt gem. § 56e S. 2 DMBilG allerdings nicht für Kredite, die die Treuhandanstalt der Gesellschaft

---

23 *Klaus*, Gesellschafterfremdfinanzierung, S. 163.

24 Eine ähnliche Regelung befand sich ursprünglich in § 25 UBGG. Sie wurde im Jahre 1998 durch die zweite UBGG-Novelle neu gefaßt und auf § 24 UBGG verschoben. Vgl. dazu ausführlich *Vollmer*, ZBB 1998, 221, 226 f.

25 Ein Beteiligungsunternehmen ist eine Gesellschaft, an der die Unternehmensbeteiligungsgesellschaft ihrerseits beteiligt ist, vgl. § 24 UBGG.

nach einer Neufestsetzung der Kapitalverhältnisse gewährt hat oder für die sie nach diesem Zeitpunkt eine Sicherheit[26] bestellt oder sich verbürgt hat.

B. Rechtsgeschichtlicher und -dogmatischer Hintergrund

§ 32a GmbHG ist nicht die einzige Norm, die den Abzug von Gesellschafterdarlehen aus einer Gesellschaft reguliert. Sie ist vielmehr Teil eines ganzen Rechtsgebiets, das sich unter dem Namen Eigenkapitalersatzrecht etabliert hat. Hinter diesem Begriff verbirgt sich ein komplexes Regelwerk, das sich, ausgehend von Einzelfallentscheidungen des BGH, zu einem eigenständigen Rechtsgebiet verdichtet und sogar einer ganzen Berufgruppe, den „Eigenkapitalersatzrechtlern“, ihren Namen gegeben hat[27].

I. Reichsgericht: Kein Regelungsbedarf

Gesellschafterdarlehen wurden bereits in einzelnen Entscheidungen des Reichsgerichts erwähnt. Ein Eigenkapitalersatzrecht gab es zu dieser Zeit aber noch nicht. In Rechtsprechung und Literatur war es vielmehr allgemeine Meinung, Gesellschafterdarlehen seien im Konkurs der Gesellschaft wie Forderungen anderer Gläubiger zu behandeln[28]. Zwar wurde verschiedentlich gefordert, Gesellschafterdarlehen allgemein oder jedenfalls im Konkurs nach besonderen Grundsätzen zu behandeln, allerdings nur de lege ferenda[29]. Unter dieser Rechtslage hatte das Gericht zwei Fälle zu entscheiden, in denen

---

26 Wörtlich: "Sicherung".

27 Dieser Begriff findet sich erstmals bei *Claussen*, in: FS Forster, S. 139 und später bei *Seibert*, GmbHR 1998, 307, 309 und *Barth*, Der Anwendungsbereich des Eigenkapitalersatzrechts, S. 23.

28 Vgl. *Feine*, Die Gesellschaft mit beschränkter Haftung, S. 672 (1929).

29 Vgl. die Nachweise bei *Schubert* (Hrsg.), Entwurf des Reichsjustizministeriums zu einem Gesetz über Gesellschaften mit beschränkter Haftung von 1939, Beiheft 58 der ZHR 1985, S. 27, 31 und 163 f.

richt zwei Fälle zu entscheiden, in denen Gesellschafterdarlehen an Gesellschaften vergeben wurden, die materiell unterkapitalisiert waren[30]. Das Reichsgericht entschied, daß der mit der materiell unterkapitalisierten Gesellschaft hervorgerufene Schaden von den Gesellschaftern zu tragen sei, und lehnte einen Anspruch der Gesellschafter gegen ihre Gesellschaft aus §§ 826, 242 BGB ab[31]. Trotz einer gewissen Ähnlichkeit mit heutigen Regelungen wäre es aber verfehlt, hier von den ersten Entscheidungen zum Eigenkapitalersatzrecht zu sprechen. Im Unterschied zum Eigenkapitalersatzrecht lag der Schwerpunkt dieser Entscheidungen darauf, die materielle Unterkapitalisierung der Gesellschaft zu sanktionieren[32]. Damit handelte es sich also um Fälle, die man heute nicht über das Eigenkapitalersatzrecht, sondern allenfalls entgegen der h. M. über die §§ 826, 242 BGB mit dem Rechtsinstitut des Haftungsdurchgriffs abwickeln würde[33].

---

30 RG JW 1938, 862 = DJ 1938, 601; RG JW 1939, 354. Weiterführend *Kreis*, Finanzierungsverantwortung bei eigenkapitalersetzenden Gesellschafterdarlehen, S. 37 ff.

31 RG JW 1938, 862 = DJ 1938, 601; RG JW 1939, 354, 356; eine genaue Darstellung der Rechtsprechung des Reichsgerichts findet sich bei *Kamm*, Gesellschafterdarlehen an Kapitalgesellschaften, S. 59 ff.

32 *Barth*, Der Anwendungsbereich des Eigenkapitalersatzrechts, S. 70; vgl. hierzu auch RG JW 1938, 862, 864 f.

33 Die heute wohl h. M. lehnt eine Durchgriffshaftung allein aufgrund einer Unterkapitalisierung ab. Schon der Begriff sei unscharf, da sich kein objektiver Maßstab finden lasse, nach dem man bestimmen könne, wann eine Gesellschaft für ihren Geschäftszweck oder Betriebsumfang nicht ausreichend mit Eigenkapital ausgestattet sei. Der Gesetzgeber habe sich darauf beschränkt, das Mindestkapital mit 25.000 Euro festzulegen (BAG ZIP 1999, 24; OLG Oldenburg NZG 2000, 555, 558; *Baumbach/Hueck/Fastrich*, GmbHG, § 5 Rn. 6; *Ehricke*, AcP 199 (1999), 257, 289). Eine Gegenansicht bejaht dagegen eine Durchgriffshaftung bei materieller Unterkapitalisierung (BSG NJW 1984, 2117; NJW-RR 1995, 730; *Lutter/Hommelhoff*, GmbHG, § 13 Rn. 6). Wieder andere befürworten bei materieller Unterkapitalisierung eine Innenhaftung der Gesellschafter gegenüber der GmbH (*K. Schmidt*, Gesellschaftsrecht, § 9 IV 4, S. 251 f.; *Banerjea*, ZIP 1999, 1153).

II. BGH: „Flugtaxi" und Folgeurteile

Der große Sprung zum Eigenkapitalersatzrecht heutiger Prägung erfolgte mit der „Flugtaxi"-Entscheidung des BGH[34]. In dem dieser Entscheidung zugrunde liegenden Sachverhalt hatte sich der Gesellschafter kurz vor dem Konkurs der Gesellschaft ein Darlehen zurückzahlen lassen. Der BGH sperrte die Auszahlung, obwohl der Gesellschafter nicht gegen die Kapitalerhaltungsregeln verstoßen hatte[35]. Der damals einzig in Betracht kommende § 30 Abs. 1 GmbHG besagt lediglich, daß das zur Erhaltung des Stammkapitals erforderliche Vermögen der Gesellschaft nicht an die Gesellschafter ausgezahlt werden darf. Der Erhaltung des Stammkapitals dient indes nur Eigenkapital; ein Darlehen, auch eines Gesellschafters, fällt nicht darunter[36].

Um dennoch das gewünschte Ergebnis zu begründen, war eine Rechtsfortbildung erforderlich. Der BGH entschied sich dafür, seine Rechtsauffassung auf das in § 242 BGB enthaltene Verbot widersprüchlichen Verhaltens (venire contra factum proprium) zu stützen. Nach Ansicht des BGH verhält sich ein Gesellschafter widersprüchlich zu seinem eigenen Verhalten, wenn er sein Darlehen abzieht, bevor „der damit verfolgte Zweck", die Beseitigung der Überschuldung, erreicht ist[37].

Im Kern stützte sich diese Entscheidung also darauf, daß der Gesellschafter bei der Darlehensvergabe zum Ausdruck habe bringen wollen, das Darlehen erst abzuziehen, wenn die Überschuldung beseitigt sei. Gerade dies wies der BGH im konkreten Fall aber nicht nach[38]. Tatsächlich läßt sich das Verhalten einer Darle-

---

[34] BGHZ 31, 258.

[35] Deutlich hierzu *Koppensteiner*, AG 1998, 308, 311. A. A. *Eichele*, Reichweite des Kapitalerhaltungsgrundsatzes, S. 130 ff.; dagegen allerdings wiederum *Schouler*, Grundlagen des Eigenkapitalersatzrechts, S. 99 f., der darlegt, daß Fremdkapital auch dann nicht als „zur Erhaltung des Stammkapitals erforderlich" angesehen werden kann, wenn es von einem Gesellschafter stammt.

[36] *Schouler*, Grundlagen des Eigenkapitalersatzrechts, S. 100 f.

[37] BGHZ 31, 258, 272. Vgl. dazu auch *Goette*, DStR 1997, 2027.

[38] Siehe dazu die pointierten Ausführungen von *Benne*, Haftungsdurchgriff bei der GmbH, S. 184 und *Reiner*, in: FS Boujong, S. 415, 423 f.

hensvergabe auch anders deuten. Ein Darlehen, das eine Kündigungsmöglichkeit enthält, legt nämlich eigentlich den Schluß nahe, daß es abgezogen werden soll, falls seine Rückzahlung in Gefahr ist. Dies wurde zu Recht auch von der Literatur erkannt[39]. Darüber hinaus läßt sich die Geltung der Rechtsfolge von §§ 30, 31 GmbHG auch gar nicht aus § 242 BGB herleiten. § 30 Abs. 1 GmbHG verbietet eine Auszahlung, § 31 Abs. 1 GmbHG bestimmt, daß bereits ausgezahlte Beträge an die Gesellschaft zurückgezahlt werden müssen. Anspruchsinhaber ist somit die Gesellschaft. Bei der Fallgruppe des venire contra factum proprium sind dagegen die Gesellschaftsgläubiger die Anspruchsinhaber, weil sie es sind, die wegen des Gesellschafterverhaltens von der Gesellschaft nicht bedient werden[40].

Die „Flugtaxi"-Entscheidung wurde dennoch auch in späteren Entscheidungen des BGH nicht mehr zurückgenommen. Sie bildete statt dessen das dogmatische Fundament für die nachfolgende Entwicklung, bei der der BGH unbeirrbar daran festhielt, unter bestimmten Umständen die Rechtsfolgen der §§ 30, 31 GmbHG über den Wortlaut dieser Normen hinaus auch auf Gesellschafterdarlehen anzuwenden[41]. Veränderungen gab es lediglich bei den Begründungsansätzen für diese Rechtsfolgen. Ohne die jeweils vorangehende Rechtsprechung aufzuheben, stützte der BGH seine weiteren Entscheidungen auf teilweise sehr unterschiedliche Argumente.

In seiner „Deckenputz"-Entscheidung[42] erweiterte der BGH die ursprüngliche Begründung um ein ganzes „Bündel von Erwägungen"[43]: Durch die Regeln über

---

[39] Vgl. aus der schier unübersehbaren Flut von Abhandlungen zu diesem Punkt die Darstellungen von *Kreis*, Finanzierungsverantwortung bei eigenkapitalersetzenden Gesellschafterdarlehen, S. 44; *Ketzer*, Eigenkapitalersetzende Aktionärsdarlehen, S. 32; *Reiner*, a. a. O. (Fn. 38), S. 424; *Benne*, a. a. O. (Fn. 38), S. 184; *Grunewald*, GmbHR 1997, 7, 8; *Michel*, Eigenkapitalersetzende Gesellschafterleistungen, S. 128 ff.; *Müller*, Regeln für eigenkapitalersetzende Gesellschafterdarlehen, S. 90 f.; *Lutter/Hommelhoff*, ZGR 1979, 31, 39 jeweils m. w. N.

[40] *Koppensteiner*, AG 1998, 308, 313, der für den ähnlichen Fall der Rechtsscheinhaftung zutreffend feststellt, daß die Rechtsfolge des § 242 BGB den Getäuschten, also den Gläubigern, einen Anspruch gibt. Es sei deshalb nicht möglich, mit der Rechtsscheinhaftung das Einbehalten eines Gesellschafterdarlehens durch die Gesellschaft zu erklären.

[41] Vgl. dazu nur die nachfolgend referierte „Deckenputz-Entscheidung", BGH WM 1972, 74.

[42] BGH WM 1972, 74, 75.

den Eigenkapitalersatz solle eine über das gewöhnliche Maß hinausgehende Gläubigergefährdung ausgeschaltet werden. Diese sei darin zu sehen, daß der Gesellschafter der GmbH Geldmittel, die wirtschaftlich als Kapitalgrundlage zu betrachten seien, entgegen dem Schutzzweck der Kapitalerhaltungsregeln entziehe. Er dürfe das Risiko, welches der Betrieb eines notleidenden Unternehmens in sich berge, nicht willkürlich auf die Gläubiger abwälzen. Das unternehmerische Ermessen bei der Finanzierung einer Gesellschaft habe dort seine Grenzen, wo der Gesellschafter ein solches Unternehmen mit Hilfe von Darlehen künstlich am Leben zu erhalten suche.

Hinter dem „Bündel von Erwägungen" stecken bei näherer Betrachtung drei verschiedene Argumentationslinien. Zum einen wird argumentiert, der Schutzzweck der Kapitalerhaltungsregeln verlange eine Sonderbehandlung der Gesellschafterdarlehen. Nach dem zuvor zu der „Flugtaxi"-Entscheidung Gesagten vermag dies indes nicht zu überzeugen. Die Kapitalerhaltungsregeln treffen schließlich nur Aussagen über den von ihnen geregelten Lebenssachverhalt. Ist ein Lebenssachverhalt von ihnen nicht geregelt, dann besteht der Anschein, daß gerade dieser nicht dem Schutzzweck der Regeln zugerechnet wird. Durch eine bloße Behauptung, wie in dieser Entscheidung, ist ein solcher Anschein nicht zu entkräften. Weiterhin wird ausgeführt, es sei nicht gerechtfertigt, das Risiko beim Betrieb eines notleidenden Unternehmens auf die Gläubiger abzuwälzen. Auch dieses scheinbare Argument stellt sich bei näherer Betrachtung als eine Behauptung heraus. Denn gerade dies ist gesetzlich nicht ausdrücklich verboten. Im übrigen ist erläuterungsbedürftig, wie weit durch eine Eigenkapitalvergabe Risiken auf andere Fremdkapitalgeber abgewälzt werden. Eine Rechtsanwendung über den Wortlaut hinaus bedarf hingegen einer tragfähigen dogmatischen Herleitung. Gleiches gilt für die dritte Argumentationslinie, mit der vorgebracht wird, es müsse dem Gesellschafter verwehrt werden, sein notleidendes Unternehmen mit Hilfe von Darlehen künstlich am Leben zu erhalten.

Dennoch blieb der BGH seiner Linie treu und modifizierte seine Begründungssätze im weiteren zunächst nur geringfügig. So wurde beispielsweise der letzte Ar-

[43] *Lutter/Hommelhoff*, GmbHG, §§ 32a/b, Rn. 3.

gumentationsstrang in einer späteren Entscheidung durch den Gedanken erweitert, die Gläubiger würden darüber getäuscht, daß ein Unternehmen mit ausreichendem Eigenkapital ausgestattet sei, wenn es mit Hilfe von Gesellschafterdarlehen am Leben gehalten werde[44]. Diese Argumentation blieb, wie auch andere[45], letztlich angreifbar[46].

Im Laufe der Jahre entwickelten die Rechtsprechungsregeln eine beachtliche Regelungsdichte. Der BGH, um eine dogmatische Absicherung seines Systems bemüht, versuchte nun, die verschiedenen Begründungsansätze in einem gemeinsamen Begründungsansatz zusammenzufassen. Es war die Geburtsstunde der sog. „Finanzierungsverantwortung“[47].

III. *Die Suche nach der Finanzierungsfolgeverantwortung*

Der Begriff der „Finanzierungsverantwortung“ wurde in späteren Entscheidungen noch sprachlich dahin präzisiert, daß man von einer „Finanzierungs*folgen*verantwortung“ sprach[48]. Inhaltlich veränderte das aber nichts. Hinter beiden Begriffen verbirgt sich nach Ansicht des BGH die Verantwortung der Gesellschafter für eine

---

44 BGHZ 75, 334, 337.

45 Vgl. zu den einzelnen Begründungsansätzen weiterführend die Darstellungen von *Beine*, Eigenkapitalersetzende Gesellschafterleistungen, S. 11 ff.; *Kreis*, Finanzierungsverantwortung bei eigenkapitalersetzenden Gesellschafterdarlehen, S. 36 ff.; *Fastrich*, in: FS Zöllner, S. 143, 145 f.; *Schouler*, Grundlagen des Eigenkapitalersatzrechts, S. 69 ff.; aus österreichischer Sicht *Berger*, Grundlagen des Eigenkapitalersatzrechts, S. 53 ff.; *Schummer*, Das Eigenkapitalersatzrecht, S. 81 ff.

46 Wichtigstes Merkmal der GmbH ist gerade, daß den Gläubigern nur eine beschränkte Haftungsmasse zur Verfügung steht. Im Hinblick auf die bekannte Kapitalarmut der GmbH in Deutschland wird kaum jemand annehmen, eine Gesellschaft in einer solchen Rechtsform sei schlicht deshalb, weil sie existiert, ausreichend mit Eigenkapital ausgestattet Siehe hierzu ausführlich *Kamm*, Gesellschafterdarlehen an Kapitalgesellschaften, S. 129 ff.; *Grunewald*, GmbHR 1997, 7, 8; *Barth*, Der Anwendungsbereich des Eigenkapitalersatzrechts, S. 76f.; *Koppensteiner*, AG 1998, 308, 315;

47 BGHZ 90, 381, 389.

48 BGHZ 127, 336, 344 f. = NJW 1995, 326, 329. Eingehend zu diesem Begriff *Eichele*, Reichweite des Kapitalerhaltungsgrundsatzes, S. 14 ff.; *Roth/Altmeppen*, GmbHG, § 32a Rn. 9.

ordnungsgemäße Unternehmensfinanzierung. Diese „verpflichtet sie zwar nicht, in der Krise fehlendes Kapital nachzuschießen; dennoch können sie sich nicht dieser Pflicht dadurch zum Nachteil der Gläubiger entziehen, daß sie sich einer weniger riskanten Finanzierungsform als der objektiv gebotenen Einbringung haftenden Eigenkapitals bedienen“[49].

Bedeutsam ist, daß der BGH letztlich nicht begründete, warum eine solche Verantwortung überhaupt besteht. Damit ließ er die zentrale Frage, warum Gesellschafter beim Einsatz von Gesellschafterdarlehen „haften“ sollen, unbeantwortet. Für die Rechtsanwender stellt sich deshalb seitdem das Problem, herauszufinden, was die Finanzierungsverantwortung ist.

Eine Verantwortung setzt begriffsnotwendig voraus, daß es einen Verhaltenskodex gibt, der eine bestimmte Verhaltensweise vorschreibt. Der Maßstab kann kein individueller sein, da sonst nur derjenige zur (Finanzierungs-)Verantwortung gezogen würde, der sich selber verantwortlich fühlt. Er muß vielmehr genereller Art sein. Einen solchen Grundsatz hat die Literatur hierfür bis zum heutigen Tage noch nicht finden können, weil es keine allgemein gültigen Grundsätze gibt, nach denen sich eindeutig bestimmen ließe, wann ein ordentlicher Kaufmann Eigenkapital oder Fremdkapital zuzuführen hat[50].

In der Fachwelt ist deshalb zu Recht verschiedentlich festgestellt worden, daß es sich bei den Rechtsprechungsregeln um eine verdeckte Rechtsfortbildung handelt, die einer gesonderten Begründung bedarf[51]. Andere Autoren gehen sogar noch weiter und fordern mangels überzeugender Begründungsansätze die Abschaffung

---

[49] BGHZ 90, 381, 389.

[50] *Barth*, Der Anwendungsbereich des Eigenkapitalersatzrechts (2001), S. 72; *Götz*, Juristische und ökonomische Analyse des Eigenkapitalersatzrechts (2001), S. 104; *Berger*, Grundlagen des Eigenkapitalersatzrechts, S. 54; *Hachenburg/Ulmer*, GmbHG, Anhang § 30 Rn. 6; *Lehmann*, Unternehmenssanierung durch kapitalersetzende Darlehen, S. 25f.; *Herrmann*, Quasi-Eigenkapital im Kapitalmarkt- und Unternehmensrecht, S. 3, jeweils m. w. N.

[51] *Habersack*, ZHR 162 (1998), 201, 204.

der Rechtsprechungsregeln[52]. Letztlich haben die Rechtsprechungsregeln wohl nur deshalb überlebt, weil in der Fachwelt die Überzeugung vorherrscht, daß sie notwendig sind und es möglich sein muß, eine Begründung zu finden[53].

IV. Die GmbH-Novellen

Im Jahre 1980 unternahm der Gesetzgeber den Versuch, das Eigenkapitalersatzrecht gesetzlich zu verankern. Zu diesem Zeitpunkt hatten die Rechtsprechungsregeln folgenden Stand erreicht[54]: Gesellschafterdarlehen, die zu einem Zeitpunkt gewährt wurden, in dem die Gesellschaft von dritter Seite keinen Kredit zu marktüblichen Bedingungen erhalten hätte, waren – Fortdauer dieses Zustands unterstellt – als eigenkapitalersetzend aufzufassen. Da sich die Rechtsfolgen nach den §§ 30 f. GmbHG richteten, waren Rückzahlungen dieser eigenkapitalersetzenden Gesellschafterdarlehen unzulässig, sofern das Gesellschaftsvermögen dadurch unter den Betrag des Stammkapitals sank. Wurde dennoch eine Auszahlung vorgenommen, so war sie zurückzuerstatten.

---

[52] *Koppensteiner*, AG 1998, 308, 317; *Grunewald*, GmbHR 1997, 7 ff.; *Schummer*, Das Eigenkapitalersatzrecht, S. 477; nicht ganz so weitgehend *Claussen*, GmbHR 1996, 316 ff., der lediglich eine „Deregulierung" des Eigenkapitalersatzrechts fordert.

[53] Kritisch hierzu *Koppensteiner*, AG 1998, 308 ff. Vgl. zu einzelnen Begründungsansätzen und zur Kritik der übrigen Begründungen exemplarisch *Schouler*, Grundlagen des Eigenkapitalersatzrechts (2001), S. 182 f. (zulässige gesetzesübersteigende Rechtsfortbildung, füllt Regelungslücke im Schutz des GmbH-Rechts); *Vervessos*, Das Eigenkapitalersatzrecht, S. 107 ff. (Prinzip der angemessenen Risikoverteilung); *Möller*, Die wirtschaftliche Betrachtungsweise im Privatrecht, S. 186 f. (Prinzip der Korrelation von Herrschaft und Haftung); *Altmeppen*, ZIP 1993, 1677, 1682 (venire contra factum proprium); *Michel*, Eigenkapitalersetzende Gesellschafterleistungen, S. 141 (Rechtsmißbrauch); *Claussen*, ZHR 147 (1983), 195, 203 (Rechtsscheinhaftung); *Castor*, Eigenkapitalersetzende Gesellschafterdarlehen, S. 21 (§§ 30, 31 GmbHG analog); *Berg*, Rechtsdogmatische Fragen zu § 30 Abs. 1 GmbHG, S. 47 ff. (unmittelbare Anwendung des § 30 Abs. 1 GmbHG); *Reinhardt*, in: FS Lehmann, S. 588 ff. (§ 823 BGB); vgl. zu einem vertieften Überblick über die vertretenen Ansätze aus neuerer Zeit *Schouler*, a. a. O., S. 70 ff.

[54] Vgl. zum Nachfolgenden BGHZ 76, 326.

Hauptnorm der sogenannten „Novellen“ war § 32a GmbHG, damals noch mit einer etwas anderen Rechtsfolge und ohne die Ausnahmetatbestände, aber im Kern mit der gleichen Stoßrichtung[55]. Er wurde ergänzt um § 32a KO und § 3b AnfG, die inzwischen durch die funktional entsprechenden Vorschriften in § 135 InsO und § 6 AnfG ersetzt wurden[56]. Die Vorschrift des § 135 InsO gibt dem Insolvenzverwalter ein Anfechtungsrecht, wenn der Gesellschafter noch vor dem Zusammenbruch des Unternehmens befriedigt wurde oder eine Sicherheit erhalten hat. § 6 AnfG bietet eine solche Anfechtung außerhalb der Insolvenz. Ergänzt wurden diese Vorschriften durch § 32b GmbHG, der größtenteils unverändert blieb. Er flankiert die Umgehungstatbestände des § 32a GmbHG, nämlich die Absätze 2 und 3 Satz 1, um einen schuldrechtlichen Rückgabeanspruch für den Fall, daß gegen diese Vorschriften verstoßen wird. Den Schlußstein dieser Neuregelung bildeten schließlich die §§ 129a und 172a HGB, die die Regeln in §§ 32a, 32b GmbHG auch auf die Kommanditgesellschaft und die offene Handelsgesellschaft, bei der kein persönlich haftender Gesellschafter eine natürliche Person ist, für anwendbar erklären[57].

Mit den Novellen hätte man nun endlich die Möglichkeit gehabt, die Rechtsprechungsregeln samt ihrem mangelhaften Begründungsansatz durch eine dogmatisch saubere Rechtskonstruktion zu ersetzen. Diese Chance ließ der Gesetzgeber aber ungenutzt verstreichen[58]. Wie es in der Begründung heißt, wurde § 32a GmbHG geschaffen, um eine gesetzliche Grundlage für die Rechtsprechung, die sich bislang nur auf allgemeine Grundsätze hatte stützen können, zu schaffen[59]. Damit verschenkte man die Chance, die Regulierung von Gesellschafterdarlehen auf einen überzeugenden Begründungsansatz zu stützen. Stattdessen gründete der Gesetzgeber seine Begründung zur Notwendigkeit des Gesetzes auf dem von der

---

[55] Vgl. zur Gesetzgebungsgeschichte weiterführend die Monographien von *Klausing*, Die Neuordnung der GmbH, S. 33 ff.; *Mosthaf*, Reformen des GmbH-Rechts, S. 94 ff.; *Dendorfer*, Die Feststellung eigenkapitalersetzender Gesellschafterdarlehen, S. 18 f.

[56] Siehe hierzu *Barth*, Anwendungsbereich des Eigenkapitalersatzrechts, S. 25 f.

[57] Vgl. zu den diversen Übergangsregelungen die weiterführenden Hinweise bei *Baumbach/Hueck/Fastrich*, GmbHG, § 32a Rn. 7.

[58] *Goette*, DStR 1997, 2027, 2028.

[59] BT-Drucks. 8/1347, S. 39.

Rechtsprechung entwickelten schwammigen Begriff der „Finanzierungsverantwortung“[60].

Trotz dieser Zielrichtung erhielt insbesondere die zentrale Norm des § 32a GmbHG eine völlig andere Regelungskonzeption als die Rechtsprechungsregeln. Bei diesen hatte sich der BGH an den §§ 30, 31 GmbHG orientiert, die das „zur Erhaltung des Stammkapitals erforderliche Vermögen der Gesellschaft“ schützen, vgl. § 30 Abs. 1 GmbHG. Im Kern wandte der BGH also ein Haftkapitalkonzept an. Der Gesetzgeber stellte diesem Konzept eine insolvenzrechtlich ausgerichtete Regelung entgegen. Anwendbar war die gesetzliche Regelung in der damaligen Fassung nur auf Gesellschafterdarlehen im Konkurs. Das Gesellschafterdarlehen wurde nicht mehr in Höhe des zur Erhaltung des Stammkapitals erforderlichen Vermögens erfaßt, sondern vollständig[61]. Im Zuge der Insolvenzrechtsreform wurde diese Rechtsfolge nochmals geändert und die heutige Rechtsfolge eingeführt. Danach wird das Gesellschafterdarlehen in der Insolvenz nicht vollständig einbehalten, sondern den Forderungen der übrigen Gesellschafter nachgeordnet[62]. Diese letzte Änderung brachte aber keine Abkehr von der insolvenzrechtlichen Ausrichtung der gesetzlichen Regelung.

Es handelte sich also um nicht weniger als einen Wechsel von einem präventiven Schutzkonzept, das durch Erhaltung einer bestimmten Haftkapitalmasse zu verhindern suchte, daß es überhaupt erst zu einer Insolvenz kam, zu einem repressiven Schutzkonzept, welches regelte, was im Falle der Insolvenz mit dem Gesellschafterdarlehen passieren sollte[63]. Gleichzeitig stützte der Gesetzgeber sein Kon-

---

[60] BT-Drucks. a. a. O. (Fn. 59), S. 39.

[61] Vgl. § 32a Abs. 1 GmbHG a. F.: „Hat ein Gesellschafter der Gesellschaft in einem Zeitpunkt, in dem ihr die Gesellschafter als ordentliche Kaufleute Eigenkapital zugeführt hätten, statt dessen ein Darlehen gewährt, so kann er den Anspruch auf Rückgewähr des Darlehens im Konkurs über das Vermögen der Gesellschaft oder im Vergleichsverfahren zur Abwendung des Konkurses *nicht geltend machen*. Ein Zwangsvergleich oder ein im Vergleichsverfahren geschlossener Vergleich wirkt für und gegen die Forderung des Gesellschafters.“ (Hervorhebungen durch den Verfasser)

[62] Vgl. § 32a Abs. 1 GmbHG n. F. Die anderslautende Rechtsfolge von § 32a Abs. 2 GmbHG entspricht dem wirtschaftlich, vgl. dazu näher die Einleitung zu Kapitel 6 auf Seite 105.

[63] Ähnlich *Lutter/Hommelhoff*, GmbHG, §§ 32a/b Rn. 11 ff.

zept auf die sog. „Finanzierungsverantwortung“ der Rechtsprechung[64]. Der Begriff der „Finanzierungsverantwortung“ im Sinne des Gesetzgebers mußte allerdings ein anderer sein als der der Rechtsprechung. Die „Finanzierungsverantwortung“ hatte beim BGH nämlich noch eine Regelung gerechtfertigt, die Gesellschafterdarlehen unabhängig von einem Konkurs erfaßte. Die „Finanzierungsverantwortung“ des Gesetzgebers rechtfertigte hingegen nur eine Regelung, die im Konkurs der Gesellschaft griff.

Dieser Widerspruch blieb auch der Rechtsprechung nicht verborgen. Es blieb nicht aus, daß schließlich im Jahre 1984 dem BGH in der „Nutzfahrzeug“-Entscheidung eine Konstellation vorlag, die genau dieses Auseinanderfallen von Norm und Telos zum Gegenstand hatte[65]. Dabei ging es um einen Fall, der im Graubereich zwischen § 32a GmbHG und den alten Rechtsprechungsregeln lag. Der BGH nahm den Gesetzgeber beim Wort, der in seiner Gesetzesbegründung ausdrücklich erklärt hatte, er habe eine gesetzliche Grundlage für die Rechtsprechung des BGH geschaffen, um den Gläubigerschutz zu verbessern[66]. Er folgerte daraus, der Gesetzgeber habe die Rechtsprechungsregeln vollständig in ihrem Anwendungsbereich und mit ihren Rechtsfolgen kodifizieren wollen und nicht nur Teile davon[67]. Soweit die Novellen hinter dem einmal erreichten Stand zurückblieben, seien die Rechtsprechungsregeln weiter anwendbar[68]. Das Urteil fand im wissenschaftlichen Schrifttum sowohl im Ergebnis als auch in seiner methodi-

---

64 BT-Drucks. 8/1347, S. 39 bemüht diesen Begriff nicht ausdrücklich, sondern gibt nur an, Gesellschafterdarlehen „ihrer Natur entsprechend“ zu behandeln. Da die Gesetzesbegründung diesen Begriff aber nicht weiter erläutert und sich im übrigen im Einklang mit der Dogmatik des BGH sieht, ist darin ein Rückgriff auf die „Finanzierungsverantwortung“ zu sehen.

65 BGHZ 90, 370 = ZIP 1984, 698. Vgl. aus der umfangreichen Literatur zu dieser Entscheidung stellvertretend *Hommelhoff*, ZGR 1988, 460, 482 ff.; *Goette*, DStR 1997, 2027, 2028 jeweils m.w.N.

66 BT-Drucks. 8/1347, S. 39.

67 BGHZ 90, 370, 377 f.

68 Zu der sich dahinter verbergenden Dogmatik des „zweistufigen Schutzsystems“ einleitend *Hommelhoff*, in: v. Gerkan/Hommelhoff (Hrsg.), Handbuch des Kapitalersatzrechts, Rz. 1.2.

schen Begründung ganz überwiegende Zustimmung[69]. Was aber weiterhin fehlte, war ein überzeugender Grund für die Notwendigkeit des Eigenkapitalersatzrechts.

V. Die Reformen der Novellen

Die Unsicherheit über den legitimen Kern des § 32a GmbHG hatte eine rege Veröffentlichungstätigkeit der Fachwelt zur Folge. Fast zwanzig Jahre lang verging kaum ein Monat, in dem nicht eine Dissertation oder einige Aufsätze erschienen, die sich damit auseinandersetzten, ob bestimmte Konstellationen wirklich unter § 32a GmbHG fallen müssen. Bestimmt wurde die Diskussion zu einem großen Teil von der Frage, ob wirklich alle Gesellschafter im gleichen Maße den strengen Regeln des Eigenkapitalersatzrechts unterworfen werden sollten[70].

Bereits 1986 wurde die erste Ausnahme zum Eigenkapitalersatzrecht kodifiziert, nämlich § 25 UBGG als Ausnahme für Unternehmensbeteiligungsgesellschaften. Danach fand das Eigenkapitalersatzrecht keine Anwendung auf Darlehen eines mit einer Unternehmensbeteiligungsgesellschaft verbundenen Kreditinstituts oder Versicherungsunternehmens. Dieses Privileg galt allerdings nur für die ersten zehn Jahre nach der Anerkennung als Unternehmensbeteiligungsgesellschaft. Stehengelassene oder neu gewährte Darlehen waren dem Eigenkapitalersatzrecht nach dem Fristablauf ausgeliefert. Die Norm wurde später in § 24 UBGG verschoben und dahin geändert, daß das Eigenkapitalersatzrecht nunmehr überhaupt nicht auf Darlehen eines mit einer Unternehmensbeteiligungsgesellschaft verbun-

---

[69] *Scholz/K. Schmidt*, GmbHG, §§ 32a, 32b Rn.11; *Hachenburg/Ulmer*, GmbHG, § 32a, b Rn. 14; *Baumbach/Hueck/Fastrich*, GmbHG, § 32a Rn. 74; *Lutter/Hommelhoff*, GmbHG, §§ 32a/b Rn. 10; *Gehde*, Eigenkapitalersetzende Gesellschafterleistungen in Deutschland und den USA, S. 61; *Hommelhoff/Kleindiek*, in: FS 100 Jahre GmbH-Gesetz, S. 427, 432; *K. Schmidt*, ZIP 1981, 689, 696 f.; *Geßler*, ZIP 1981, 228, 233; *v. Gerkan*, GmbHR 1986, 218, 219; aus methodischer Sicht aber kritisch *Kübler*, in: FS Stimpel, S. 3, 9 ff.

[70] Vgl. hierzu exemplarisch *Rümker*, ZIP 1982, 1385, 1392 f.; *ders.*, ZGR 1988, 494, 503; *Westermann*, ZIP 1982, 379, 386 ff.; *Hommelhoff*, WM 1984, 1105, 1115; *Claussen*, ZHR 147 (1983), 195, 216 ff.; *ders.*, GmbHR 1994, 9 ff.; *ders.*, GmbHR 1996, 316 ff.; *Orth*, Die Gesellschafterstellung im Sinne des Eigenkapitalersatzrechts (1993).

denen Unternehmens angewendet wird[71]. Im Zuge der deutschen Wiedervereinigung folgte dann die Ausnahmevorschrift des § 56e DMBilG für bestimmte Kredite der Treuhandanstalt an ihre Treuhandunternehmen. Beide Ausnahmetatbestände sind vom Wortlaut her so gefaßt, daß sie neben § 32a GmbHG auch die anderen Novellen sowie die Rechtsprechungsregeln erfaßten.

Diese marginalen Änderungen vermochten die Diskussion in der Fachwelt jedoch nicht zum Erliegen zu bringen. Vor allem aus der Praxis mehrten sich die Stimmen, die das geltende Eigenkapitalersatzrecht als zu kompliziert und unübersichtlich, als schwerwiegende Belastung für den Mittelstand und als arbeitsplatzfeindliche Sanierungsbremse angriffen und eine „Deregulierung" forderten[72]. Unter dem Eindruck dieser Stimmen führte der Gesetzgeber im Jahre 1998 die Ausnahmeregelung in § 32a Abs. 3 S. 2 GmbHG ein, mit der bestimmt wurde, daß die Regeln über den Eigenkapitalersatz nicht mehr für den Gesellschafter gelten sollten, der mit zehn von Hundert oder weniger am Stammkapital beteiligt ist[73].

Weitere Änderungen über diese Freistellung nichtunternehmerischer Kleinbeteiligungen hinaus waren eigentlich nicht geplant. Zwar hatte die Literatur verschiedentlich die Einführung eines irgendwie gearteten „Sanierungsprivilegs" für das als sanierungsfeindlich verdächtigte Eigenkapitalersatzrecht gefordert[74]; die Entwicklung eines solchen Privilegs wollte der Gesetzgeber aber der Rechtsprechung überlassen, da diese differenzierter reagieren könne[75]. In der

---

[71] BT-Drucks. 13/8933, 142; vgl. dazu *Vollmer*, ZBB 1998, 221, 227; *ders./Smerdka*, DB 2000, 757 ff.

[72] Eindringlich *Claussen*, in: FS Forster, S. 139 ff.; *ders.*, GmbHR 1994, 9 ff.; *ders.*, GmbHR 1996, 316 ff.; vgl. aber auch *Reiner*, in: FS Boujong, S. 415 ff.; *Seibert*, DStR 1997, 35 ff. jeweils m. w. N.

[73] Eingeführt durch das Kapitalaufnahmeerleichterungsgesetz (KapAEG) vom 6.3.1997, BT-Drucks. 13/7141, ZIP 1997, 706. Zum Gesetzgebungsverfahren ausführlicher *Barth*, Der Anwendungsbereich des Eigenkapitalersatzrechts, S. 29 f. m. w. N.

[74] Für ein Privileg waren in unterschiedlicher Ausgestaltung: *Claussen*, ZHR 147 (1983), 195; *Menzel*, AG 1982, 197, 202 f.; *Rümker*, ZIP 1982, 1385; *K. Schmidt*, ZHR 147 (1983), 165; *Uhlenbruck*, KTS 1981, 513, 572; gegen ein Privileg: *Fleck*, in: FS Werner, S. 107 ff.; *Ulrich*, GmbHR 1983, 133, 143 ff.

überlassen, da diese differenzierter reagieren könne[75]. In der Gesetzesberatung zu § 32a Abs. 3 S. 2 GmbHG wurde dann allerdings gerade das Fehlen eines gesetzlichen Sanierungsprivilegs moniert; die Freistellung nichtunternehmerischer Kleinbeteiligungen bringe in diesem Punkt kaum eine Verbesserung[76]. Dem Druck dieser Kritik beugte sich schließlich der Gesetzgeber und führte in einem weiteren Ausnahmetatbestand, § 32a Abs. 3 S. 3 GmbHG, das geforderte „Sanierungsprivileg" ein[77]. Danach sind nunmehr bestehende oder neugewährte Kredite eines Darlehensgebers, der in der Krise der Gesellschaft Geschäftsanteile zum Zweck der Überwindung der Krise erwirbt, aus dem Anwendungsbereich des Eigenkapitalersatzrechts herausgenommen.

Anders als die Ausnahmetatbestände in § 56e DMBilG und § 24 UBGG wurden die Ausnahmetatbestände des Jahres 1998 nicht in abgelegenen Nebengesetzen, sondern in § 32a GmbHG angesiedelt. Ihrer Nähe zum Eigenkapitalersatzrecht entsprechend wurde auch wieder der Begriff von der „Finanzierungsverantwortung" der Gesellschafter ausdrücklich bemüht. In der Begründung zu § 32a Abs. 3 S. 2 GmbHG heißt es, ein Gesellschafter habe keine „mitunternehmerische" Finanzierungsverantwortung, wenn er nur eine geringe Beteiligung am Stammkapital halte[78]. Der Begriff von der „Finanzierungsverantwortung" wurde dadurch allerdings nicht weiter erhellt[79].

---

[75] Begründung des Regierungsentwurfs zum KapAEG, BT.-Drucks. 13/77141 vom 6.3.1997, ZIP 1997, 706, 710.

[76] Stellungnahme des Bundesrates, BT-Drucks. 13/7141, S. 13 = ZIP 1997, 706, 710 und dessen Beschluß über die Anrufung des Vermittlungsausschusses, ZIP 1998, A 24 Nr. 60. Zum Schrifttum vgl. *Claussen*, GmbHR 1996, 316, 323 ff.; *Götz/Hegerl*, DB 1997, 2365, 2367 ff.

[77] *Dauner-Lieb*, DStR 1998, 1517, 1519.

[78] BT-Drucks. 13/7141, S. 11 = ZIP 1997, 706, 709.

[79] Vgl. zu dogmatischen Ungereimtheiten dieser „mitunternehmerischen" Finanzierungsverantwortung im Zusammenhang mit dem klassischen Verständnis von der Finanzierungsverantwortung *Schouler*, Grundlagen des Eigenkapitalersatzrechts (2001), S. 220 ff. und 234 ff.; *Dauner-Lieb*, DStR 1998, 609, 613 ff.; *dies.*, DStR 1998, 1517, 1521 ff.; *Pentz*, BB 1997, 1265, 1268; *ders.*, GmbHR 1999, 437, 438 f.; *K. Schmidt*, in: Henckel/Kreft (Hrsg.), Insolvenzrecht 1998, S. 287 ff.

VI. Die gegenwärtige Diskussion um § 32a GmbHG

Wie auch in den vorangegangenen Jahrzehnten zieht die Unsicherheit über das dogmatische Fundament des Eigenkapitalersatzrechts auch heute noch eine Flut von Veröffentlichungen nach sich. Nachdem sich in jüngerer Vergangenheit mehrere Monographien ausführlich mit den in § 32a Abs. 3 S. 2 und 3 GmbHG geregelten Ausnahmen befaßt haben[80], scheint der Schwerpunkt innerhalb der gesellschaftsrechtlichen Literatur nun neben bilanzrechtlichen Fragen zur Passivierung eigenkapitalersetzender Gesellschafterleistungen[81] auf allgemeinen Fragen nach der Reichweite der Norm zu liegen, insbesondere welche Sachverhalte § 32a GmbHG erfaßt[82].

Damit kehrt die Diskussion zum Eigenkapitalersatzrecht wieder zu ihren Wurzeln zurück. *Barbara Grunewald* bezeichnete die Entwicklung dieses Rechtsgebiets

---

80 *Barth,* Der Anwendungsbereich des Eigenkapitalersatzrechts (2001); *Lehner*, Sanierungsprivileg (2001); *Kuthe*, Die Änderungen im System der eigenkapitalersetzenden Gesellschafterdarlehen (2001); *Schenk*, Finanzierungsverantwortung eines Kleingesellschafters (2001); *Tillmann*, Privilegierte Kapitalhilfen durch GmbH-Gesellschafter (2001); *Vervessos*, Das Eigenkapitalersatzrecht (2001); *Bieder*, Das Kapitalersatzrecht im Umbruch (2000).

81 BGH ZIP 2001, 235 = GmbHR 2001, 190 = NZG 2001, 361 = DZWiR 2001, 202; siehe dazu die Anmerkungen von *Altmeppen,* ZIP 2001, 240 ff.; *Felleisen,* GmbHR 2001, 195 ff.; *Bormann*, GmbHR 2001, 198 f.; *Priester,* EWiR 2001, 329 f.; *Bauer*, ZInsO 2001, 486 ff.; *Habersack/Mayer*, NZG 2001, 365 f.; *Westermann*, DZWiR 2001, 207 ff. Siehe dazu auch *Hasselbach/Wicke,* BB 2001, 435 f.; *Paulus,* ZGR 2002, 321 ff.

82 Dabei scheint der Schwerpunkt auf Rechtsfragen zur Nutzungsüberlassung zu liegen, vgl. OLG Dresden EWiR 2002, 345 (mit Anm. *Blöse*); OLG Hamm EWiR 2002, 253 (mit Anm. *Blank*); BGH WuB II C § 32a GmbHG 1.02 (mit Anm. *Balke*); *Förster*, ZInsO 2002, 366 ff.; *Hasebrink,* Abschied von der „eigenkapitalersetzenden Gebrauchsüberlassung"? (2001); *Onderka*, Die eigenkapitalersetzende Nutzungsüberlassung in der Zwangsvollstreckung (2001). Siehe aus der Literatur zu anderen Fragestellungen aus neuerer Zeit *Wittich,* Die Betriebsaufspaltung als Mitunternehmerschaft (2002); *Knees,* ZIP 2001, 1568 ff. (Rechtsstellung der Bank als Grundpfandrechtsgläubiger); *Treffer*, GmbHR 2002, 22 ff. (Dienstleistungen eines Gesellschafters); *Geißler,* WM 2002, 735 ff. (Bankkredite und Eigenkapitalersatzrecht); OLG Düsseldorf ZIP 2001, 2278 (mit Anm. *Spliedt*) (Bürgschaften); *Reich*, Rechtsfolgen der eigenkapitalersetzenden Dauerschuldverhältnisse (2000); *Berger*, Markenlizenz und Kapitalersatz (1999); *Goette,* DStR 2001, 1577 ff. (Geltung der Eigenkapitalersatzregeln beim Rücktritt vom Kaufvertrag).

einmal als ein „unendliches Weiterwuchern“[83]. Auch andere Autoren haben vom Eigenkapitalersatzrecht als einem sich ständig autonom fortzeugenden Regelwerk gesprochen, dessen „Parallelen sich erst im Unendlichen schneiden“[84]. Der Grund hierfür liegt in der beschriebenen Entwicklung. Solange der Sinn des Eigenkapitalersatzrechts nicht klar ist, ist jede Begrenzung dieses Rechtsinstituts willkürlich[85]. Es bleibt somit noch Raum für eine unbegrenzte Anzahl von Veröffentlichungen zur Erfassung bestimmter Sachverhalte durch das Eigenkapitalersatzrecht.

C. Gang der Untersuchung

Will man diese Entwicklung irgendwann einmal zu einem Abschluß bringen, muß man den Kern der Norm identifizieren. Dies ist jedoch nicht möglich, ohne zuvor die grundlegenden Fragen zu § 32a GmbHG zu beantworten:

- Welche Gefahren gehen von seinem Regelungsgegenstand, der Gesellschafterfremdfinanzierung, aus?
- Gibt es eine Notwendigkeit für ein Gesetz, das vor diesen Gefahren schützt?
- Wenn ja, wie weit sollte der Schutz dieses Gesetzes gehen?

Die dafür erforderliche Analyse gliedert sich in sieben aufeinander aufbauende Abschnitte. Zunächst wird im *zweiten* und *dritten* Kapitel ausgehend von grundlegenden Überlegungen ein Modell der gesellschafterfremdfinanzierungsbedingten Gläubigergefahren entwickelt. Das *vierte* Kapitel übernimmt dieses Modell und

83 *Grunewald*, GmbHR 1997, 7, 9.

84 *Westermann*, in: Henze/Timm/Westermann (Hrsg.), Gesellschaftsrecht 1995, S. 269, 273, 281 f.; ähnlich *Claussen*, in: FS Forster, S. 139, 142. Dies ist wohl als ironische Übertreibung zu verstehen, da sich Parallelen auch in der Unendlichkeit nicht schneiden.

85 *Grunewald*, GmbHR 1997, 7, 9.

ermittelt, welche Gefahren die Gesellschafterfremdfinanzierung im speziellen Anwendungsbereich des § 32a GmbHG mit sich bringt. Im anschließenden *fünften* Kapitel ist zu klären, ob die im Anwendungsbereich des § 32a GmbHG identifizierten Gläubigergefahren eine Regelung notwendig machen. Soweit diese Frage bejaht wird, ist anschließend zu untersuchen, inwieweit die bestehende Regelung einen angemessenen Schutz vor diesen Gläubigergefahren vermittelt. Dazu wird das *sechste* Kapitel die Auswirkungen des § 32a GmbHG auf die im Anwendungsbereich der Norm bestehenden Gläubigergefahren untersuchen, insbesondere welche Regelungsdefizite nach dem Eingreifen der Norm verbleiben. Das *siebte* Kapitel wird prüfen, inwieweit US-amerikanische Lösungsansätze geeignet sind, diese Regelungsdefizite zu beseitigen. In einem abschließenden *achten* Kapitel sind schließlich noch andere denkbare Lösungen genauer zu untersuchen.

D. Einschränkungen des Untersuchungsumfangs

Gegenstand der vorliegenden Untersuchung ist lediglich § 32a GmbHG; andere Regelungen des Eigenkapitalersatzrechts (§ 32b GmbHG, § 135 InsO, § 6 AnfG und die Rechtsprechungsregeln des BGH) werden bewußt ausgeklammert. Damit wird insbesondere vermieden, daß die Existenz der Rechtsprechungsregeln des BGH die Untersuchungsergebnisse verfälscht. Da sich die Regelungsbereiche der Rechtsprechungsregeln und § 32a GmbHG teilweise überschneiden, könnte man anderenfalls zu dem Ergebnis kommen, § 32a GmbHG sei nicht erforderlich, weil die Rechtsprechungsregeln die Gefahren der Gesellschafterfremdfinanzierung bereits in einem angemessenen Maße verhinderten. Dies kann aber nicht befriedigen, weil bei den Rechtsprechungsregeln – anders als bei § 32a GmbHG - noch nicht endgültig geklärt ist, ob sie rechtsdogmatisch haltbar sind[86].

Eine weitere Einschränkung betrifft § 32a GmbHG selbst. Schon bei der kurzen Einführung in den Grundtatbestand hat sich erwiesen, daß vieles bei § 32a

[86] Vgl. dazu aus neuerer Zeit die Übersicht über die Rechtfertigungsversuche *Schouler*, Grundlagen des Eigenkapitalersatzrechts (2001), S. 70 ff., sowie meine vorangegangenen Ausführungen in Kapitel 1:B.III, insbesondere Fn. 53 auf Seite 16.

GmbHG noch streitig ist[87]. Die Ausführungen zur gegenwärtigen Diskussion um § 32a GmbHG haben gezeigt, daß dies auch auf absehbare Zeit so bleiben wird[88]. Diese Uneinigkeit über den Anwendungsbereich des § 32a GmbHG macht es unmöglich, zu untersuchen, welche Gefahren in ihm bestehen, wenn man nicht willkürlich eine Grenze in dieser Diskussion zieht. Dies soll vorliegend dadurch geschehen, daß zwei besonders umstrittene Punkte zum Anwendungsbereich der Norm für diese Untersuchung verbindlich festgelegt werden:

- Es wird im Folgenden davon ausgegangen, daß eine Krise der Gesellschaft i. S. v. § 32a GmbHG vorliegt, wenn die Gesellschaft in dem von *Ulmer* verstandenen Sinn kreditunwürdig ist[89].
- Darüber hinaus wird die Rechtsfigur des „stehengelassenen Darlehens" aus der vorliegenden Untersuchung ausgeklammert[90].

- Zwei weitere Einschränkungen betreffen die GmbH und ihre Entscheidungsträger. Sowohl ökonomische als auch juristische Untersuchungen haben festgestellt, daß Gesellschafterdarlehen eine adäquate Finanzierungsform sind, um eine Änderung der Herrschaftsverhältnisse zu verhindern[91]. Dies legt es nahe, anzunehmen, daß die Gesellschafterfremdfinanzierung keine Auswirkungen auf das Verhältnis der Gesellschafter untereinander hat. Dies nimmt diese Untersuchung zum Anlaß, um Interessengegensätze zwischen den Gesellschaftern untereinander auszuklammern[92]. Es wird die Annahme zugrundegelegt, daß

---

[87] Vgl. Kapitel 1:A.I auf Seite 4 ff.

[88] Vgl. Kapitel 1:B.VI auf Seite 23 ff.

[89] Siehe dazu Kapitel 1:A.I bei Fn. 12 auf Seite 5.

[90] Dies steht im Einklang mit neueren Untersuchungen, die diese Figur aus ökonomischen Erwägungen ablehnen. Siehe dazu bereits Kapitel 1:A.I in Fn. 16 auf Seite 6.

[91] *Hahn*, Finanzwirtschaft, S. 212; *Gehde*, Eigenkapitalersetzende Gesellschafterleistungen in Deutschland und den USA, S. 71; *Fleischer*, Finanzplankredite und Eigenkapitalersatz im Gesellschaftsrecht, S. 13; *Berger*, Grundlagen des Eigenkapitalersatzrechts, S. 30.

[92] Diese Begrenzung des Untersuchungsumfanges ist in der ökonomischen Literatur üblich und wird zumeist nicht einmal erwähnt. Vgl. nur *Klaus*, Gesellschafterfremdfinanzierung (1994); *ders.*, ZBB 1994, 247 ff.; *Drukarczyk*, Finanzierung, S. 400 ff.; *ders.*, Theorie und Politik der Finanzierung, S. 610 ff.

die Gruppe der Gesellschafter in sich homogen ist und gleichförmig handelt. Auch Interessengegensätze zwischen den Gesellschaftern und dem Geschäftsführer werden ausgeklammert. Das erscheint vertretbar, weil der Geschäftsführer in der Regel formal und auch tatsächlich stark an den Willen der Gesellschafter gebunden ist[93].

[93] *Hucke*, Gesellschafter und Geschäftsführer der GmbH, S. 161; *Klaus*, Gesellschafterfremdfinanzierung, S. 417 f.

Kapitel 2: Grundlagen der Gesellschafterfremdfinanzierung

Bevor in einem späteren Kapitel untersucht werden kann, welche Gefahren in dem von § 32a GmbHG geregelten Lebenssachverhalt bestehen, sind einige Vorarbeiten notwendig. Erforderlich ist zunächst ein genaues Verständnis vom Regelungsgegenstand selbst. Wie Kapitel 1 gezeigt hat, ist Regelungsgegenstand der Norm das Gesellschafterdarlehen und die Gesamtheit aller dem Gesellschafterdarlehen wirtschaftlich entsprechenden Finanzierungsformen[94]. Es hat sich gezeigt, daß man diese unter dem Begriff „Gesellschafterfremdkapital" zusammenfassen kann, und ihren Einsatz als „Gesellschafterfremdfinanzierung" bezeichnet[95]. Nur bei einem klaren Verständnis von der Struktur und den Auswirkungen der Gesellschafterfremdfinanzierung auf die verschiedenen Beteiligten wird es möglich sein, in späteren Kapiteln klare Aussagen über die Folgen der Gesellschafterfremdfinanzierung in der speziellen, durch die Tatbestandsmerkmale des § 32a GmbHG bezeichneten Situation zu treffen.

Sowohl dieses als auch das nachfolgende Kapitel sind der Entwicklung eines solchen Modells gewidmet. In diesem Kapitel wird zunächst auf den gegenwärtigen Stand der Erkenntnisse in der Rechtswissenschaft und den Wirtschaftswissenschaften eingegangen (nachfolgend A). Es folgt eine Festlegung des Untersuchungsumfanges (nachfolgend B). Schließlich wird untersucht, warum Gesellschafterfremdkapital eingesetzt wird (nachfolgend C). Die Erkenntnisse dieses Kapitels bilden die Grundlage für das nächste Kapitel, in dem die Folgen der Ge-

---

94 Siehe dazu Kapitel 1:A.II auf Seite 7.

95 Siehe ebenfalls Kapitel 1:A.II auf Seite 7.

sellschafterfremdfinanzierung für die externen Gesellschaftsgläubiger untersucht werden.

A. Gegenwärtiger Stand der Erkenntnisse

Sowohl in der klassisch juristischen als auch in der steuerrechtlichen Literatur[96], die sich beide in den letzten Jahrzehnten intensiv mit der Regulierung der Gesellschafterfremdfinanzierung beschäftigt haben, fehlen grundlegende Darstellungen zur Natur der Gesellschafterfremdfinanzierung[97].

Das ist insofern verständlich, als es eigentlich Aufgabe der Ökonomen ist, ein umfassendes Verständnis von den Finanzierungsformen zu entwickeln, insbesondere weil sie hierfür einen eigenen Wissenschaftszweig bereithalten, die Finanzwirtschaft. Diese hat sich allerdings lange Zeit nur eingeschränkt mit dem Thema Gesellschafterfremdfinanzierung beschäftigt, wenngleich Stimmen aus der juristischen Literatur bisweilen einen gegenteiligen Eindruck vermitteln[98]. In vielen Standardwerken taucht die Gesellschafterfremdfinanzierung auch heute noch gar

---

[96] Vgl. exemplarisch die neueren Arbeiten von *Bartone*, Gesellschafterfremdfinanzierung (2001); *Holzaepfel*, Belastungswirkungen durch § 8a KStG (2000); *Hirsch*, Gesellschafterfremdfinanzierung inländischer Kapitalgesellschaften (1999); *Dorozala*, Die steuerliche Behandlung der Gesellschafterfremdfinanzierung (1998); *Jürgen Herrmann*, Neue Bestimmung des § 8a KStG (1997); *Janssen*, § 8a KStG (1997); *Wolter*, Gesellschafterfremdfinanzierung (1997); *Blumberg*, Besteuerung der Gesellschafterfremdfinanzierung (1997).

[97] Dies ist aus juristischer Sicht immer wieder moniert worden. Vgl. *Götz*, Juristische und ökonomische Analyse des Eigenkapitalersatzrechts, S. 123; *Claussen*, in: FS Forster, S. 139, 148 f. und *K. Schmidt*, JZ 1984, 771 ff.

[98] Nur auf den ersten Blick sind *Fleischer*, Finanzplankredite und Eigenkapitalersatz im Gesellschaftsrecht, S. 100 f. Fn. 357 und *Vervessos*, Das Eigenkapitalersatzrecht, S. 131 Fn. 681 einer anderen Ansicht, wenn sie sich – völlig zurecht - gegen die Aussage wenden, die ökonomische Literatur habe sich nicht mit dem Eigenkapitalersatzrecht befaßt. Wie die nachfolgenden Ausführungen zeigen werden, beleuchten die von ihnen zitierten Quellen die Gesellschafterfremdfinanzierung aber nur unvollständig. Die von *Vervessos* und *Fleischer* angegebenen Quellen, auf die hier nicht weiter eingegangen wird, stammen entweder aus den Bereichen des allgemeinen Gesellschafts- oder des Bilanzrechts und enthalten ihrer Aufgabenstellung entsprechend schon von vorneherein keine finanzwirtschaftlichen Modelle.

nicht auf[99], in anderen allenfalls am Rande[100]. Die längste zusammenhängende Darstellung der Gesellschafterfremdfinanzierung in einem Lehrbuch findet sich bei *Drukarczyk*, aber auch er widmet der Gesellschafterfremdfinanzierung selbst nur etwas mehr als eine Seite[101].

Die stiefmütterliche Behandlung dieses Gebiets veranlaßte den Juristen *Carsten Peter Claussen* im Jahre 1992, die ökonomische Fachwelt aufzufordern, sich intensiver mit dieser Materie zu befassen[102]. Es scheint, daß sein Ruf gehört wurde[103]. Im letzten Jahrzehnt sind ökonomische Publikationen zu verschiedenen Aspekten des Eigenkapitalersatzrechts zu verzeichnen, die sich alternativ oder kumulativ mit der Notwendigkeit des Eigenkapitalersatzrechts an sich, der Berechtigung einzelner Tatbestandsmerkmale und Einzelfragen des Gläubigerschutzes befassen[104].

---

99 Vgl. *Spremann*, Wirtschaft, Investition und Finanzierung; *Vormbaum*, Finanzierung der Betriebe; *Busse*, Grundlagen der betrieblichen Finanzwirtschaft.

100 *Franke/Hax*, Finanzwirtschaft des Unternehmens und Kapitalmarkt, S. 491 sowie *Swoboda*, Investition und Finanzierung, S. 18 erwähnen eigenkapitalersetzende Darlehen gerade mal mit einem Halbsatz. *Süchting*, Finanzmanagement, S. 40 f. widmet dem Komplex einen Satz. Zu Gesellschafterdarlehen finden sich drei Sätze bei *Hahn*, Finanzwirtschaft, S. 212, 274 f. und 337, der die Regelungen des Eigenkapitalersatzrechts verschweigt; immerhin einen Absatz findet man bei *Wöhe/Bilstein*, Grundzüge der Unternehmensfinanzierung, S. 156 und *Perridon/Steiner*, Finanzwirtschaft der Unternehmung, S. 410 f.; verschiedentlich erwähnt wird die Gesellschafterfremdfinanzierung bei *Schneider*, Investition, Finanzierung und Besteuerung – allerdings nur in allgemeinen Zusammenhängen. Die mit einer Seite längste Passage befaßt sich mit der Besteuerung (*Schneider*, a. a. O., S. 289 f.).

101 vgl. *Drukarczyk*, Theorie und Politik der Finanzierung, S. 610 f.; *ders.*, Finanzierung, S. 400 f. Die übrigen Ausführungen befassen sich mit der Darstellung, Begründung und Kritik des Eigenkapitalersatzrechts (vgl. *Drukarczyk*, Theorie und Politik der Finanzierung, S. 611 ff.; *ders.*, Finanzierung, S. 401 ff.)

102 *Claussen*, in: FS Forster, S. 139, 152 f.

103 Die ökonomischen Untersuchungen von *Fischer*, in: Sadowski/Czap/Wächter (Hrsg.), Regulierung und Unternehmenspolitik, S. 179, 181; *Klaus*, Gesellschafterfremdfinanzierung, S. 1, *ders.*, ZBB 1994, 247 nehmen sogar ausdrücklich auf diesen Beitrag bezug.

104 *Beine*, Eigenkapitalersetzende Gesellschafterleistungen, S. 102 ff.; *Drukarczyk*, in: FS Schneider, S. 171 ff.; *Fischer*, in: Sadowski/Czap/Wächter (Hrsg.), Regulierung und Unternehmenspolitik, S. 179 ff.; *Götz*, Juristische und ökonomische Analyse des Eigenkapitalersatzrechts, S. 109 ff.; *Klaus*, Gesellschafterfremdfinanzierung (1994); *ders.*, ZBB 1994, 247 ff.; *Matthes*,

Alle diese Arbeiten weisen einen erheblichen Schwachpunkt auf. Keine von ihnen legt ihrer Analyse ein in sich abgeschlossenes Modell der Gesellschafterfremdfinanzierung zugrunde. Stattdessen stützen sie sich auf punktuelle Erkenntnisse und Vermutungen über die Natur dieser Finanzierungsform. *Drukarczyk*[105] und *Rausch*[106] stützen ihre Analysen auf einen einzelnen Aspekt der Gesellschafterfremdfinanzierung, den Anreiz zur Fortführung einer fortführungsunwürdigen Gesellschaft[107]. Gleiches gilt für *Adams*[108] - allerdings muß einschränkend gesagt werden, daß für ihn auch keine Veranlassung bestand, weitere Aspekte zu behandeln. Er beschäftigte sich mit der Frage, welche Gläubiger schutzwürdig sind[109]. Die Frage, wovor sie im einzelnen geschützt werden müssen, stellte sich in diesem Zusammenhang gar nicht. *R. H. Schmidt*[110] beschränkt sich auf einen anderen Anreiz, die Unterlassung von Investitionen mit positivem Kapitalwert[111]. Immerhin diese beiden Aspekte betrachtet *Fischer*[112]. *Beine*[113] legt seinen Ausführungen gar kein Modell zugrunde, sondern begnügt sich mit allgemeinen Erwägungen zum Nutzen der Betriebswirtschaft. Dementsprechend kann er zu der von ihm untersuchten Frage,

---

Eigenkapitalersetzende Gesellschafterdarlehen (2001); Bereits vorher *Adams*, Eigentum, Kontrolle und Beschränkte Haftung, S. 87 ff.; *Bitz*, WiSt 1979, 353 ff.; *Drukarczyk*, in: Heigl/Uecker (Hrsg.), Betriebswirtschaftslehre und Recht, S. 107 ff.; *Luckan/Schacht*, DB 1970, 1449; *Rausch*, Gläubigerschutz im Insolvenzverfahren, S. 344 ff.; *R. H. Schmidt*, 54 ZfB 717, 733 ff. (1984); *Swieters*, Gläubigerschutz durch Insolvenzrecht, S. 243 ff.

105 *Drukarczyk*, in: FS Schneider, S. 171 ff.; *ders.*, *Drukarczyk*, Theorie und Politik der Finanzierung, S. 611 ff.; *ders.*, Finanzierung, S. 401 ff. Der Beitrag *Drukarczyk*, in: Heigl /Uecker (Hrsg.), Betriebswirtschaftslehre und Recht, S. 107 ff. befaßt sich mit Abgrenzungsansätzen anderer Autoren zum Kriterium des „ordentlichen Kaufmanns" und verzichtet deshalb gänzlich auf einen eigenen Erklärungsansatz.

106 *Rausch*, Gläubigerschutz im Insolvenzverfahren, S. 344 ff.

107 Dazu nachfolgend Kapitel 3:B.II.7 auf Seite 68 ff.

108 *Adams*, Eigentum, Kontrolle und Beschränkte Haftung, S. 87 ff.

109 *Adams*, a. a. O. (Fn. 108), S. 87 ff.

110 *R. H. Schmidt*, 54 ZfB 717, 733 ff. (1984).

111 Dazu sogleich mehr in Kapitel 3:B.II.6 auf Seite 67 f.

112 *Fischer*, in: Sadowski/Czap/Wächter (Hrsg.), Regulierung und Unternehmenspolitik, S. 179 ff.

113 *Beine*, Eigenkapitalersetzende Gesellschafterleistungen, S. 102 ff.

suchten Frage, ob die Grundsätze ordnungsgemäßer Finanzierung[114] präzisiert werden können, nur feststellen, daß die Betriebswirtschaftslehre dazu nicht in der Lage ist[115].

Am umfassendsten ist immer noch die Untersuchung von *Klaus*[116], der sich zum Ziel setzt, die Anreize zu gläubigerschädigendem Verhalten in ihrer Gesamtheit zu behandeln. Aufgrund dieses Ansatzes fehlen bei ihm allerdings Ausführungen zu strukturellen Chancen und Risiken der Gesellschafterfremdfinanzierung. Auch kann er einzelne positive Anreize, wie den Anreiz, auf Gläubigerrechte zu verzichten, nicht erfassen. Mangels Ausführungen zu den Grundlagen der Gesellschafterfremdfinanzierung bleiben viele seiner Annahmen über das Gesellschafterverhalten im Unklaren und sind damit nicht überprüfbar[117]. Schließlich ist Gegenstand seiner Untersuchung das ganze Eigenkapitalersatzrecht und schwerpunktmäßig die Anreizstruktur in der Aktiengesellschaft. Die Ergebnisse zur Aktiengesellschaft werden lediglich auf die GmbH übertragen. Wie die nachfolgende Analyse zeigen wird, müssen auf diese Weise gewonnene Erkenntnisse für den speziellen Fall des § 32a GmbHG modifiziert werden[118].

Ähnliches gilt für *Götz*[119], der die Ansätze der Arbeiten von *Drukarczyk*, *Fischer* und *Klaus* als zu eng kritisiert, seine Analyse der Notwendigkeit des Eigenkapitalersatzrechts aber dennoch auf deren Ergebnisse gründet[120]. *Matthes* schließlich stützt seine Kritik an der herrschenden Auslegung des Tatbestandsmerkmals vom „ordentlichen Kaufmann“ nur auf die in der juristischen Literatur genannten Vermutungen zu den Folgen der Gesellschafterfremdfinanzierung sowie allgemeinen

[114] Siehe dazu bereits meine Ausführungen zum Verhalten „ordentlicher Kaufleute“ im Rahmen von § 32a Abs. 1 GmbHG.

[115] *Beine*, a. a. O. (Fn. 113), S. 108.

[116] *Klaus*, Gesellschafterfremdfinanzierung, S. 334 ff., 417 ff.

[117] Insbesondere fehlen Ausführungen zu den Eigenschaften von Gesellschafterfremdkapital und eine Betrachtung der Vorteile, die bereits ohne die durch die Gesellschafterfremdfinanzierung vermittelte Möglichkeit zu gläubigerschädigendem Verhalten bestehen.

[118] Vgl. insbesondere Kapitel 4:A auf Seite 77 ff.

[119] *Götz*, Juristische und ökonomische Analyse des Eigenkapitalersatzrechts (2001).

[120] *Götz*, a. a. O. (Fn. 119), S. 123 ff.

Erwägungen[121]. Gleiches gilt für ältere Veröffentlichungen, die sich mit der Berechtigung dieses Tatbestandsmerkmals befassen[122].

Auf diese Weise gewonnene Erkenntnisse ermöglichen keine abgeschlossene Bewertung einer so komplexen Materie wie der Gesellschafterfremdfinanzierung. Die zitierten Untersuchungen können nicht abschließend beurteilen, welche Gefahren für die Gläubiger bestehen, ob sie geschützt werden müssen und wann ein angemessener Schutz erreicht ist. Darüber hinaus müssen auch einzelne Teilergebnisse thesenartig bleiben, weil die Annahmen zum Verhalten der beteiligten Personen nicht hergeleitet werden können. Deutlich wird dieser Mangel an der Arbeit von *Götz*[123]. Da er kein Modell vom Regelungsgegenstand entwickelt, muß er in seiner ökonomischen Analyse des Eigenkapitalersatzrechts hinsichtlich der Wirkung von reguliertem und unreguliertem Gesellschafterfremdkapital auf Versatzstücke älterer Veröffentlichungen zurückgreifen. Seine Ausführungen fußen im Wesentlichen auf einem fünfseitigen Referat der sich teilweise widersprechenden und in sich nicht abgeschlossenen Arbeiten von *Klaus*, *Fischer* und *Drukarczyk*[124]. Die darauf aufbauenden Erkenntnisse müssen naturgemäß bruchstückhaft bleiben.

B. Festlegung des Untersuchungsumfanges

Um dem Anspruch dieses Kapitels gerecht zu werden, ein allgemeines Modell der Gesellschafterfremdfinanzierung zu entwickeln, muß zunächst der Untersuchungsumfang festgelegt werden.

---

121 *Matthes*, Eigenkapitalersetzende Gesellschafterdarlehen (2001), S. 68 ff.

122 *Bitz*, WiSt 1979, 353 ff.; *Swieters*, Gläubigerschutz durch Insolvenzrecht, S. 243 ff.; *Strobel*, DB 1973, 1961 ff.; *Luckan/Schacht*, DB 1970, 1449 ff.; Letztere zeigen zudem anhand einer Beispielsrechnung, daß Gläubiger nicht generell durch die bloße Zuführung von Gesellschafterdarlehen geschädigt werden, weil diese auch einen positiven Kapitalwert haben können.

123 *Götz*, Juristische und ökonomische Analyse des Eigenkapitalersatzrechts (2001).

124 Vgl. *Götz*, a. a. O., S. 123 ff.

Dafür ist eine Einschränkung des rechtlichen Umfeldes erforderlich. Wie die ganze Untersuchung steht auch dieses Kapitel unter der Annahme, daß die neben § 32a GmbHG bestehenden Normen des Eigenkapitalersatzrechts nicht eingreifen[125]. Diese Annahme muß vorliegend nochmals erweitert werden. Dieses Kapitel geht von der Fiktion aus, daß auch § 32a GmbHG nicht eingreift. Denn nur eine Beobachtung des auch von § 32a GmbHG unregulierten Lebenssachverhalts kann die Einsichten geben, die erforderlich sind, um in späteren Kapiteln zu entscheiden, ob dieser einer Regulierung bedarf.

Gegenstand der nachfolgenden Betrachtungen ist die Gesellschafterfremdfinanzierung in ihrer Gesamtheit. Auch hier legt das vorangegangene Kapitel zunächst einen anderen Betrachtungsumfang nahe. Denn § 32a GmbHG erfaßt nur einen Ausschnitt der Gesellschafterfremdfinanzierung[126]. Die weite Fassung des Untersuchungsumfangs ist aber erforderlich, wenn man die Anzahl der bei der Modellentwicklung zu berücksichtigenden Faktoren und damit die Komplexität der Darstellung in einem überschaubaren Rahmen halten will. Die Berücksichtigung der speziellen Situation im Anwendungsbereich des § 32a GmbHG erfolgt zu einem späteren Zeitpunkt[127].

C. Gründe für den Einsatz von Gesellschafterfremdkapital

Gesellschafterfremdkapital ist Fremdkapital, das von einem Gesellschafter, also einem Eigenkapitalgeber, gegeben wird. Die Gesellschafterfremdfinanzierung vereint somit die Finanzierungsform der Fremdfinanzierung eines externen Kapitalgebers mit der Person eines Eigenkapitalgebers. Der Schlüssel zu ihrem Verständnis liegt also im Verständnis der Finanzierung mit Eigen- und Fremdkapital.

Dazu ist es zunächst erforderlich herauszufinden, welche Merkmale die Kapitalarten Eigen- und Fremdkapital haben (nachfolgend I). Anschließend kann dann aus

[125] Siehe dazu Kapitel 1:D auf Seite 25.

[126] Siehe dazu ebenfalls die Einleitung zu Kapitel 1:A auf Seite 3 f.

[127] Siehe unten Kapitel 4: auf Seite 75 ff.

Sicht der jeweiligen Kapitalgeber bewertet werden, welche Vorteile sich aus diesen Merkmalen ergeben (nachfolgend II). Um nicht bereits in diesem Unterabschnitt auf die spezielle Situation einzugehen, die besteht, wenn ein Gesellschafter sowohl Eigen- als auch Fremdkapital einsetzt, werden die beiden Kapitalarten in diesem Abschnitt nur in ihrer Reinform betrachtet. Es wird also auf der einen Seite nur Fremdkapital untersucht, das von einem Kapitalgeber gegeben wird, der kein Gesellschafter ist. Dieser wird nachfolgend als *externer Kapitalgeber* bezeichnet. Die andere Seite bildet Eigenkapital, das von einem Gesellschafter stammt, der daneben kein Fremdkapital vergibt. Er wird nachfolgend *Gesellschafter i. e. S.* genannt. Anschließend kann dann aus Sicht eines Gesellschafters, der sowohl Eigen- als auch Fremdkapital vergibt, bewertet werden, welche Vorteile sich aus seiner „Doppelrolle" ergeben (nachfolgend III).

I. Grundlegende Merkmale von Eigen- und Fremdkapital

Die grundlegenden Merkmale von Eigenkapital und Fremdkapital sind Gegenstand zahlreicher Untersuchungen der finanzwirtschaftlichen Literatur gewesen[128]. Relevanz haben diese Merkmale für die Versuche der Finanzwirtschaft, der schier unübersehbaren Masse von Finanzierungsformen durch eine Kategorisierung Herr zu werden. Das finanzwirtschaftliche Schriftum stellt in einer idealtypischen Abgrenzung[129] folgende Merkmale von Eigen- und Fremdkapital gegenüber[130]:

---

[128] Vgl. *Sandig*, in: Handwörterbuch der Finanzwirtschaft, 1. Aufl., Sp. 646 ff.; *ders.*, Finanzierung mit Fremdkapital; *Hahn*, in: Handbuch der Unternehmensfinanzierung, S. 27 ff.; *Störrle*, in: Handbuch der Unternehmensfinanzierung, S. 377 ff.; *Vormbaum*, Finanzierung der Betriebe, S. 37 ff.; *Lehner*, Modelle für das Finanzmanagement, S. 42 ff.; jeweils m. w. N.

[129] Die idealtypische Abgrenzung ist nur solange praktikabel, wie die Finanzierungskontrakte diesen Merkmalen entsprechen. In der finanzwirtschaftlichen Praxis werden sie häufig abgewandelt. Täglich kommen neue Finanzinnovationen hinzu, die einzelne der vorgestellten Merkmale miteinander kombinieren und somit einer Kategorisierung entgehen (die sogenannten „hybriden Finanzierungsmittel"; vgl. dazu einführend den Überblick bei *Drukarczyk*, Theorie und Politik der Finanzierung, S. 581-620; sowie allgemein zu den theoretischen Grundlagen *Störrle*, in: Handbuch der Unternehmensfinanzierung, S. 380 ff.). Dies hat sowohl die finanzwirtschaftliche als auch die juristische Literatur veranlaßt, verschiedene neue Formeln für die Abgrenzung zu entwickeln, die sich u. a. auf eine funktionelle Betrachtungsweise oder den Ri-

- Bindung des Eigenkapitals / Befristung oder Kündbarkeit des Fremdkapitals
- Verlustbeteiligung / Rückzahlungspflicht
- Gewinnbeteiligung / Verzinsung
- Herrschaftsrechte / Gläubigerrechte

Die folgende Darstellung soll zeigen, inwieweit Eigenkapital von einem Gesellschafter i. e. S. und Fremdkapital von einem externen Kapitalgeber in der GmbH durch diese Begriffspaare gekennzeichnet sind.

1. Bindung im Unternehmen versus Befristung und Kündbarkeit

Fremdkapital unterliegt keiner gesellschaftsrechtlichen Bindung und ist deshalb grundsätzlich befristet oder kündbar[131]. Eigenkapital steht der Unternehmung dagegen in der Regel unbefristet zur Verfügung[132]. Sein vollständiger Abzug kann nur unter Auflösung der Gesellschaft oder Kündigung der Mitgliedschaft und daran anschließender Auseinandersetzung des Vermögens erfolgen[133]. Bei der GmbH gibt es zwei Formen des Eigenkapitals. Dies sind einerseits Stammkapital und Rücklagen für eigene Anteile und andererseits die übrigen Rücklagen sowie der

---

sikogedanken stützen (vgl. dazu zusammenfassend die Darstellung bei *Thiele*, Das Eigenkapital im handelsrechtlichen Jahresabschluß, S. 115 ff.). Im vorliegenden Zusammenhang brauchen diese Ansätze allerdings nicht berücksichtigt zu werden, da es nicht um die Klassifizierung von hybriden Finanzierungsformen, sondern die Merkmale der Grundformen geht.

130 *Sandig*, Finanzierung mit Fremdkapital, S. 16 ff.; *ders.*, in: Handwörterbuch der Finanzwirtschaft, 1. Aufl., Sp. 646; ähnlich *Vormbaum*, Finanzierung der Betriebe, S. 37 ff.

131 *Hahn*, in: Handbuch der Unternehmensfinanzierung, S. 29; *Sandig*, Finanzierung mit Fremdkapital, S. 17.

132 *Drukarczyk*, Finanzierung, S. 255; *Lehner*, Modelle für das Finanzmanagement, S. 42; *Sandig*, in: Handwörterbuch der Finanzwirtschaft, 1. Aufl., Sp. 646; *Hahn*, in: Handbuch der Unternehmensfinanzierung, S. 29; *Störrle*, in: Handbuch der Unternehmensfinanzierung, S. 401; *Vormbaum*, Finanzierung der Betriebe, S. 37.

133 *Lehner*, Modelle für das Finanzmanagement, S. 42; *Sandig*, Finanzierung mit Fremdkapital, S. 18.

Gewinnvortrag und der Jahresüberschuß, vgl. § 266 Abs. 3 Ziff. A HGB i. V. m. § 42 Abs. 1 GmbHG.

Das Stammkapital und die Rücklagen für eigene Anteile können zwar herabgesetzt oder abgezogen werden. Dies ist jedoch der gesetzliche Ausnahmefall. Nach dem Willen des Gesetzgebers sind die Eigenkapitaleinlagen zum endgültigen Verbleib in der Gesellschaft bestimmt. Gewährleistet wird dies durch ein aufwendiges Verfahren zur Herabsetzung des Stammkapitals (§ 58 GmbHG) und strenge Kapitalerhaltungsregeln (§§ 30, 31, 33 Abs. 2 GmbHG). Das Stammkapital muß zunächst in Höhe der gesetzlich vorgeschriebenen Mindesthöhe von 25.000 Euro bestehen (§ 5 Abs. 1 GmbHG). Diese Mindestforderung kann gem. § 58 Abs. 2 S. 1 GmbHG auch nicht durch einen Kapitalherabsetzungsbeschluß abgesenkt werden. Im Rahmen der gesetzlichen Mindestforderung ist eine Herabsetzung aber möglich. Dazu müssen die Gesellschaftsgläubiger einerseits entweder zustimmen oder aber andererseits befriedigt oder sichergestellt werden (§ 58 Abs. 1 Nr. 2 GmbHG). Weiterhin ist nach § 58 Abs. 1 Nr. 1 GmbHG eine dreimalige Bekanntgabe des Herabsetzungsbeschlusses erforderlich. Hierbei müssen die Gläubiger aufgefordert werden, sich bei der Gesellschaft zu melden. Die aus den Handelsbüchern oder in anderer Weise bekannten Gläubiger sind darüber hinaus gesondert aufzufordern, sich bei der Gesellschaft zu melden. Das Stammkapital wird weiterhin durch die Kapitalerhaltungsregeln in den §§ 30, 31 GmbHG vor dem Abzug bewahrt. Gem. § 30 Abs. 1 GmbHG darf das zur Erhaltung des Stammkapitals erforderliche Vermögen nicht an die Gesellschafter ausgezahlt werden, gem. § 31 GmbHG muß eine einmal erfolgte Auszahlung der Gesellschaft erstattet werden. Auch Rücklagen für eigene Anteile unterfallen gem. § 33 Abs. 2 GmbHG einer strengen Kapitalbindung. Die Gesellschaft darf nach Maßgabe von § 33 Abs. 2 S. 1 GmbHG eigene Anteile nur aus dem über dem Betrag des Stammkapitals hinaus vorhandenen Vermögen erwerben und zwar nur dann, wenn sie die Rücklage für eigene Anteile bilden kann, ohne das Stammkapital oder eine nach dem Gesellschaftsvertrag zu bildende Rücklage, die nicht zu Zahlungen an die Gesellschafter verwandt werden darf, zu mindern. Gem. § 33 Abs. 2 S. 3 GmbHG ist bei einem Verstoß gegen diese Vorschrift das schuldrechtliche Geschäft nichtig.

Die übrigen Rücklagen sind zwar grundsätzlich frei rückzahlbar[134], werden aber ebenso wie die anderen Eigenkapitalarten von den Kapitalerhaltungsregeln in den §§ 30, 31 GmbHG erfaßt. Sie können gem. § 30 Abs. 2 S. 1 GmbHG nur dann zurückgezahlt werden, soweit sie nicht zur Deckung eines Verlustes am Stammkapital erforderlich sind. Darüber hinaus ist die Rückzahlung von Rücklagen auch eine Auszahlung i. S. d. § 30 Abs. 1 GmbHG und damit über diese Norm verboten, wenn das zur Erhaltung des Stammkapitals erforderliche Vermögen der Gesellschaft durch die Auszahlung geschmälert wird[135]. Ähnliches gilt auch für Nachschüsse[136], für die § 30 Abs. 2 S. 2-4 GmbHG weitere Auflagen regelt. Auch hier müssen bereits erfolgte Auszahlungen gem. § 31 GmbHG wieder rückgängig gemacht werden. Freiwillige Nachschüsse, die ohne gesellschaftsvertragliche Verpflichtung eingebracht worden sind, fallen dagegen nicht unter § 30 Abs. 2 GmbHG, sind aber weiterhin dem Kapitalerhaltungsgebot des § 30 Abs. 1 GmbHG unterworfen[137].

2. *Verlustbeteiligung versus Rückzahlungspflicht*

Das Merkmal der Verlustbeteiligung ist eng mit der Kapitalbindung verknüpft. Solange das Unternehmen nicht liquidiert wird und der Eigenkapitalgeber seine Mitgliedschaft nicht kündigt, erhält er sein Kapital auch nicht zurück[138]. Kommt es zu einer negativen Geschäftsentwicklung, kann das eingelegte Kapital teilweise

---

[134] Vgl. *Hommelhoff*, ZGR 1988, 460, 465.

[135] Vgl. *Lutter/Hommelhoff*, GmbHG, § 30 Rn. 2; *Baumbach/Hueck/Fastrich*, GmbHG, § 30 Rn. 5; *Hachenburg/Goerdeler/Müller*, GmbHG, § 30 Rn. 28. Zur Wirkungsweise der Kapitalerhaltungsvorschrift des § 30 Abs. 1 GmbHG vgl. *Joost*, ZHR 148 (1984), 27 ff.

[136] So ausdrücklich *Rowedder*, GmbHG, § 30 Rn. 32; *Hachenburg/Goerdeler/Müller*, GmbHG, § 30 Rn. 91; *Lutter/Hommelhoff*, GmbHG, § 30 Rn. 51; *Meyer-Landrut/Miller/Niehus/Meyer-Landrut*, GmbHG, § 30 Rn. 13.

[137] *Scholz/H.P. Westermann*, GmbHG, § 30 Rn. 45; *Hachenburg/Goerdeler/Müller*, GmbHG, § 30 Rn. 94; *Lutter/Hommelhoff*, GmbHG, § 30 Rn. 52; insoweit undeutlich *Rowedder*, GmbHG, § 30 Rn. 32; *Meyer-Landrut/Miller/Niehus/Meyer-Landrut*, GmbHG, § 30 Rn. 13.

[138] Vgl. dazu bereits Seite 36 bei Fn. 132.

oder insgesamt verloren gehen[139]. Was so allgemein von der finanzwirtschaftlichen Literatur für alle Unternehmensformen festgestellt wurde, stimmt auch im speziellen Fall der GmbH. Das Eigenkapital der GmbH haftet unmittelbar für Verluste des Unternehmens[140].

Das Fremdkapital ist dagegen zurückzuzahlen[141]. Diese Rückzahlungspflicht steht in engem Zusammenhang mit der Befristung oder Kündbarkeit des Fremdkapitals und ist das zentrale Merkmal des Fremdkapitalbegriffs. Dieses Recht wird vor einem Ausfall dadurch geschützt, daß der Fremdkapitalgeber vor dem Eigenkapitalgeber zu befriedigen ist und selbst im Falle einer Unternehmensinsolvenz wenigstens noch einen Anspruch auf eine Insolvenzquote hat[142]. Weiterhin kann sich der Fremdkapitalgeber durch Sicherheiten, beispielsweise in Form von Grundpfandrechten, vor dem Ausfall der Forderung absichern[143]. Damit kann er erreichen, daß er selbst in Fällen der Insolvenz den vollen Kapitalbetrag zurückerhält.

3. Gewinnbeteiligung versus Verzinsung

Eigenkapital gibt bei positivem Geschäftsverlauf einen Anspruch auf eine Gewinnbeteiligung[144]. Die Höhe dieses Anspruches richtet sich nach der Höhe des

---

[139] So die betriebswirtschaftliche Literatur: *Wittgen*, Einführung in die Betriebswirtschaftslehre, S. 42; *Vormbaum*, Finanzierung der Betriebe, S. 37; *Sandig*, in: Handwörterbuch der Finanzwirtschaft, 1. Aufl., Sp. 646. Aus juristischer Sicht ist noch hinzuzufügen, daß letzteres darauf beruht, daß die Geltendmachung des Eigenkapitals einer GmbH in der Insolvenz ausgeschlossen ist (*Hommelhoff*, ZGR 1988, 460, 463).

[140] *Hommelhoff*, ZGR 1988, 460, 463; *K. Schmidt*, Gesellschaftsrecht, § 18 II 2, S. 515.

[141] *Vormbaum*, Finanzierung der Betriebe, S. 38; *Sandig*, in: Handwörterbuch der Finanzwirtschaft, 1. Aufl., Sp. 646; *Lehner*, Modelle für das Finanzmanagement, S. 43.

[142] §§ 35, 38 InsO. Vgl. dazu auch *Sandig*, Finanzierung mit Fremdkapital, S. 16; *Vormbaum*, Finanzierung der Betriebe, S. 38.

[143] *Vormbaum*, Finanzierung der Betriebe, S. 38.

[144] *Drukarczyk*, Finanzierung, S. 255; *Spremann*, Wirtschaft, Investition und Finanzierung, S. 94; *Hahn*, in: Handbuch der Unternehmensfinanzierung, S. 28; *Sandig*, in: Handwörterbuch der Finanzwirtschaft, 1. Aufl., Sp. 646; *Lehner*, Modelle für das Finanzmanagement, S. 42; *Vormbaum*, Finanzierung der Betriebe, S. 37; *Wittgen*, Einführung in die Betriebswirtschaftslehre, S. 42.

tatsächlich entstandenen Unternehmensgewinns und ist nicht auf eine vorher vereinbarte Höhe beschränkt. Fremdkapital wird dagegen nur gegen Zahlung eines vorher vereinbarten Zinssatzes überlassen, der unabhängig vom Unternehmensgewinn ist[145]. Im Einzelfall kann dieser Zinssatz zwar in einer Gewinnbeteiligung bestehen und somit variabel sein - wie etwa beim partiarischen Darlehen. Dies ist ein Darlehen i. S. d. § 488 BGB, bei dem sich der Darlehensnehmer verpflichtet, einen Anteil am Gewinn seines Unternehmens zu gewähren[146]. Aufgrund dieses Merkmals handelt es sich dann nicht mehr um reines Fremdkapital, sondern um ein hybrides Finanzierungsmittel, das eine Mischform darstellt[147].

4. *Weitreichende Informations- und Herrschaftsrechte versus eingeschränkte Gläubigerrechte*

Schließlich vermittelt die Eigenkapitalbeteiligung dem Kapitalgeber über seine Gesellschafterstellung grundsätzlich auch weitreichende Informations- und Herrschaftsrechte[148]. Fremdkapital gewährt dagegen, wie anschließend zu zeigen sein wird, nur einen eingeschränkten Einblick in die Geschäfte der Gesellschaft.

In Rechtsprechung und Lehre ist bereits seit langer Zeit anerkannt, daß jeder Gesellschafter einer GmbH ein mitgliedschaftliches Recht auf Information hat[149]. Seit der GmbH-Novelle von 1980 ist dies auch in den §§ 51a und 51b gesetzlich geregelt[150]. Gem. § 51a Abs. 1 GmbHG sind die Geschäftsführer verpflichtet, je-

---

[145] *Spremann*, Wirtschaft, Investition und Finanzierung, S. 94; *Wittgen*, Einführung in die Betriebswirtschaftslehre, S. 42; *Sandig*, in: Handwörterbuch der Finanzwirtschaft, 1. Aufl., Sp. 646; *Hahn*, in: Handbuch der Unternehmensfinanzierung, S. 28, 29.

[146] *Palandt/Putzo*, BGB, Einf. v. § 607 Rn. 17.

[147] *Störrle*, in: Handbuch der Unternehmensfinanzierung, S. 386; *Müller*, in: Handwörterbuch der Finanzwirtschaft, 1. Aufl., Sp. 1420. Siehe dazu auch bereits Fn. 129 auf Seite 36.

[148] *Hahn*, in: Handbuch der Unternehmensfinanzierung, S. 28; *Sandig*, Finanzierung mit Fremdkapital, S. 17; *Lehner*, Modelle für das Finanzmanagement, S. 42; *Vormbaum*, Finanzierung der Betriebe, S. 37.

[149] *K. Schmidt*, in: FS 100 Jahre GmbH-Gesetz, S. 559 ff.

[150] Vgl. weiterführend zum Informationsrecht des Gesellschafters die monographischen Aufarbeitungen von *Tietze*, Die Informationsrechte des GmbH-Gesellschafters, und *Wohlleben*, Informationsrechte des Gesellschafters; vgl. weiterhin *v. Bitter*, ZIP 1981, 825 ff.; *Grunewald*, ZHR 146 (1982), 211 ff.; *Lutter*, ZGR 1982, 1 ff.; *K. Schmidt*, in: FS 100 Jahre GmbH-Gesetz,

dem Gesellschafter auf Verlangen unverzüglich Auskunft über die Angelegenheiten der Gesellschaft zu geben und die Einsicht der Bücher und Schriften zu gestatten. Gem. § 51a Abs. 2 GmbHG dürfen die Geschäftsführer Auskunft und Einsicht nur verweigern, wenn zu besorgen ist, daß der Gesellschafter sie zu gesellschaftsfremden Zwecken verwenden und dadurch der Gesellschaft oder einem mit ihr verbundenen Unternehmen einen nicht unerheblichen Nachteil zufügen wird. Die Verweigerung bedarf eines Beschlusses der Gesellschafter, § 51a Abs. 2 S. 2 GmbHG. Eine darüber hinausgehende Einschränkung des Informationsrechtes ist gem. § 51a Abs. 3 GmbHG verboten. Fühlt sich ein Gesellschafter durch die verweigerte Auskunft oder Einsicht in seinen Rechten verletzt, so kann er gem. § 51b GmbHG ein Auskunftserzwingungsverfahren anstrengen.

Darüber hinaus hat der Gesellschafter verschiedene rechtliche und tatsächliche Möglichkeiten, um auf die Geschäftsführung Einfluß zu nehmen[151]. So ist der Geschäftsführer einer GmbH gem. § 37 GmbHG an die Weisungen der Gesellschafterversammlung gebunden, die auf diese Weise erheblichen Einfluß auf die Geschicke der Gesellschaft nehmen kann. Diese Befugnis der Gesellschafterversammlung wird dadurch verstärkt, daß sie jederzeit die Bestellung des Geschäftsführers widerrufen kann (§ 38 GmbHG). Sie werden zudem ergänzt durch das Recht auf die Erhebung von Gesellschafterklagen und das Anfechtungsrecht[152]. Die Informations- und Herrschaftsmöglichkeiten des Gesellschafters sind durch diese gesetzliche Regelung aber noch nicht abschließend bezeichnet, da die Gesellschafter häufig selber die Gesellschaft führen, oder zumindest so weit in der Gesellschaft involviert sind, daß sie auch

146 (1982), 211 ff.; *Lutter*, ZGR 1982, 1 ff.; *K. Schmidt*, in: FS 100 Jahre GmbH-Gesetz, S. 559 ff. Zur Kritik an dieser gesetzlichen Regelung vgl. die Vorstehenden sowie *K. Schmidt*, Informationsrechte in Gesellschaften und Verbänden, S. 57 f.

[151] Vgl. hierzu weiterführend *Münchener Handbuch des Gesellschaftsrechts/Ingerl*, Band 3, § 37; *Eisenhardt*, in: FS Pfeiffer, S. 839 ff.; *Wolany*, Rechte und Pflichten der Gesellschafter einer GmbH; sowie die ökonomische Analyse von *Hucke*, Gesellschafter und Geschäftsführer der GmbH.

[152] Vgl. dazu eingehend die Darstellung im *Münchener Handbuch des Gesellschaftsrechts/Ingerl*, Band 3, § 37.

Gesellschaft involviert sind, daß sie auch auf informellem Wege erheblichen Einfluß auf die Geschäftsführung und die Informationspolitik nehmen können[153].

Fremdkapital gewährt dagegen nur einen eingeschränkten Einblick in die Geschäfte der Gesellschaft[154]. Der Fremdkapitalgeber hat grundsätzlich weder ein Mitspracherecht bei unternehmerischen Entscheidungen, noch die Möglichkeit, Einblick in die internen Verhältnisse des Unternehmens zu nehmen[155]. Er kann sich lediglich aus den frei zugänglichen Quellen über die GmbH informieren[156]. Der Inhalt dieser Quellen ergibt sich aus den in den §§ 325 ff. HGB niedergelegten Publizitätspflichten[157]. Nach § 325 Abs. 1 HGB ist der Geschäftsführer einer GmbH verpflichtet, den Jahresabschluß nach seiner Vorlage an die Gesellschafter beim Handelsregister einzureichen. Mittelgroße GmbH müssen zudem einen Lagebericht, den Bestätigungsvermerk, den Gewinnverwendungsvorschlag sowie gegebenenfalls den Bericht des Aufsichtsrates beim Handelsregister hinterlegen (§ 325 Abs. 1 S. 3 HGB). Große GmbH müssen diese sogar im Bundesanzeiger veröffentlichen (§ 325 Abs. 2 S. 1 HGB). Somit sind die Gesellschafter also grundsätzlich verpflichtet, bestimmte geschäftliche Interna zu veröffentlichen. Allerdings handelt es sich dabei nur um einen Ausschnitt aus der Unternehmenswirklichkeit, der auch deshalb nur wenig zur Information der Gläubiger beiträgt, weil er zumeist veraltet ist. Den Gesellschaftern wird nämlich für die Beibringung der Unterlagen eine Frist von neun Monaten eingeräumt (§ 325 Abs. 1 HGB). Schließlich erfährt die beschriebene Publizitätspflicht für kleinere GmbH eine weitere Einschränkung. Kleine Gesellschaften i. S. d. § 267 Abs. 1 HGB müssen

---

153 *Vervessos*, Das Eigenkapitalersatzrecht, S. 167 f.; *Ulrich*, GmbHR 1983, 133, 144; *Fleck*, in: FS Werner, S. 123; *Ketzer*, Eigenkapitalersetzende Aktionärsdarlehen, S. 63; *Schouler*, Grundlagen des Eigenkapitalersatzrechts, S. 225.

154 *Wittgen*, Einführung in die Betriebswirtschaft, S. 42.

155 *Sandig*, in: Handwörterbuch der Finanzwirtschaft, Sp. 646; *Lehner*, Modelle für das Finanzmanagement, S. 42; *Vormbaum*, Finanzierung der Betriebe, S. 38; *Hahn*, in: Handbuch der Unternehmensfinanzierung, S. 29.

156 Vgl. zur Stellung des Gläubigers als Publizitätsadressaten weiterführend *Apelt*, Die Publizität der GmbH, S. 55 ff.

157 *Münchener Handbuch des Gesellschaftsrechts/Mayer*, Band 3, § 20 Rn. 70.

nur eine verkürzte Bilanz, einen bereinigten Anhang sowie das Jahresergebnis und den Vorschlag für dessen Verwendung einreichen (§ 326 S. 2 HGB)[158].

5. *Zusammenfassung*

Auch in der GmbH lassen sich die Reinformen von Eigen- und Fremdkapital nach den von der Finanzwirtschaft entwickelten idealtypischen Merkmalen voneinander abgrenzen. Während das Eigenkapital durch seine Bindung im Unternehmen, Verlust- und Gewinnbeteiligung, sowie Informations- und Herrschaftsrechte gekennzeichnet ist, wird das Fremdkapital durch seine Befristung oder Kündbarkeit, die Verzinsung, die Rückzahlungspflicht und die Vermittlung von nur eingeschränkten Informationsrechten charakterisiert.

II. *Vorteile von Eigen- und Fremdkapital aus Sicht des jeweiligen Kapitalgebers*

Die dargestellten unterschiedlichen Merkmale der beiden Kapitalarten bedingen naturgemäß Nachteile für die Gläubiger. Diese folgen aber allenfalls zum Teil aus dem Finanzierungsinstrument selbst; hauptsächlich folgen sie aus dem Umgang mit ihm. Dieser Umgang wird wiederum dadurch bestimmt, welche Vorteile der Gesellschafter beim Einsatz von Gesellschafterdarlehen hat.

1. *Vorteile von Eigenkapital für den Gesellschafter i. e. S.*

Eigenkapital hat für den Gesellschafter i. e. S. zwei wesentliche Vorteile: Es gibt ihm die Herrschaft über die Gesellschaft, nachfolgend a), und vermittelt ihm einen Informationsvorsprung gegenüber den Fremdkapitalgebern, nachfolgend b).

---

[158] In der Praxis lassen sich Fremdkapitalgeber oftmals vertraglich Informationsrechte einräumen. Diese beruhen jedoch nicht auf fremdkapitalspezifischen Rechtspositionen und bleiben deshalb in dieser Darstellung ausgespart. Siehe dazu aber weiterführend Kapitel 5:B.I auf Seite 88 ff.

a) Herrschaftsrechte

Der erste Vorteil der Finanzierung mit Eigenkapital ergibt sich aus den weitreichenden Herrschaftsrechten des Kapitalgebers[159]. Zwar erhalten in der Praxis auch Fremdkapitalgeber, insbesondere Banken, oftmals weitreichende Informations- und Herrschaftsrechte. Diese werden aber nicht durch das Finanzinstrument selbst, sondern wirtschaftlichen Druck vermittelt. Die unmittelbar durch das Finanzinstrument Eigenkapital vermittelten Informations- und Herrschaftsrechte erlauben es dem Kapitalgeber, lenkend in den Umgang mit seiner Investition einzugreifen. Insbesondere kann der Kapitalgeber dadurch weitgehend verhindern, daß andere mit seiner Investition unternehmerische Entscheidungen treffen, mit denen er nicht einverstanden ist.

b) Informationsvorsprung

Ein weiterer Vorteil der Eigenkapitalfinanzierung ist für den Gesellschafter i. e. S. der damit für ihn verbundene Informationsvorsprung vor den externen Fremdkapitalgebern. Dieser erklärt sich einerseits aus den weitreichenden Informationsrechten, die ihm das Eigenkapital vermittelt, und andererseits aus den weitaus geringeren Informationsmöglichkeiten, die das Fremdkapital den externen Gläubigern bietet[160].

Dieser Informationsvorsprung hat in der Praxis erhebliche Bedeutung. Während der Eigenkapitalgeber bei Finanzierungsentscheidungen auf seine weitreichenden Informationsrechte zurückgreifen kann, muß sich der externe Fremdkapitalgeber mit seinen eingeschränkten Informationsmöglichkeiten zufrieden geben. Letzterem bleiben neben den Angaben, die frei zugänglich sind, nur Informationen, die ihm der Gesellschafter freiwillig gibt. Wie jede pauschale Aussage, muß auch diese allerdings relativiert werden. Es gibt durchaus in der Praxis zahlreiche Konstellationen, in denen sich Fremdkapitalgeber – zumeist Banken – vertraglich weitreichende Informationsrechte einräumen lassen. Teilweise gehen diese weiter als

---

159 Siehe oben Kapitel 2:C.I.4 auf Seite 41 ff.

160 Siehe oben Kapitel 2:C.I.4 auf Seite 41 ff.

die eines Minderheitsgesellschafters. Hierbei handelt es sich aber nicht um ein Spezifikum der Fremdkapitalbeteiligung. Dies wird insbesondere dann deutlich, wenn man sich vergegenwärtigt, daß auch ein Mehrheitsgesellschafter eine größere Macht hat als ein Minderheitsgesellschafter[161].

Deshalb bleibt grundsätzlich auch bei gewissenhafter Auskunft für den Fremdkapitalgeber immer noch die Unsicherheit, daß die erteilten Informationen unrichtig oder zumindest unvollständig sein könnten. Will der Gläubiger dieses Risiko minimieren und sich weiter informieren, entstehen ihm zusätzliche Informationskosten, da Informationen, ebenso wie andere Wirtschaftsgüter, grundsätzlich kostenpflichtig sind[162].

In der finanzwirtschaftlichen Literatur wird diesem Problem eine erhebliche Bedeutung beigemessen[163]. Man bezeichnet das Phänomen des Informationsvorsprungs, den der Eigenkapitalgeber vor den Fremdkapitalgebern hat, dort als *asymmetrische Information*[164]. Die Informationsasymmetrie beschreibt, daß der Fremdkapitalgeber das Verhalten des Eigenkapitalgebers nicht genau beobachten und kontrollieren kann. Der Eigenkapitalgeber hat deshalb das, was die Ökonomen einen „*diskretionären Handlungsspielraum*" nennen[165]. Der diskretionäre Handlungsspielraum kann im Zusammenspiel mit den Herrschaftsrechten des Eigenkapitalgebers zu einem besonderen Problem für den Fremdkapitalgeber führen, nämlich dann, wenn der Eigenkapitalgeber aus Egoismus oder Bequemlichkeit sein schlecht kontrollierbares Verhalten zum Nachteil des Fremdkapitalgebers verändert, sobald der Finanzkontrakt abgeschlossen ist. Diese Gefahr nachlassender „moralischer" Haltung nennt man „*moral hazard*"[166]. Die aus dem diskretionären Handlungsspielraum und insbesondere dem *moral hazard* resultierenden Gefahren für den Fremdkapitalgeber werden uns im weiteren Verlauf dieser Un-

[161] Siehe ausführlicher zu diesem Themenkomplex, insbesondere § 51a GmbHG, die ausführlichere Darstellung oben in Kapitel 2:C.I.4 auf Seite 41 ff.

[162] *Swoboda*, Betriebliche Finanzierung, S. 103.

[163] *Bitz*, Finanzdienstleistungen, S. 53.

[164] Vgl. *Spremann*, Wirtschaft, Investition und Finanzierung, S. 111.

[165] Vgl. zu diesem Begriff *Spremann*, Wirtschaft, Investition und Finanzierung, S. 111.

[166] *Spremann*, a. a. O., S. 111.

tersuchung im Zusammenhang noch beschäftigen. Dabei wird auf Erkenntnisse der *Principal-Agent-Theorie* (auch Agency-Theorie oder Agentur-Theorie genannt) zurückgegriffen werden[167]. In diesem Zusammenhang wird dann untersucht, weshalb bei gemischter Eigen- und Fremdkapitalfinanzierung aus einer Hand Nachteile für schlechter informierte außenstehende Fremdkapitalgläubiger entstehen können.

2. *Vorteile von Fremdkapital für den externen Fremdkapitalgeber*

Auch die Fremdkapitalfinanzierung hat spezifische Vorteile. Gemäß der Systematik dieses Kapitels sollen an dieser Stelle nur diejenigen Vorteile vorgestellt werden, die Fremdkapital für einen außenstehenden Fremdkapitalgeber hat. Fremdkapital, das von einem Eigenkapitalgeber stammt (Gesellschafterfremdkapital), wird erst im nächsten Abschnitt untersucht[168].

a) *Hohe Liquidität*

Fremdkapital ist in seinem Einsatz flexibler als Eigenkapital[169]. Finanzwirtschaftlich ausgedrückt hat es eine höhere Liquidität. Ein Grund dafür ist bereits vorgestellt worden. Fremdkapital ist befristet und rückzahlbar, Eigenkapital ist dagegen im Unternehmen gebunden[170]. Für die größere Flexibilität ist jedoch nicht nur dies entscheidend, sondern auch die Tatsache, daß bereits die Zuführung von Eigenkapital weitaus komplizierter vonstatten geht[171]. So kann eine Stammkapitalerhöhung nur aufgrund einer Satzungsänderung vorgenommen werden. Diese erfordert

---

[167] Siehe unten Kapitel 3:B.II auf Seite 58 ff.

[168] Siehe dazu Kapitel 2:C.III auf Seite 49 ff.

[169] *Uhlenbruck*, Gläubigerberatung in der Insolvenz, S. 147; *Winter*, Gläubigerschutz bei der Fremdfinanzierung, S. 4; *Lehmann*, Unternehmenssanierung durch kapitalersetzende Darlehen, S. 14; *Tillmann*, GmbHR 1987, 329.

[170] Siehe oben Kapitel 2:C.I.1 auf Seite 37 ff.

[171] Vgl. weiterführend zur nachfolgenden Darstellung *Picot/Müller-Eising*, in: Picot (Hrsg.), Unternehmenskauf und Restrukturierung, S. 215 ff., die das komplizierte und aufwendige Verfahren zur Kapitalerhöhung und -herabsetzung ausführlich aus der Sicht der Praxis erläutern.

gem. § 53 Abs. 2 GmbHG eine notarielle Beurkundung und eine 3/4-Mehrheit der Gesellschafter. Die Änderung der Satzung ist gem. § 54 Abs. 1 GmbHG in das Handelsregister einzutragen. Weitere Details, die bei der Stammkapitalerhöhung zu beachten sind, werden in den §§ 54 und 55 GmbHG geregelt. Auch die Aufnahme von Nachschüssen ist umständlich. Sie erfordert einen Gesellschafterbeschluß und muß bereits im Gesellschaftsvertrag vorgesehen sein (§ 26 Abs. 1 GmbHG). Gem. § 26 Abs. 2 GmbHG erfolgt sie nach dem Verhältnis der Geschäftsanteile. Die §§ 27 und 28 GmbHG regeln, was in den Fällen geschieht, in denen die Nachschüsse nicht erbracht werden. Da der Gesellschafter im schlimmsten Fall seinen Geschäftsanteil an der Gesellschaft verlieren kann, werden den jeweils anderen Gesellschaftern in diesen Vorschriften strenge formale Auflagen erteilt. Einzig die Bildung von Rücklagen ist unkompliziert (vgl. § 33 Abs. 2 S. 1 GmbHG). Dies macht aber die Finanzierung mit Rücklagen noch nicht zu einer einfachen Finanzierungsform. Die wahren Probleme der Eigenkapitalfinanzierung liegen nämlich - wie bei den Ausführungen zur Bindung im Unternehmen bereits gezeigt[172] - bei dem Abzug der Mittel. Dieser ist zwar im Grundsatz möglich, wird aber durch verschiedene Vorschriften, insbesondere die Kapitalerhaltungsregeln aus §§ 30 f. GmbHG[173], stark eingegrenzt.

b) Begrenztes Risiko

Ein weiterer bedeutender Vorteil des Fremdkapitals liegt in der Risikobegrenzung. Wie bereits gezeigt, ist das Eigenkapital im Falle einer Insolvenz Verlusten ausgesetzt[174]. Ein vergleichbares Risiko trifft den Fremdkapitalgeber nicht, weil er ein Recht auf Rückzahlung seines Kapitalbeitrages einschließlich der vereinbarten

---

172 Siehe bereits Kapitel 2:C.I.1 auf Seite 37 ff.

173 Diese sind nicht mit Rechtsprechungsregeln des BGH zu verwechseln, die auf den §§ 30 f. GmbHG analog beruhen.

174 Siehe bereits Kapitel 2:C.I.1 auf Seite 37 ff. Auch im schlimmstmöglichen Fall der Insolvenz erhält er im Gegensatz zum Gesellschafter noch eine Quote auf seinen Anspruch. Läßt er sich ausreichend Sicherheiten übertragen, erhält er sogar den vollen Betrag (*Vormbaum*, Finanzierung der Betriebe, S. 38).

Zinsen hat[175]. Damit ist das Risiko bei einer Fremdfinanzierung für den Fremdkapitalgeber gegenüber einer Eigenkapitalfinanzierung jedenfalls formal begrenzt.

c) Niedrige Steuerlast

Der aus betriebswirtschaftlicher Sicht wohl gewichtigste Vorteil des Fremdkapitals liegt aber in der geringen steuerlichen Belastung[176]. Im geltenden Steuerrecht wird das Fremdkapital in vielfältiger Weise gegenüber dem Eigenkapital bevorzugt, so daß allgemein von einer Diskriminierung des Eigenkapitals gesprochen wird[177].

III. Vorteile von Gesellschafterfremdkapital aus Sicht des Gesellschafters

Die Besonderheit der Gesellschafterfremdfinanzierung liegt darin, daß der Gesellschafter sowohl die Vorteile einer Eigenkapitalfinanzierung als auch die einer Fremdfinanzierung nutzen kann und damit eine für ihn wirklich vorteilhafte Finanzierungsform erhält. Möglich ist dies, weil er zwar Fremdkapital zuführt, aber gleichzeitig noch eine Eigenkapitalbeteiligung an der Gesellschaft hält. Die juristische Literatur bezeichnet dies als „Doppelrolle" des fremdfinanzierenden Gesellschafters[178]. Im Folgenden soll dies im Einzelnen veranschaulicht werden. Dazu wird die Finanzierung mit Gesellschafterfremdkapital anhand der für jeden Kapitalgeber relevanten Auswahlkriterien – hohe Rendite, einfache

---

175 Siehe ebenda (Fn. 174).

176 Die Bedeutung der steuerlichen Behandlung von Finanzierungsformen für die Betriebswirtschaft zeigt sich bereits daran, daß es in der Betriebswirtschaft einen eigenen Forschungszweig gibt, der sich mit diesem Thema befaßt: Die betriebswirtschaftliche Steuerlehre.

177 *Vormbaum*, Finanzierung der Betriebe, S. 39. *Schneeloch* StuW 1984, 40, 52 hat nachgewiesen, daß nach damaliger Rechtslage in allen vergleichbaren Fällen die Steuerbelastung bei der Finanzierung durch Gesellschafterfremdkapital geringer war als bei der Finanzierung durch Eigenkapital. Ähnlich zur gegenwärtigen Situation *Gratz*, DB 2002, 489, 491 f.

178 Siehe aus der schier unerschöpflichen Literatur zu diesem Thema nur *Barth*, Der Anwendungsbereich des Eigenkapitalersatzrechts (2001), S. 81 ff. m. w. N. Grundlegend hierzu *Ulmer*, ZIP 1984, 1163, 1166.

talgeber relevanten Auswahlkriterien – hohe Rendite, einfache Liquidierbarkeit und geringes Risiko - bewertet[179].

1. Hohe Rendite

Der Gesellschafter, der Gesellschafterfremdkapital investiert, erhält ebenso wie ein Gesellschafter, der Eigenkapital investiert, eine hohe Rendite, soweit das Unternehmen profitabel ist. Zwar ist die eigentliche Rendite beim Einsatz von Gesellschafterfremdkapital durch den Zinssatz begrenzt. Dennoch bietet Gesellschafterfremdkapital dem Gesellschafter faktisch eine hohe Rendite, soweit mit dem investierten Kapital Gewinne erwirtschaftet werden, weil ein über den vereinbarten Zins hinausgehender Ertrag mit der Eigenkapitalrendite abgeschöpft werden kann[180].

Darüber hinaus genießt der Gesellschafter den mit der Eigenkapitalfinanzierung typischerweise verbundenen Informationsvorsprung vor den externen Fremdkapitalgebern[181]. Dieser rührt daher, daß der Gesellschafter aus seiner Eigenkapitalbeteiligung weitergehende Informationsmöglichkeiten hat als ein externer Fremdkapitalgeber. Um diese zu bekommen, muß er nur einmal Eigenkapital zuführen. Das hat er bereits mit Aufbringung der Stammeinlage getan. Das Informationsrisiko, das außenstehende Kapitalgeber haben, bleibt ihm erspart. Damit entfallen insbesondere Kosten für eine Kreditwürdigkeitsprüfung, die ein Gläubiger sonst vornehmen würde[182].

Zu diesen Vorteilen, die sich aus der Eigenkapitaleigenschaft ergeben, gesellen sich aufgrund der „Doppelrolle“ des Gesellschafters als Eigen- und als Fremdkapitalgeber die Vorteile, die sich aus den Fremdkapitaleigenschaften ergeben.

---

[179] Siehe zu diesen Kriterien *Keck*, Private Kapitalanlagen unter steuerlichem Einfluß, S. 25; *Schulz*, Rentabilität und Risiko steuerbegünstigter Kapitalanlagen, S. 118; *Hübener*, NB 1969, 9ff.; *Wielens*, DB 1970, 2037.

[180] Siehe dazu ausführlich Brealy/Myers/Marcus, Fundamentals of Corporate Finance, Chapter 15.1; im Ergebnis ebenso *Winter*, Gläubigerschutz bei der Fremdfinanzierung, S. 3.

[181] Siehe zum Informationsvorsprung allgemein oben Kapitel 2:C.II.1.a) auf Seite 45 f.

[182] Im Ergebnis ebenso *Drukarczyk*, Finanzierung, S. 400.

Gesellschafterfremdkapital genießt die steuerlichen Vorteile der Fremdfinanzierung[183]. Daran hat auch die Einführung des § 8a KStG durch das Standortsicherungsgesetz im Jahre 1993[184], der zum 01.01.2002 verschärft wurde[185], nichts geändert. Diese Vorschrift war eingeführt worden, um die steuerlichen Vorteile der Gesellschafterfremdfinanzierung zu beseitigen[186]. § 8a KStG sieht unter bestimmten Umständen die Umqualifizierung von Zinszahlungen in verdeckte Gewinnausschüttungen und damit Eigenkapital vor[187]: Zinszahlungen werden in verdeckte Gewinnausschüttungen umqualifiziert, soweit das zugrundeliegende Darlehen des Steuerausländers oder der steuerbefreiten inländischen Körperschaft ein nach dem anteiligen Eigenkapital zu berechnendes zulässiges Fremdkapital übersteigt (sog. „*safe haven*"). Die Vorschrift wäre also eigentlich geeignet gewesen, die Bevorzugung von Fremdkapital zumindest in Bezug auf die Zinsen zu mildern. Auswirkungen hätte das auch auf die Gewerbeertragsteuer und die Körperschaftsteuer gehabt. Im Gewerbeertragsteuerrecht wurde dies aber durch die gleichzeitige Schaffung des § 9 Nr. 10 GewStG verhindert. Nach dieser Vorschrift ist die

---

183 *Gratz,* DB 2002, 489; einschränkend *Kessler/Teufel*, DB 2001, 1955 ff. Siehe zu den steuerlichen Vorzügen der Fremdfinanzierung bereits Kapitel 2:C.II.2.c) auf Seite 49 ff.

184 Gesetz zur Verbesserung der steuerlichen Bedingungen zur Sicherung des Wirtschaftsstandorts Deutschland im Europäischen Binnenmarkt (Standortsicherungsgesetz - StandOG) vom 13.09.1993, BGBl. I, 1569 ff., Art. 2 ab S. 1575. Siehe ergänzend den umfangreichen Anwendungserlaß der Finanzverwaltung (BMF, Schreiben vom 15.12.1994, BStBl. 1995 I 25 Tz. 1 = GmbHR 1995, 146)

185 *Eilers/Sieger/Wienands*, Die Finanzierung der GmbH durch ihre Gesellschafter, Rn. 19; siehe zu Details der Änderungen auch *dies.*, a. a. O., Rn. 326 ff.

186 Vgl. zur Gesetzesbegründung BT-Drucks. 12/4158, S. 37; außerdem die Begründungen zum RegE 1979, BR-Drucks. 511/79, S. 14, 26; BT-Drucks. 8/3648, S. 26; sowie die Begründungen zum RegE 1988, BT-Drucks. 11/2157, S. 171; BR-Drucks. 100/88, S. 336 f. Vgl. weiterführend *Janssen*, § 8a KStG, insbesondere S. 11 ff.

187 § 8a KStG ist Gegenstand zahlloser Veröffentlichungen. Vgl. zu einer ersten Einführung die Kommentierung zu § 8a KStG in *Streck*, KStG, die Ausführungen bei *Eilers/Sieger/Wienands*, Die Finanzierung der GmbH durch ihre Gesellschafter, Rn. 326 ff. sowie weiterführend aus neuerer Zeit die Monographien von *Bartone*, Gesellschafterfremdfinanzierung (2001); *Holzaepfel*, Belastungswirkungen durch § 8a KStG (2000); *Hirsch*, Gesellschafterfremdfinanzierung inländischer Kapitalgesellschaften (1999); *Dorozala,* Die steuerliche Behandlung der Gesellschafterfremdfinanzierung (1998); *Jürgen Herrmann*, Neue Bestimmung des § 8a KStG (1997); *Janssen*, § 8a KStG (1997); *Wolter*, Gesellschafterfremdfinanzierung (1997); *Blumberg*, Besteuerung der Gesellschafterfremdfinanzierung (1997); *Janssen*, § 8a KStG (1997).

Summe des Gewinns und der Hinzurechnungen, also die Bemessungsgrundlage, um den Betrag der gemäß 8a KStG umqualifizierten Zinsen zu kürzen. Damit wird der Effekt der Regelung in § 8a KStG, die Einbeziehung der Zinszahlungen in die Berechnungsgrundlage, aufgehoben[188]. Auch im Körperschaftsteuerrecht sind die Auswirkungen des § 8a KStG beschränkt, da der Anwendungsbereich stark begrenzt ist: § 8a KStG gilt nur bei der unbeschränkt steuerpflichtigen Kapitalgesellschaft[189] und nur für wesentlich beteiligte Gesellschafter, deren Fremdfinanzierungsvergütung nicht im Inland im Rahmen seiner Veranlagung erfaßt wird[190]. Für alle anderen Gesellschafter bleibt die Gesellschafterfremdfinanzierung weiterhin steuerlich begünstigt[191].

2. *Hohe Liquidität*

Unter der Prämisse dieses Kapitels, nach der die Normen des Eigenkapitalersatzrechts einschließlich § 32a GmbHG nicht gelten[192], hat Gesellschafterfremdkapital wie jedes andere Fremdkapital den Vorteil einer hohen Liquidität[193]. Diese kann der Gesellschafter durch seine Herrschaftsmacht als Eigenkapitalgeber[194] weiter erhöhen. Einerseits kann er die Herrschaftsmacht dazu benutzen, um den Abzug des Darlehens bereits im Vorhinein einfacher zu gestalten, etwa durch die Verein-

---

[188] Siehe dazu auch *Bartone*, Gesellschafterfremdfinanzierung, S. 29; *Janssen*, § 8a KStG, S. 206.

[189] Vgl. die Aufzählung der darunter fallenden Kapitalgesellschaften in § 1 Abs. 1 Nr. 1 KStG.

[190] § 8a Abs. 1 S. 1 KStG. Siehe dazu auch *Eilers/Sieger/Wienands*, Die Finanzierung der GmbH durch ihre Gesellschafter, Rn. 331 ff.

[191] So im Ergebnis auch *Schirmer*, Eigenkapitalzufuhr oder Gesellschafterfremdfinanzierung, S. 364, der in monographischer Form einen steuerlichen Vorteilsvergleich angestellt hat. Er schränkt die Aussage allerdings insoweit ein, daß auch einzelne Konstellationen denkbar sind, in denen die Eigenkapitalzufuhr günstiger ist. Seine Ergebnisse werden auch aus neuester Zeit durch die Berechnungen von *Gratz, Kurt* DB 2002, 489, 490 zu der aktuellen Besteuerungssituation bestätigt.

[192] Siehe dazu Kapitel 2:B auf Seite 34.

[193] Siehe zu dieser Fremdkapitaleigenschaft oben Kapitel 2:C.II.2.a) auf Seite 47 f.

[194] Dazu bereits Kapitel 2:C.II.1.a) auf Seite 45.

barung von kurzen Laufzeiten oder weitreichenden Kündigungsmöglichkeiten[195]. Andererseits kann er sie nutzen, um im Nachhinein die Vertragskonditionen zu seinen Gunsten zu ändern und sein Darlehen zu einem Zeitpunkt abzuziehen, an dem kein anderer Fremdkapitalgeber seine Investition zurückerhalten hätte[196]. Aufgrund seines Informationsvorsprungs als Gesellschafter wird er den günstigsten Zeitpunkt für eine solche Handlung kennen[197].

3. *Geringes Risiko*

Fremdkapital, das einfach zu liquidieren ist, ist mit einem geringeren Investitionsrisiko verbunden[198]. Das gilt – unter der Prämisse, daß die Normen des Eigenkapitalersatzrechts einschließlich § 32a GmbHG nicht eingreifen[199] - in einem gesteigertem Maße für Gesellschafterfremdkapital. Der Informationsvorsprung des Gesellschafters als Eigenkapitalgeber[200] gibt diesem einen besseren Einblick in das Unternehmen als dem externen Fremdkapitalgeber. Damit kann der Gesellschafter anders als der externe Kapitalgeber in den meisten Fällen bereits vor seiner Finanzierungsentscheidung einschätzen, wie hoch sein persönliches Risiko sein wird. Risiken wird er nur dann in Kauf nehmen, wenn sie bei einer positiven Entwicklung durch eine entsprechende Prämie entlohnt werden. Zudem hat er auch während der Laufzeit seines Darlehens eine sehr viel bessere Möglichkeit, seine Renditeerwartungen oder mögliche Verluste durch eine Insolvenz einzuschätzen. Damit kann er frühzeitig erkennen, wann die Investition für ihn riskant wird, etwa bei zu erwartender negativer Geschäftsentwicklung. Hier wird dann auch seine

---

195 Ähnlich *Esser*, Insolvenzschutz, S. 40, der allerdings den besonderen Vorteil für den Gesellschafter nicht sieht. Stattdessen stellt er lediglich fest, daß die enge Beziehung des Kreditgebers zur Gesellschaft es ermöglicht, die Kreditkonditionen „dem Einzelfall anzupassen".

196 Inwieweit die übrigen Gläubiger auf die Gefahr eines solchen Verhaltens reagieren werden, wird an späterer Stelle (Kapitel 5) ausführlich beleuchtet.

197 Dazu bereits Kapitel 2:C.II.1.a) auf Seite 45 f.

198 Siehe zum Fremdkapital oben Abschnitt Kapitel 2:C.II.2.b) auf Seite 48.

199 Siehe dazu Kapitel 2:B auf Seite 34.

200 Siehe dazu bereits Kapitel 2:C.II.1.a) auf Seite 45 f.

Herrschaftsmacht, die er als Eigenkapitalgeber über das Unternehmen hat[201], relevant. Er kann nämlich diese Macht dazu ausnutzen, den Kredit noch vor seiner Kündigung, eventuell sogar entgegen der Darlehensvereinbarung, abzuziehen. Dazu muß er nur einen Aufhebungsvertrag herbeiführen[202].

4. Ergebnis

Gesellschafterfremdkapital kombiniert die Vorteile von Eigen- und Fremdkapital auf eine für den Gesellschafter ungewöhnlich attraktive Weise. Die Gesellschafterfremdkapitalbeteiligung hat im Zusammenspiel mit der Eigenkapitalbeteiligung eine hohe Rendite, unter der Prämisse dieses Kapitels ein geringes Risiko und ist einfach zu liquidieren. Insbesondere die Kombination von hoher Rendite und geringem Risiko ist außergewöhnlich vorteilhaft. Anders als beim Eigenkapital steht der hohen Rendite kein hohes Investitionsrisiko gegenüber, anders als beim Fremdkapital muß das geringe Risiko nicht mit einer niedrigen Rendite erkauft werden.

---

[201] Siehe hierzu schon Kapitel 2:C.II.1.a) auf Seite 45.

[202] Das ist möglich, weil in diesem Kapitel fingiert wird, daß die Regeln des Eigenkapitalersatzrechts einschließlich § 32a GmbHG nicht eingreifen, vgl. oben Kapitel 2:B auf Seite 34.

Kapitel 3: Auswirkungen der Gesellschafterfremdfinanzierung auf die externen Gläubiger im Allgemeinen

Die im vorangegangenen Kapitel dargestellte Vorteilhaftigkeit der Gesellschafterfremdfinanzierung bleibt nicht ohne Folgen. Sie macht es für den Gesellschafter attraktiv, Gesellschafterfremdkapital einzusetzen und bestimmt auch die Art dieses Einsatzes. Beides kann erhebliche Auswirkungen auf die übrigen Fremdkapitalgeber, die externen Gläubiger der Gesellschaft, haben. Dieser Abschnitt zeigt, welche Risiken, aber auch Chancen, sich für sie ergeben.

A. Annahmen und Untersuchungsumfang

Ebenso wie im vorangegangenen Kapitel erfaßt die Untersuchung weiterhin noch die Gesellschafterfremdfinanzierung in ihrer Gesamtheit[203]. Erst im nächsten Kapitel werden die hier gewonnenen Erkenntnisse an den eingeschränkten Anwendungsbereich des § 32a GmbHG angepaßt.

Der Untersuchung liegen auch hier wieder die bereits bekannten Annahmen zugrunde: Neben den bereits in Kapitel 1 vorgestellten Annahmen[204] ist dies die im vorangegangenen Kapitel[205] etablierte Fiktion, daß die Normen des Eigenkapitalersatzrechts einschließlich § 32a GmbHG nicht eingreifen.

---

[203] Vgl. dazu die parallelen Ausführungen in Kapitel 2:B auf Seite 34.

[204] Siehe zu den Annahmen Kapitel 1:D auf Seite 25 f.

[205] Kapitel 2:B auf Seite 34.

B. Risiken der Gesellschafterfremdfinanzierung

Das vorangegangene Kapitel hatte gezeigt, daß aus Sicht des Gesellschafters das geringe Risiko der Gesellschafterfremdfinanzierung eines ihrer gewichtigsten Vorteile ist[206]. Beschränkt wird allerdings nicht das Geschäftsrisiko der Gesellschaft, also das Risiko wirtschaftlichen Scheiterns der Unternehmung, sondern nur der Anteil, den der Gesellschafter davon zu tragen hat. Wenn also das Geschäftsrisiko gleich bleibt, aber der Anteil, den der Gesellschafter daran trägt, sinkt, dann muß zwangsläufig jemand anders einen erhöhtes Verlustrisiko übernehmen – soweit dieser jemand das Risiko nicht wieder an den Gesellschafter zurückgibt. Davon soll einstweilen ausgegangen werden. Zunächst soll lediglich aufgezeigt werden, an wen die Gesellschafter das Risiko abschieben, wenn sie ihr Risiko auf diese Weise verringern. Es wird sich dabei zeigen, daß die externen Gläubiger den Risiken ausgesetzt sind, die nun nicht mehr von den Gesellschaftern getragen werden[207]. Dabei können zwei Arten von Risiken unterschieden werden, nämlich strukturelle (nachfolgend I) und anreizbedingte Risiken (nachfolgend II).

Die Frage, wie die externen Gläubiger auf diese Risikoverlagerung reagieren, wird in diesem Zusammenhang einstweilen ausgeklammert und später ausführlich beleuchtet[208].

I. Strukturelle Risiken

Strukturell sind solche Risiken, die sich bereits aus den Fremdkapitaleigenschaften des Gesellschafterfremdkapitals ergeben. Aus den bisherigen Ausführungen ergeben sich zwei strukturelle Risiken, die mit der Schmälerung der Haftungsmasse durch die Rückzahlung des Gesellschafterfremdkapitals zusammenhängen. Wie gezeigt kann das Gesellschafterfremdkapital unter der Prämisse dieses Kapitels,

---

206 Vgl. Kapitel 2:C.III.3 auf Seite 53 f.

207 Hiervon zu trennen ist die Frage, ob die Gläubiger sich vor diesem Risiko absichern. Siehe dazu Kapitel 5:B.I auf Seite 88 ff.

208 Siehe dazu Kapitel 5:B auf Seite 88 ff.

nach der die Normen des Eigenkapitalersatzrechts einschließlich § 32a GmbHG nicht eingreifen[209], grundsätzlich zu jedem Zeitpunkt abgezogen werden, ohne Verluste zu übernehmen[210]. Dadurch verringert sich das Gesellschaftsvermögen um diesen Betrag, um den es zuvor (bilanziell und tatsächlich) vermehrt worden ist. Mögliche Folgen dessen sind Liquiditätsengpässe, nachfolgend 1, und eine Herabsetzung der Insolvenzquote, nachfolgend 2.

1. *Liquiditätsengpässe*

Zum einen kann der Abzug des Gesellschafterfremdkapitals Liquiditätsengpässe verursachen. Diese entstehen immer dann, wenn eine Gesellschaft zeitweise nicht mehr in der Lage ist, ihren Verbindlichkeiten nachzukommen[211]. Das kann beim Abzug von Gesellschafterfremdkapital sogar dann passieren, wenn die Gesellschaft nominal über genügend Vermögen verfügt, weil sie Inhaberin von Forderungen ist, welche die Verbindlichkeiten übersteigen. Liegt nämlich der Zeitpunkt, in dem die Forderungen fällig werden, nach dem Zeitpunkt, in dem die Verbindlichkeiten fällig werden, so hat die Gesellschaft zu dem früheren Zeitpunkt dennoch kein Geld.

2. *Herabsetzung der Insolvenzquote*

Gesellschafterfremdkapital kann, anders als Eigenkapital, das in der Insolvenz nicht abgezogen werden darf, zu jeder Zeit abgezogen werden[212]. Möglich ist das sogar in der Insolvenz. Die Gesellschafterfremdkapitalforderung muß nur zur Insolvenztabelle angemeldet werden (§ 175 InsO). Der Gesellschafter erhält dann

---

[209] Siehe dazu Kapitel 3:A auf Seite 55.

[210] Dazu bereits Kapitel 2:C.III.2 auf Seite 52.

[211] *Perridon/Steiner*, Finanzwirtschaft der Unternehmung, S. 6. Vgl. zum näheren Verständnis dieser Problematik auch die exemplarische Fallstudie bei *Spremann*, Wirtschaft, Investition und Finanzierung, S. 226 ff.

[212] Es gilt in diesem Zusammenhang die Prämisse dieses Kapitels, nach der die Regeln des Eigenkapitalersatzrechts einschließlich § 32a GmbHG nicht eingreifen, Siehe oben Kapitel 3:A auf Seite 55.

auf seine Forderung in der Insolvenz zumindest noch eine Quote. Bei isolierter Betrachtung steht dies zwar im Zusammenhang mit der Zuführung liquider Mittel und ist somit aus sich heraus nicht unmittelbar als nachteilig erkennbar. Erst im Vergleich zu einer Eigenkapitalfinanzierung zeigt sich der Unterschied: Eigenkapital würde in der Insolvenz für die eingetretenen Verluste haften, anstatt wie Gesellschafterfremdkapital abzugsfähig zu sein. Es handelt sich deshalb um einen relativen Nachteil gegenüber einer Finanzierung mit Eigenkapital. Weil also nun eine weitere Forderung bei der Verteilung der Insolvenzmasse zu berücksichtigen ist, wird die Insolvenzquote aller übrigen Gläubiger herabgesetzt[213].

Zwar haftet der Gesellschafter immer noch teilweise mit seinem Gesellschafterfremdkapital. Denn er erhält hierfür nur eine Quote und haftet somit faktisch mit der Differenz zwischen dieser Quote und dem eigentlichen Betrag seiner Gesellschafterfremdkapitalinvestition. Er kann aber auch diese teilweise Haftung vermeiden, wenn er seinen Informationsvorsprung und die Herrschaftsrechte dazu ausnutzt, sein Geld bei nahender Insolvenz in Sicherheit zu bringen. Gelingt es ihm, sein Kapital noch vor Eintritt der Insolvenz abzuziehen und somit vollständig zurückzuerhalten, haftet er überhaupt nicht mehr für Verluste der Gesellschaft. Das Gesellschaftsvermögen, das zur Befriedigung der übrigen Gläubiger zur Verfügung steht, wird dadurch natürlich stärker vermindert, als wenn der Gesellschafter in der Insolvenz mit einer Quote bedacht worden wäre. Die Folge ist somit eine stärkere Herabsetzung der Insolvenzquoten der übrigen Gläubiger.

II. Anreizbedingte Risiken

Anreizbedingt sind solche Risiken, die sich ergeben, weil der Gesellschafter, der Fremdkapital investiert, gleichzeitig Eigenkapitalgeber ist. Die sich aus dieser „Doppelrolle“ ergebenden Risiken werden einerseits durch die Herrschaftsrech-

---

[213] Ebenso *Schneider*, Investition, Finanzierung und Besteuerung, S. 259; *Michel*, Eigenkapitalersetzende Gesellschafterleistungen, S. 25; *Müller*, Regeln für eigenkapitalersetzende Gesellschafterdarlehen, S. 74. *Möller*, Die wirtschaftliche Betrachtung im Privatrecht, S. 49 weist noch darauf hin, daß dies nur gilt, wenn der Gesellschafter keinen Rangrücktritt vereinbart hat - Gesellschafterfremdkapital mit Rangrücktritt ist aber nicht Gegenstand dieser Untersuchung.

te[214], die die Eigenkapitalbeteiligung vermittelt, und andererseits durch den diskretionären Handlungsspielraum, den der Gesellschafter aufgrund seines Informationsvorsprungs vor den übrigen Gläubigern hat[215], ermöglicht. Um die sich daraus ergebenden Risiken zu betrachten, lassen sich einige Erkenntnisse der sogenannten *Agency-Theorie*, auch Agentur- oder Principal-Agent-Theorie genannt, nutzbar machen[216].

Die Agency-Theorie geht davon aus, daß alle Vertragsbeziehungen durch ein Verhältnis gekennzeichnet sind, bei dem der Gläubiger einer Leistung der Prinzipal ist und der Schuldner sein Agent[217]. Probleme ergeben sich daraus, daß jeder eigene Interessen verfolgt, und nicht die des jeweils anderen[218]. Ausgehend von dieser Prämisse untersuchen die Vertreter der Agency-Theorie Vertragsbeziehungen daraufhin, ob sie ausreichen, um die Schuldner zu einer ordnungsgemäßen Vertragserfüllung zu bewegen[219].

Die Begriffe ‚Gläubiger' und ‚Schuldner' sind, da es sich um eine ökonomische Theorie handelt, untechnisch zu verstehen. Die Bestimmung ihrer Person erfolgt

---

214 Siehe zu diesem Thema bereits Kapitel 2:C.II.1.a) auf Seite 45.

215 Siehe dazu schon Kapitel 2:C.II.1.b) auf Seite 45 f.

216 Die Agency-Theorie geht zurück auf *Jensen/Meckling*, 3 JoFE 305 (1976); siehe einführend dazu *Perridon/Steiner*, Finanzwirtschaft der Unternehmung, S. 514 ff.; *Jacob/Klein/Nick*, Basiswissen Investition und Finanzierung, S. 216 ff.

217 Zum Folgenden grundlegend *Jensen/Meckling*, 3 JoFE 305 (1976); siehe in deutscher Sprache auch *Harald Herrmann*, Quasi-Eigenkapital im Kapitalmarkt- und Unternehmensrecht, S. 37 ff. Beide gehen, anders als diese Darstellung, im Rahmen der Unternehmensfinanzierung von einem 3-Personen-Verhältnis (Anteilseigner, Fremdkapitalgeber und Management) aus. Bei der GmbH kann jedoch in der Regel davon ausgegangen werden, daß die Gesellschafter die Funktion des Management übernehmen oder aber das Management jedenfalls stark an ihrem Willen der Gesellschafter gebunden ist, so daß sich die vorliegende Untersuchung aus Vereinfachungsgründen auf das 2-Personen-Verhältnis Anteilseigner-Fremdkapitalgeber beschränken kann (siehe dazu auch schon die entsprechende Untersuchungsprämisse in Kapitel 1:D auf Seite 25).

218 *Harald Herrmann*, Quasi-Eigenkapital im Kapitalmarkt- und Unternehmensrecht, S. 38; *Elschen*, DBW 1988, 248 ff.

219 Siehe dazu an weiterführender, grundlegender Literatur in deutscher Sprache *Picot*, in: Ordelheide/Rudolph/Büsselmann (Hrsg.), Betriebswirtschaftslehre und Ökonomische Theorie, S. 143 ff.; *Elschen*, DBW 1988, 248 ff.

nicht über rechtliche, sondern über wirtschaftliche Wertungen. Bei der Person des Gläubigers kommt diese wirtschaftliche Wertung noch zum gleichen Ergebnis wie die rechtliche[220]. Schuldner ist aber entgegen der rechtlichen Wertung nicht die Gesellschaft. Denn nach der neueren Institutionenlehre, zu der auch die Agency-Theorie gehört[221], ist eine Kapitalgesellschaft keine eigene Rechtspersönlichkeit, sondern nur ein rechtliches Konstrukt, welches dazu dient, die Interessen seiner Anteilseigner umzusetzen[222]. Schuldner sind somit im Rahmen der Agency-Theorie die Gesellschafter[223].

Ältere Veröffentlichungen haben bereits mehrfach darauf hingewiesen, daß die Fremdfinanzierung von Kapitalgesellschaften zahlreiche Anreize für die Gesellschafter bietet, ihre eigenen finanziellen Interessen zu verfolgen und nicht das Interesse der Gläubiger an pünktlicher und vollständiger Vertragserfüllung[224]. Verschiedene Veröffentlichungen haben aufgezeigt, daß ein Gesellschafter zwischen der Vergabe und dem Abzug von Fremdkapital, das von externen Kapitalgebern stammt, zahlreiche Möglichkeiten hat, diese zu schädigen. *Hans Klaus* hat an diese Erkenntnisse angeknüpft und untersucht, ob sich in dem speziellen Fall der Gesellschafterfremdfinanzierung zusätzliche Möglichkeiten bieten, die externen Gläubiger zu schädigen[225]. Er hat folgende in der Agency-Literatur bekannte fremdfinanzierungsbedingte Verhaltensweisen untersucht:

- Täuschung der Gläubiger,

---

[220] Vgl. *Klaus*, ZBB 1994, 247, 248.

[221] *Elschen*, DBW 1988, 248.

[222] Vgl. zum Gedanken der juristischen Person als einem Vertragsgeflecht *Adams*, Eigentum, Kontrolle und Beschränkte Haftung, S. 14 f. m. w. N.

[223] Vgl. *Klaus*, ZBB 1994, 247, 248.

[224] Zu einem ersten Überblick über die von der ökonomischen Literatur identifizierten fremdfinanzierungsbedingten Agency-Probleme siehe *Streim*, Grundzüge der handels- und steuerrechtlichen Bilanzierung, S. 12 ff.; *R. H. Schmidt*, KuK 1981, 186, 206; *Terberger*, Der Kreditvertrag als Instrument zur Lösung von Anreizproblemen, S. 119 f.; *Pfaff*, Gewinnverwendungsregeln, S. 48 ff.; *Ewert*, Rechnungslegung, Gläubigerschutz und Agency-Probleme, S. 12 ff.; *Swoboda*, Betriebliche Finanzierung, S. 172 ff.

[225] *Klaus*, Gesellschafterfremdfinanzierung, S. 417 ff. und 336 ff.

- Übergang zu einer riskanteren Investitionspolitik,
- Absprachewidrige Aufnahme zusätzlichen Fremdkapitals von außenstehenden Kapitalgebern,
- absprachewidrige Auszahlung an den Gesellschafter,
- Durchführung zusätzlicher Investitionsprojekte mit negativem Kapitalwert,
- Unterlassung von Investitionen mit positivem Kapitalwert,
- Fortführung einer nicht mehr fortführungswürdigen Gesellschaft und
- Bevorzugung des Gesellschafters hinsichtlich der Rückzahlung.

Die von *Klaus* gewonnenen Erkenntnisse sollen im Folgenden dargestellt und kritisch hinterfragt werden.

1. Täuschung der Gläubiger

Gesellschafterfremdkapital kann der Gesellschaft neue Liquidität geben und den Eindruck erwecken, daß die Gesellschaft aus eigener Kraft in der Lage ist, ihre augenblicklichen laufenden Verpflichtungen zu erfüllen[226].

---

[226] Dies hatte auch schon die juristische Literatur erkannt. Vgl. *Lutter/Hommelhoff*, ZGR 1979, 31, 36; *Kreis*, Finanzierungsverantwortung bei eigenkapitalersetzenden Gesellschafterdarlehen, S. 45; *Ketzer*, Eigenkapitalersetzende Aktionärsdarlehen, S. 37; *Horst Herrmann*, in: 50 Jahre Wirtschaftsprüferberuf, S. 151, 153; *Rümker*, ZIP 1982, 1385, 1392; *Hommelhoff/Kleindiek*, in: FS 100 Jahre GmbH-Gesetz, S. 427, 442; *Michel*, Eigenkapitalersetzende Gesellschafterleistungen, S. 137; *Koch*, Eigenkapitalersetzende Leistungen der Kommanditisten, S. 81; *Immenga*, ZIP 1983, 1405, 1410. *Fleck*, in: FS Werner, S. 197, 118; *Claussen*, ZHR 147 (1983) 195, 203; *Fischer/Lepper*, ZIP 1986, 1, 4; *Keßler*, GmbHR 1993, 541, 544; Auch der BGH hat diese Problematik gesehen, vgl. dazu nur BGHZ 90, 381, 388; BGHZ 75, 334, 338. Ähnlich *Reinhardt*, in: FS Lehmann, S. 576, 591, der davon ausgeht, daß eine Gesellschaft, die am Wirtschaftsverkehr teilnimmt, den Eindruck erweckt, daß sie sich „unternehmerisch gerecht" verhalte und somit dem Prinzip der „angemessenen Risikoübernahme" Genüge leiste. Kritisch dazu, welchen Eindruck eine liquide Gesellschaft vermittelt, *Fleischer*, Finanzplankredite und Eigenkapitalersatz im Gesellschaftsrecht, S. 79; *Müller*, Regeln für eigenkapitalersetzende Ge-

Dieser Eindruck ist jedoch insbesondere bei einer Gesellschaft, die vor der Vergabe des Gesellschafterfremdkapitals kreditunwürdig war, falsch. Denn die Kreditunwürdigkeit resultiert daraus, daß wohlinformierte Kreditgeber nicht davon ausgehen, daß die Gesellschaft in der Zukunft in der Lage sein wird, ihre Verbindlichkeiten zu erfüllen. Deshalb gewähren sie ihr keinen Kredit. Durch die Zuführung des Gesellschafterfremdkapitals entsteht dann der Eindruck, als habe sich doch ein externer Fremdkapitalgeber gefunden, der die Zukunftsaussichten positiv einschätzt und deshalb bereit ist, Geld in die Gesellschaft zu investieren[227]. Banken und andere Gläubiger mit ausreichender Verhandlungsmacht werden möglicherweise noch die Möglichkeit haben, sich die Bücher vorlegen zu lassen und erkennen, dass der Gesellschafter der Finanzier ist. Für weniger wohlinformierte Marktteilnehmer scheint die Gesellschaft hingegen wirtschaftlich gesund zu sein. Diese Täuschung hat für die Gläubiger verschiedene Nachteile[228]: Vor Abschluß des Vertrages kann dies dazu führen, daß der Gläubiger eine verlustträchtige Vertragsbeziehung eingeht, die er bei zutreffender Kenntnis der Umstände nicht eingegangen wäre. Nach Abschluß des Vertrages besteht die Gefahr für den Gläubiger darin, daß er notwendige Anpassungsentscheidungen, z. B. die Kündigung der Vertragsbeziehung oder die Forderung zusätzlicher Sicherheiten, nicht trifft.

Wohlgemerkt, ein Täuschungsrisiko besteht bei jeder fremdfinanzierten Gesellschaft[229]. Auch bei einer Gesellschaft, die nur durch Fremdkapital von externen Kapitalgebern finanziert wird, hat der Gesellschafter ein Interesse daran, die Gläubiger über die wirtschaftliche Lage des Unternehmens zu täuschen. Die besondere Gefährlichkeit von Gesellschafterfremdkapital aber besteht darin, daß es

---

sellschafterdarlehen, S. 92; *Westermann*, Vertragsfreiheit und Typengesetzlichkeit im Recht der Personengesellschaften, S. 291; *Erman*, KTS 1959, 129, 132.

[227] Tatsächlich ist gerade dies bei einer Gesellschafterfremdfinanzierung nicht unbedingt der Fall. Wie die Ausführungen im nachfolgenden Abschnitt 5 auf Seite 66 f. zeigen werden, besteht für die Gesellschafter sogar dann ein Anreiz zur Vergabe von Gesellschafterfremdkapital, wenn die Investition Verluste einbringt.

[228] *Klaus*, Gesellschafterfremdfinanzierung, S. 338 ff. und S. 421; ebenso *Streim*, Grundzüge der handels- und steuerrechtlichen Bilanzierung, S. 12; *Swoboda*, ZfbF 1982, 705, 712.

[229] *Swoboda*, ZfbF 1982, 705, 712; *Streim*, Grundzüge der handels- und steuerrechtlichen Bilanzierung, S. 12.

das Risiko erhöht, weil dem Gesellschafter mit dem Gesellschafterfremdkapital ein diskretes Finanzierungsmittel zu Verfügung steht. Allenfalls wohlinformierte Gläubiger können dahinterkommen; alle anderen Gläubiger sind der Täuschung hilflos ausgeliefert. Im Ergebnis ist deshalb festzuhalten, daß der Gesellschafter mit Gesellschafterfremdkapital die anderen Gläubiger leichter täuschen kann[230].

2. *Übergang zu einer riskanteren Investitionspolitik*

Bereits an anderer Stelle ist festgestellt worden, daß das Risiko für den Gesellschafter bei der Gesellschafterfremdfinanzierung unter der Prämisse dieses Kapitels[231] durch die grundsätzliche Rückzahlbarkeit begrenzt ist[232]. Der Gesellschafter muß im Falle des Scheiterns seines Unternehmens nicht wie ein reiner Eigenkapitalgeber notwendig den gesamten Verlust tragen, kommt aber andererseits bei guter wirtschaftlicher Entwicklung in den Genuß einer hohen Renditeerwartung. Dies wiederum bietet dem Gesellschafter einen Anreiz, solche Investitionsprojekte zu bevorzugen, die sehr riskant sind, aber dafür hohe Renditen versprechen[233]. Dieser Anreiz besteht insbesondere nach dem Abschluß der Verträge mit den externen Fremdkapitalgebern, da diesen dann zumeist Druckmittel fehlen, um das Verhalten zu verhindern. Für diese erhöht sich durch den Wechsel der Unternehmenspolitik das Ausfallrisiko. Unter der Prämisse dieses Kapitels, daß sie sich nicht dagegen absichern[234], wird es auch nicht, wie bei dem Gesellschafter, durch eine erhöhte Renditeerwartung ausgeglichen. Sie erhalten weiterhin nur den vereinbarten Zins; von Kapitalerträgen, die darüber hinausgehen, profitieren sie nicht.

---

230 *Klaus*, Gesellschafterfremdfinanzierung, S. 340.

231 Es wird fingiert, daß die Regeln des Eigenkapitalersatzrechts einschließlich § 32a GmbHG nicht eingreifen, siehe dazu Kapitel 3:A auf Seite 55.

232 Siehe oben Kapitel 2:C.III.2 und 3 auf Seite 52 ff.

233 *Klaus*, Gesellschafterfremdfinanzierung, S. 360 ff., 373 ff., 422 mit einer quantitativen Beweisführung. Zum Problem der Erhöhung des Investitionsrisikos siehe grundlegend *Easterbrook/Fischel*, 52 U. Chi. L. Rev. 89, 104 (1985); außerdem *Drukarczyk*, Theorie und Politik der Finanzierung, S. 307 ff.

234 Siehe zu dieser Prämisse oben die Einleitung zu Kapitel 3:B auf Seite 56; siehe zu den Reaktionsmöglichkeiten der Gläubiger Kapitel 5:B auf Seite 88 ff.

3. *Absprachewidrige Aufnahme von zusätzlichem Fremdkapital*

Für den Gesellschafter besteht ein großer Anreiz, dem Unternehmen hohe Beträge in Form von Fremdkapital, das von außenstehenden Kapitalgebern stammt, zuzuführen[235]. Denn bei einem positivem Geschäftsverlauf kommt die Differenz zwischen dem damit erzielten Ertrag und dem Zinssatz, den er an den außenstehenden Fremdkapitalgeber zu entrichten hat, dem Unternehmens- und damit auch seinem persönlichen Gewinn zugute. Gleichzeitig hat er im schlimmsten Fall des Geschäftsverlaufs, der Insolvenz, nicht den gesamten Verlust zu tragen, da die Verluste die Insolvenzquote schmälern und letztlich auch von dem außenstehenden Fremdkapitalgeber getragen werden[236]. Die Aufnahme von Fremdkapital ist für den Gesellschafter somit grundsätzlich attraktiv. Dagegen ist sie aus Sicht der ungesicherten Altgläubiger negativ zu bewerten, weil die Höhe des eingesetzten Eigenkapitals im Verhältnis zum Fremdkapital und damit die Möglichkeit, eingetretene Verluste aus dem Eigen- (Haft-) Kapital zu decken, sinkt.[237].

Bei der Aufnahme von ‚externem' Fremdkapital wird die Möglichkeit zu einem solchen Verhalten des Gesellschafters durch die Bereitschaft des Marktes zur Finanzierung begrenzt. Wenn der Markt die zusätzliche Zufuhr von Fremdkapital für zu riskant hält, wird es der Gesellschaft auch nicht gelingen, Fremdkapital auf dem Markt zu erhalten. Die Gefährlichkeit von Gesellschafterfremdkapital liegt darin, daß der Gesellschafter die Finanzierung unter Umgehung der Schutzmechanismen des Marktes dennoch vornehmen kann[238].

---

[235] *Klaus*, Gesellschafterfremdfinanzierung, S. 350.

[236] Siehe zum Ganzen Kapitel 3:B.I.2 auf Seite 57.

[237] Vgl. hierzu die breite Diskussion in der ökonomischen Literatur: *Black/Scholes*, 81 JoPE 637, 650 (1973); *Drukarczyk*, KuK 1981, 287, 308 f.; *ders.*, Theorie und Politik der Finanzierung, S. 305 ff.; *Pfaff*, Gewinnverwendungsregeln, S. 50; *R. H. Schmidt*, KuK 1981, 186, 206; *Smith/Warner*, 7 JoFE 117, 118 (1979).

[238] *Klaus*, Gesellschafterfremdfinanzierung, S. 350 ff., insbesondere S. 355.

4. Absprachewidrige Auszahlungen an die Gesellschafter

Die Gesellschafterfremdfinanzierung erhöht zudem aus Gläubigersicht das Risiko absprachewidriger Auszahlungen an die Gesellschafter[239]. Solche Auszahlungen können grundsätzlich auf zwei Arten erfolgen: Zum einen ohne Gegenleistung durch unmittelbare gesellschaftsrechtliche Leistung aufgrund eines Gesellschafterbeschlusses. Zum anderen im Rahmen eines Austauschgeschäftes über die Vereinbarung einer übermäßigen Vergütung[240].

Der Anreiz zu einem solchen Verhalten besteht bei jeder fremdfinanzierten Gesellschaft[241]. Bei einer gesellschafterfremdfinanzierten Gesellschaft ist er jedoch in einem erhöhten Maße gegeben. Denn anders als eine Eigenkapitalbeteiligung, die in der Insolvenz vollständig einbehalten wird, nimmt eine Gesellschafterfremdkapitalforderung in der Insolvenz noch an der Verteilung der Insolvenzmasse teil. Der Preis, den der Gesellschafter in einer Insolvenz für Reichtumsverlagerungen zu seinen Gunsten zahlen muß, ist somit geringer, wenn der Gesellschafter Gesellschafterfremdkapital zuführt, als wenn er Eigenkapital in die Gesellschaft investiert. Die Wahrscheinlichkeit eines solchen Verhaltens ist auch höher als bei einer Investition mit externem Fremdkapital. Zum einen besteht mit dem Gesellschafterfremdkapital eine weitere Kapitalquelle. Zum anderen ergibt sich eine

---

239 *Klaus*, a. a. O., S. 344 und 348. Zu dem Problem absprachewidriger Auszahlungen an die Gesellschafter allgemein siehe *Ross/Westerfield/Jaffe*, Corporate Finance, S. 429.

240 *Klaus*, a. a. O., S. 421 sieht die Grenze dieser Auszahlung in der Sanktionsmacht des Marktes und in der „handelsrechtlichen Rechnungslegung". Letzteres ist dahin zu präzisieren, daß die Auszahlung von Gesellschaftsvermögen den Kapitalerhaltungsregeln §§ 30, 31 GmbHG unterliegt.

241 Zur fremdfinanzierten Auszahlung vgl. grundlegend *Fama/Miller*, The Theory of Finance, S. 151 f.; außerdem *Smith/Warner*, 7 JoFE 117, 118 (1979); *Pfaff*, Gewinnverwendungsregelungen, S. 50; *Streim*, Grundzüge der handels- und steuerrechtlichen Bilanzierung, S. 13; *Ewert*, Rechnungslegung, Gläubigerschutz und Agency-Probleme, S. 17 f.
Vgl. zur Fallgruppe der bilanzkürzenden Auszahlung grundlegend *Black/Scholes*, 81 JoPE 637, 651 (1973); *Black*, 2 JoPM 5, 7 (1976); *Myers*, 5 JoFE 147, 162 et seq. (1977), daran anschließend *Pfaff*, Gewinnverwendungsregelungen, S. 49; *Ewert*, Rechnungslegung, Gläubigerschutz und Agency-Probleme, S. 14 f.; *Streim*, Grundzüge der handels- und steuerrechtlichen Bilanzierung, S. 12 f.

zusätzliche Möglichkeit für den Gesellschafter, den Vermögenstransfer zu realisieren, nämlich über einen erhöhten Darlehenszinssatz[242].

5. *Vornahme zusätzlicher Investitionsprojekte mit negativem Kapitalwert*

Grundsätzlich ist die Vornahme von verlustträchtigen Investitionsprojekten (auch „Investitionsprojekte mit negativem Kapitalwert" genannt) für den Gesellschafter nicht attraktiv, weil er mit seinem Eigenkapital für Verluste der Gesellschaft haftet[243]. Oftmals werden solche verlustträchtigen Investitionen aber anfangs noch einen Gewinn abwerfen. Es ist deshalb unter bestimmten Bedingungen möglich, mit diesen Investitionen trotz ihres langfristig negativen Kapitalwertes einen Gewinn zu erzielen, nämlich dann, wenn der Gesellschafter in den Genuß der Erträge kommt und die Verluste zumindest teilweise auf die Fremdkapitalgeber abwälzen kann[244]. Eine solche Situation kann sich der Gesellschafter aufgrund seiner Herrschaftsrechte erschaffen. Er muß sich nur die Erträge einer Investition auszahlen lassen und dafür sorgen, daß die Verluste erst anschließend realisiert werden[245]. Dabei haftet der Gesellschafter zwar immer noch mit seinem Eigenkapital. Sein Gewinn kann aber größer sein als sein Verlust. Kommt es nämlich zu einer Insolvenz, dann übernehmen auch die externen Fremdkapitalgeber einen Anteil an den Verlusten, weil sie lediglich eine Quote auf ihre Fremdkapitalinvestition erhalten.

Investitionen mit negativem Kapitalwert kann der Gesellschafter grundsätzlich mit Eigenkapital durchführen; allerdings wird in aller Regel der durch Ausschüttungen erzielte Gewinn dadurch ausgeglichen, daß auch dieses zusätzlich investierte Ka-

---

242 *Klaus*, Gesellschafterfremdfinanzierung, S. 344 und 348. Die Gefahr der Reichtumsverlagerung über einen erhöhten Darlehenszinssatz wird zwar durch die Sanktionsmöglichkeiten des Marktes und die Kapitalerhaltungsvorschriften (§§ 30, 31 GmbHG) vermindert, aber nicht beseitigt.

243 Siehe hierzu oben Kapitel 2:C.I.2 auf Seite 39 f.

244 *Klaus*, Gesellschafterfremdfinanzierung, S. 378; vgl. zu dieser Fallgruppe auch *Drukarczyk*, KuK 1981, 287, 310 f.; *ders.*, Theorie und Politik der Finanzierung, S. 311; *Ewert*, Rechnungslegung, Gläubigerschutz und Agency-Probleme, S. 18.

245 Vgl. zu dieser Konstellation das bei *Fama/Miller*, The Theory of Finance, S. 151 f. angegebene Beispiel. Vgl. aber auch die bei *Klaus*, Gesellschafterfremdfinanzierung, S. 378 ff. angegebene Beispielsrechnung.

pital im Unternehmen gebunden ist und so an den Verlusten teilnimmt[246]. Der Gesellschafter wird die Investition deshalb eher mit Gesellschafterfremdkapital durchführen, weil dieses vor der Realisierung von Verlusten abgezogen werden kann und dann nicht zur Verlustdeckung herangezogen werden wird[247].

6. *Unterlassung von Investitionen mit positivem Kapitalwert?*

Investitionen mit positivem Kapitalwert sind Investitionen, die einen Gewinn abwerfen. Für den Gesellschafter lohnt es sich, eine solche Investition mit Eigenkapital vorzunehmen, wenn die Gesellschaft wirtschaftlich gesund ist. Mit dem Erlös dieser Investition erhöht er den Unternehmensgewinn, welchen er wiederum über die Eigenkapitalrendite abschöpfen kann. Gerät die Gesellschaft dagegen in eine Überschuldungssituation, gibt es keinen Unternehmensgewinn. Vielmehr erhält der Gesellschafter erst dann eine Zahlung auf seine Eigenkapitalbeteiligung, wenn alle anderen Gläubiger vorher befriedigt wurden. Faktisch dient der Investitionserlös in einem solchen Fall nur dazu, die Gläubiger zu bedienen. Für den Gesellschafter lohnt sich die Investition hingegen nicht.

Ein vorsichtiger Gesellschafter wird deshalb nur dann Eigenkapital in seine Gesellschaft investieren, wenn er davon ausgehen kann, daß die Investition einen positiven Kapitalwert besitzt und die Gesellschaft wirtschaftlich gesund bleiben wird. Darauf kann der Gesellschafter aber nicht immer vertrauen. Befürchtet der Gesellschafter, die Gesellschaft könnte in die Insolvenz geraten, dann besteht ein starker Anreiz, Investitionen zu unterlassen[248]. Damit unterbleiben Investitionen, die das Betriebsergebnis der Gesellschaft verbessern und damit wiederum die Voraussetzung bieten, auch ihre Forderungen zu befriedigen.

---

[246] Siehe dazu bereits Kapitel 2:C.I.1 und 2 auf Seite 37 ff.

[247] Vgl. insoweit bereits Kapitel 2:C.I.1 und 2 auf Seite 37 ff.

[248] Siehe hierzu auch *Smith/Warner*, 7 JoFE 117, 119 (1979); *Barnea/Haugen/Senbet*, 35 JoF 1223, 1230 (1980); *dies*, 36 JoF 569, 575 Fn. 8 (1981); *Ewert*, Rechnungslegung, Gläubigerschutz und Agency-Probleme, S. 19; *Myers*, 5 JoFE 147, 149 et seq. (1977); *Bodie/Taggart*, 33 JoF 1187, 1188 (1978); *Pfaff*, Gewinnverwendungsregelungen, S. 51; *Ross/Westerfield/Jaffe*, Corporate Finance, S. 428 f.; *Drukarczyk*, Theorie und Politik der Finanzierung, S. 309 f.

Bei einer kreditwürdigen Gesellschaft hat es allerdings keine gravierenden Auswirkungen, wenn der Gesellschafter eine Investition mit positivem Kapitalwert nicht mit seinem Eigenkapital vornimmt. Denn er kann sie immer noch mit Fremdkapital von externen Kapitalgebern tätigen. Diese Möglichkeit ist aber in dem Moment ausgeschlossen, in dem die Gesellschaft kreditunwürdig wird.

Die Gesellschafterfremdfinanzierung ermöglicht die Finanzierung auch einer kreditunwürdigen Gesellschaft. Anders als Eigenkapital, das nur bei positivem Geschäftsverlauf eine Eigenkapitalrendite vermittelt, kann der Gesellschafter im Rahmen einer Gesellschafterfremdfinanzierung auch in wirtschaftlich schlechten Zeiten von seiner Investition profitieren, weil er auch dann noch über die Zinsen am Investitionserlös partizipiert. Im Gegensatz zu Fremdkapital, das von externen Kapitalgebern stammt, steht es auch dann zur Verfügung, wenn die Gesellschaft kreditunwürdig ist. Eine Investition lohnt sich für den Gesellschafter nämlich eher als für einen externen Fremdkapitalgeber, weil er sein Fremdkapital unter der Prämisse dieses Kapitels, nach der das Eigenkapitalersatzrecht einschließlich § 32a GmbHG nicht eingreift[249], aufgrund seiner Herrschafts- und Informationsrechte bei drohender Insolvenz aus der Gesellschaft abziehen kann. Im Ergebnis verringert Gesellschafterfremdkapital damit die Wahrscheinlichkeit, daß der Gesellschafter eine Investition mit positivem Kapitalwert unterläßt[250]. Dies ist auch aus Sicht der Gläubiger positiv zu bewerten, weil Investitionen, die das Betriebsergebnis der Gesellschaft verbessern können zumindest nicht verhindert werden und damit helfen, die Forderungen der Gläubiger zu befriedigen.

7. *Fortführung einer nicht mehr fortführungswürdigen Gesellschaft*

Klaus bezeichnet eine Gesellschaft die Verluste macht und in absehbarer Zeit liquidiert werden muß, als „nicht mehr fortführungswürdige Gesellschaft“. Ihre Fortführung lohnt sich trotz der erwarteten Verluste, wenn man davon ausgeht, daß bei einer Fortführung die Wahrscheinlichkeit besteht, die Gesellschaft könne

[249] Siehe oben Kapitel 3:A auf Seite 55.

[250] So im Ergebnis auch *Klaus*, Gesellschafterfremdfinanzierung, S. 394.

im Zuge der Fortführung saniert werden[251]. Diese Wahrscheinlichkeit hat auch einen wirtschaftlichen Wert, die sich vereinfacht in folgender Formel darstellen läßt:

$$E_{Ut0} = [(W_{U1} * U_1) + (W_{U2} * U_2)] / (1 + r)$$

Dabei sind

E_{Ut0} der Fortführungswert der Unternehmung im Zeitpunkt t_0,

U1 , U2 pauschale Annahmen über möglicherweise erzielbare Erträge; dabei ist U1 der bestmögliche Ertrag, U2 der schlechtest mögliche Ertrag.

W U1 , W U2 geben die Wahrscheinlichkeit an, mit der mit dem Eintritt von U1 und U2 zu rechnen ist.

1 / (1 + r) ist eine Formel zur Berechnung der Abzinsung, wobei r den Zinssatz darstellt.

Außerdem lassen sich während der Weiterführung auf anderem Wege Erträge erzielen, die über den gleichzeitig durch die Fortführung eingebrachten Verlusten liegen. Erträge kann der Gesellschafter erwirtschaften, indem er sich etwa während der Fortführung des Unternehmens ein festes Geschäftsführergehalt zahlt. Diese Gefahr besteht grundsätzlich bei allen fremdfinanzierten Gesellschaften[252].

Die Gefahr, daß eine nicht mehr fortführungswürdige Gesellschaft fortgeführt wird, ist bei einer gesellschafterfremdfinanzierten Gesellschaft aber höher als bei anderen Gesellschaften. Denn es ist dem Gesellschafter bei der Gesellschafterfremdfinanzierung möglich, größere Vermögensvorteile zu realisieren. Der Ge-

---

251 *Klaus*, Gesellschafterfremdfinanzierung, S. 388; *ders.*, ZBB 1994, 247, 253. Diese Annahme ist leider nicht auf den ersten Blick ersichtlich, weil *Klaus* weitgehend auf die Erklärung seiner Berechnungen verzichtet. Seine Ausführungen stützen sich aber letztlich auf die nachfolgend im Text vorgestellte Formel (vgl. *Klaus*, Gesellschafterfremdfinanzierung, S. 382; *ders.*, ZBB 1994, 247, 251).

Die Berechnung stützt sich somit letztlich auf die Berechnung quantifizierter Wahrscheinlichkeitsszenarien.

252 Vgl. *Pfaff*, Gewinnverwendungsregeln, S. 50.

sellschafter kann seine Vermögensposition nämlich im Fortführungszeitraum nicht nur mittels der anreizbedingten Verhaltensweisen verbessern, die bei jeder externen Fremdfinanzierung möglich sind, sondern zusätzlich auch durch die spezifischen anreizbedingten Verhaltensweisen der Gesellschafterfremdfinanzierung, die in diesem Abschnitt vorgestellt werden[253].

8. Bevorzugung einzelner Gläubiger hinsichtlich der Rückzahlung

Der Gesellschafter kann aufgrund seiner weitreichenden Herrschaftsrechte[254] auch die Modalitäten der Rückzahlung von Fremdkapital beeinflussen, insbesondere kann er dabei einzelne Gläubiger bevorzugen. Diese Bevorzugung kann auf zwei Arten erfolgen: Er kann ihn entweder bereits bei der Darlehensvergabe bevorzugen, indem er ihm zusätzliche Kreditsicherheiten überträgt, oder ihn beim Abzug seines Darlehens vor den anderen Gläubigern berücksichtigen[255]. Die Gefahr eines solchen Verhaltens ist beim Einsatz von Gesellschafterfremdkapital besonders hoch, weil der Gesellschafter gleichzeitig auch Gläubiger ist und somit unmittelbar von der Bevorzugung profitiert. Diese ist auch besonders unkompliziert, weil das Gesellschafterfremdkapital der Herrschaftsmacht des Gesellschafters unterliegt und leicht zu liquidieren ist[256].

III. Zusammenfassung

Es hat sich in diesem Abschnitt gezeigt, daß der Einsatz von Gesellschafterfremdkapital die Anreize zu sieben agency-theoretischen Fehlverhalten erhöht. Es sind dies:

1. Täuschung der Gläubiger,

---

[253] Siehe dazu die vorstehenden Abschnitte Kapitel 3:B.II.1 bis 5 auf Seite 61 ff., sowie den nachfolgenden Abschnitt 8 auf Seite 70.

[254] Siehe oben Kapitel 2:C.I.4 auf Seite 41 ff.

[255] *Klaus*, Gesellschafterfremdfinanzierung, S. 419 f.

[256] Siehe oben Kapitel 2:C.III.2 auf Seite 52.

2. Übergang zu einer riskanteren Investitionspolitik,
3. Aufnahme zusätzlichen Fremdkapitals von außenstehenden Kapitalgebern,
4. absprachewidrige Auszahlung an den Gesellschafter,
5. Durchführung zusätzlicher Investitionsprojekte mit negativem Kapitalwert,
6. Fortführung einer nicht mehr fortführungswürdigen Gesellschaft und
7. Bevorzugung des Gesellschafters hinsichtlich der Rückzahlung.

Gleichzeitig verringert der Einsatz die Gefahr einer weiteren untersuchten Fehlverhaltensweise, nämlich die Unterlassung von Investitionen mit positivem Kapitalwert.

C. Chancen einer Finanzierung mit Gesellschafterfremdkapital

Ebenso wie die Risiken, die mit der Gesellschafterfremdfinanzierung für die externen Gläubiger verbunden sind, lassen sich auch die Chancen in strukturelle (nachfolgend I) und anreizbedingte Chancen (nachfolgend II) unterteilen.

I. Strukturelle Chancen

Wie bereits gezeigt, ist die Gesellschafterfremdfinanzierung u. a. deshalb für den kapitalgebenden Gesellschafter so attraktiv, weil er den Fremdkapitalvorteil niedriger Transaktions-[257], Verwaltungs-[258] und Steuerkosten[259] realisieren kann. Dabei sind die Transaktions- und Verwaltungskosten noch einmal niedriger als beim ohnehin schon billigen Fremdkapital, weil er gleichzeitig als Eigenkapitalgeber

[257] Siehe Kapitel 2:C.III.1 auf Seite 50 ff.

[258] Siehe hierzu schon Kapitel 2:C.III.4 auf Seite 54.

[259] Siehe dazu oben Kapitel 2:C.III.1 auf Seite 50 ff.

diejenigen Informationsrechte besitzt, deren Erlangung ihm als bloßen Fremdkapitalgeber Kosten verursacht hätte[260].

Das Gesellschaftsvermögen wird deshalb durch die Gesellschafterfremdfinanzierung in geringerem Maße durch Finanzierungskosten beeinträchtigt, als dies bei einer vergleichbaren Finanzierung mit Eigen- oder Fremdkapital der Fall wäre. Das kommt indirekt auch den Gläubigern zugute, weil die Haftungsmasse nicht durch zusätzliche Finanzierungskosten geschmälert wird.

II. Anreizbedingte Chancen

Das Principal-Agent-Verhältnis zwischen Gläubiger und Gesellschafter hält, anders als es die Literatur erscheinen läßt[261], nicht nur Risiken, sondern auch Chancen für den Prinzipal bereit. In der Regel wird diesen Chancen deshalb keine oder nur untergeordnete Bedeutung beigemessen, weil sie keines lenkenden Eingriffs bedürfen, um den Prinzipal zu schützen. Im Rahmen eines aussagekräftigen Modells der Gesellschafterfremdfinanzierung dürfen sie indes nicht fehlen. Unter der Prämisse, daß jeder nur seine eigenen Interessen verfolgt und Interessen anderer nur dann fördert, wenn ihm dies selbst nützt, können bei der Gesellschafterfremdfinanzierung zwei anreizbedingte Chancen identifiziert werden.

1. Vornahme von Investitionen mit positivem Kapitalwert

Die Untersuchung der anreizbedingten Risiken hat gezeigt, daß der Einsatz von Gesellschafterfremdkapital den Anreiz nimmt, Investitionen mit positivem Kapi-

---

260 Siehe dazu bereits Kapitel 2:C.III.1 auf Seite 50 ff. und Kapitel 2:C.III.4 auf Seite 54. Im Ergebnis ebenso *Vervessos*, Das Eigenkapitalersatzrecht, S. 33 f.; *Drukarczyk*, Finanzierung, S. 414; *ders.*, Theorie und Politik der Finanzierung, S. 610; vgl. noch *Gehde*, Eigenkapitalersetzende Gesellschafterleistungen in Deutschland und den USA, S. 71; *Fleischer*, Finanzplankredite, S. 11.

261 Vgl. nur *Harald Herrmann*, Quasi-Eigenkapital im Kapitalmarkt- und Unternehmensrecht, S. 37 f.

talwert zu unterlassen[262]. Es läßt sich deshalb im Umkehrschluß formulieren, daß Gesellschafterfremdkapital einen Anreiz gibt, Investitionen mit positivem Kapitalwert vorzunehmen. Dies kommt auch den Gläubigern zugute, weil hierdurch das Gesellschaftsvermögen, die Haftungsmasse für ihre Forderungen, erhöht wird.

2. *Verzicht auf Gläubigerrechte*

Ebenfalls unter den Begriff anreizbedingter Chancen fällt der Verzicht auf Gläubigerinteressen. Dieses Verhalten ist - soweit ersichtlich - in der agency-theoretischen Literatur noch nicht behandelt worden[263]. Ein Gesellschafter, der Gesellschafterfremdkapital in seine Gesellschaft investiert, führt als Eigenkapitalgeber Fremdkapital in die Gesellschaft ein. Er verfolgt also nicht nur seine Interessen als Fremdkapitalgeber auf unbedingte, verzinste Rückzahlung, sondern auch Interessen als Eigenkapitalgeber. Als solcher ist er langfristig an dem Erhalt seiner Gesellschaft interessiert, da nur eine gesunde Gesellschaft langfristig Gewinne erzeugt. Aus diesem Grunde wird er im Gegensatz zum externen Fremdkapitalgeber unter bestimmten Umständen freiwillig, d. h. ohne dazu verpflichtet zu sein, auf seine ihm zustehenden Rechte als Fremdkapitalgeber verzichten, wenn dies dem Fortbestand der Gesellschaft dient. Als rationaler Marktteilnehmer wird er dies immer dann tun, wenn der langfristige Unternehmensgewinn höher ist als der kurzfristige Gewinn aus seinen Gläubigerrechten. So wird er also bei einer wirtschaftlich gesunden Gesellschaft auf die Rückzahlung seines Gesellschafterfremdkapitals verzichten, wenn er dadurch verhindern kann, daß die Gesellschaft durch diese Rückzahlung in einen Liquiditätsengpaß gerät[264]. Da ein solches Verhalten freiwillig, also ohne eine Verpflichtung, erfolgt, ändert dies nichts an der Fremdkapitalnatur des Gesellschafterdarlehens.

---

[262] Siehe oben Kapitel 3:B.II.6 auf Seite 67 f.

[263] Vgl. *Klaus*, Gesellschafterfremdfinanzierung, S. 417 ff. und 336 ff.; sowie die auf ihm aufbauenden Beiträge von *Harald Herrmann*, Quasi-Eigenkapital im Kapitalmarkt- und Unternehmensrecht, S. 37 ff.; *Götz*, Juristische und ökonomische Analyse des Eigenkapitalersatzrechts, S. 109 ff.

[264] Siehe zur Verursachung eines Liquiditätsengpasses durch die Rückzahlung des Gesellschafterfremdkapitals bereits Kapitel 3:B.I.1 auf Seite 57.

III. Zusammenfassung

Der Einsatz von Gesellschafterfremdkapital führt nicht nur zu einer Zunahme von Risiken, wie in dem vorstehenden Abschnitt B festgestellt, sondern auch Chancen. Es handelt sich um die strukturellen Chancen geringer Finanzierungskosten und die anreizbedingten Chancen, daß der kapitalgebende Gesellschafter einen Anreiz hat, Investitionen mit positivem Kapitalwert vorzunehmen und auf Gläubigerrechte zu verzichten.

Kapitel 4: Auswirkungen der Gesellschafterfremdfinanzierung im Anwendungsbereich des § 32a GmbHG

In den vergangenen Kapiteln konnte ein allgemeines Modell der Gesellschafterfremdfinanzierung entwickelt werden. Nach diesen Vorarbeiten ist es nun möglich, zu bestimmen, welche Auswirkungen die Gesellschafterfremdfinanzierung im Anwendungsbereich des § 32a GmbHG auf die Gläubiger hat.

Der Anwendungsbereich des § 32a GmbHG bezeichnet einen Ausschnitt aus der Gesellschafterfremdfinanzierung. Erfaßt wird nur die Gesellschafterfremdfinanzierung einer Gesellschaft, die zum Zeitpunkt der Vergabe kreditunwürdig war und später – vor dem Abzug des Gesellschafterfremdkapitals – in die Insolvenz geriet[265]. Nach der heutigen Rechtslage gelten in diesem Anwendungsbereich die Normen des Eigenkapitalersatzrechts[266]. Da uns aber vorläufig noch die Folgen einer unregulierten Gesellschafterfremdfinanzierung interessieren, wird in diesem Kapitel ebenso wie in den vorangegangenen das Nichtbestehen des Eigenkapitalersatzrechts einschließlich § 32a GmbHG fingiert.

Das vorangegangene Kapitel hat gezeigt, daß die Gesellschafterfremdfinanzierung im Allgemeinen sowohl Risiken als auch Chancen für die Gläubiger bereithält. Diese treten nicht immer und nicht gleichzeitig auf. Vielmehr ergeben sich je nach der wirtschaftlichen Lage der Gesellschaft verschiedene Szenarien für die dargestellten Risiken und Chancen.

---

265 Siehe dazu bereits ausführlich Kapitel 1:A auf Seite 3 ff.

266 Siehe zum Verhältnis der einzelnen Normen zueinander *Lutter/Hommelhoff*, GmbHG, §§ 32a/b Rn. 1 und 10 ff. m. w. N.

Fällt die Geschäftsprognose der Gesellschaft positiv aus, ergibt sich auch für die externen Gläubiger ein günstiges Szenario, weil sie die strukturellen Risiken allenfalls in einem verringerten Umfang befürchten müssen. Der Bestand der Haftungsmasse wird nicht durch Rückzahlungen gefährdet, weil der kapitalgebende Gesellschafter bei einer wirtschaftlich gesunden Gesellschaft auf die Verfolgung seiner Gläubigerinteressen verzichten wird, um den langfristigen Erhalt seiner Gesellschaft und damit seine Interessen als Eigenkapitalgeber zu wahren. Des weiteren werden sich die anreizbedingten Risiken nicht zum Nachteil der Gläubiger verwirklichen. Zwar könnte der Gesellschafter theoretisch mit gläubigerschädigenden Verhaltensweisen kurzfristig einen Gewinn erzielen. Diese Möglichkeit wird er aber nicht nutzen, weil das seinem Interesse als Eigenkapitalgeber widerspräche. Denn ein solches Verhalten geht letztlich auf Kosten des Gesellschaftsvermögens und damit auch des Fortbestehens der Gesellschaft. Die Gläubiger profitieren schließlich auch deshalb von einer wirtschaftlich gesunden Gesellschaft, weil sie in den Genuß der dargestellten strukturellen und anreizbedingten Chancen kommen, die dazu beitragen, eine ausreichende Haftungsmasse für die Gläubiger zu gewährleisten: Die Gesellschafterfremdfinanzierung belastet das Gesellschaftsvermögen aufgrund niedriger Finanzierungskosten nur geringfügig und bietet einen Anreiz für den Gesellschafter, sowohl Investitionen mit positivem Kapitalwert vorzunehmen als auch auf Gläubigerrechte zu verzichten.

All dies gilt allerdings nur solange, wie die Geschäftsprognose positiv ausfällt. Im Anwendungsbereich des § 32a GmbHG fällt sie dagegen negativ aus, wie eine nähere Betrachtung der Tatbestandsmerkmale offenbart. Hinter § 32a GmbHG verbirgt sich nämlich ein längerer Zeitraum, der von Anfang an durch den wirtschaftlichen Niedergang der Gesellschaft bestimmt wird.

Der Zeitraum beginnt mit dem Moment, in dem der Gesellschafter seiner kreditunwürdigen Gesellschaft einen Kredit gibt und endet mit dem Zeitpunkt, in dem er seine Fremdkapitalforderung gegenüber der Gesellschaft, über die inzwischen ein Insolvenzverfahren eröffnet wurde, als Insolvenzgläubiger geltend machen will. Im Anfangszeitpunkt, in dem die Gesellschaft kreditunwürdig ist, glaubt der Markt schon nicht mehr an die Rentabilität weiterer Investitionen in diese Gesellschaft. Im Endzeitpunkt ist die Gesellschaft in die Insolvenz geraten und die Annahmen des Marktes haben sich bewahrheitet. Aus dieser negativen Geschäftsprognose ergibt sich das nachfolgend dargestellte Szenario.

A. Risiken

Wie schon im vorangegangenen Kapitel erläutert, ist zwischen strukturellen und anreizbedingten Risiken zu unterscheiden.

I. Strukturelle Risiken

Aus der allgemeinen Darstellung der Auswirkungen der Gesellschafterfremdfinanzierung auf die externen Gesellschaftsgläubiger in Kapitel 3 kennen wir die Gefahr einer Schmälerung der Haftungsmasse durch Rückzahlung. Wie bereits gezeigt, besteht bei jeder Finanzierung mit Gesellschafterfremdkapital die Gefahr, daß die Haftungsmasse der Gesellschaft durch den Abzug des Gesellschafterfremdkapitals geschmälert wird[267]. Es handelt sich – wie bereits ausgeführt[268] – hierbei um einen relativen Nachteil gegenüber einer Finanzierung mit Eigenkapital. Bei der Gesellschafterfremdfinanzierug steht dieser Nachteil bei isolierter Betrachtung zwar im Zusammenhang mit der Zuführung liquider Mittel und ist somit aus sich heraus nicht unmittelbar als nachteilig erkennbar. Erst im Vergleich zu einer Eigenkapitalfinanzierung zeigt sich der Unterschied: Eigenkapital würde in der Insolvenz für die eingetretenen Verluste haften, anstatt wie Gesellschafterfremdkapital abzugsfähig zu sein.

Dies gilt auch im Anwendungsbereich des § 32a GmbHG, wo ein Abzug erst in der Insolvenz denkbar ist. Dort erfolgt der Abzug indem der Gesellschafter seine Forderung zur Insolvenztabelle anmeldet[269]. Anders als bei einer wirtschaftlich

---

[267] Siehe Kapitel 3:B.I auf Seite 56 f.

[268] Siehe oben Kapitel 3:B.I.2 auf Seite 57.

[269] Gesellschafterfremdkapital fällt nur dann unter § 32a GmbHG, wenn es in der Insolvenz noch ungekündigt ist. Zu einem Abzug vor der Insolvenz kann es somit nicht gekommen sein. Bei

gesunden Gesellschaft wird in der Insolvenz kein rational handelnder Gesellschafter auf dieses Gläubigerrecht verzichten.

der Kündigung eines Gesellschafterdarlehens vor dem Eintritt in das Insolvenzverfahren handelt es sich dagegen um einen Anwendungsfall der Rechtsprechungsregeln (§§ 30, 31 GmbHG), § 32b GmbHG, § 135 InsO und/oder § 6 AnfG.

II. Anreizbezogene Risiken

- Gesellschafterfremdkapital eröffnet grundsätzlich auch anreizbezogene Risiken, weil der Gesellschafter zahlreiche Möglichkeiten hat, sich auf Kosten der Gläubiger zu bereichern[270].

1. Einschränkungen im Regelungsbereich des § 32a GmbHG

- Die Umfang der relevanten agency-theoretischen Verhaltensweisen ist – ebenso wie der Anwendungsbereich des § 32a GmbHG - allerdings beschränkt. Alle im vorstehenden Kapitel genannten Fehlverhaltensweisen sind weiterhin grundsätzlich möglich, allerdings im Anwendungsbereich des § 32a GmbHG beschränkt. Dabei sind Einschränkungen in dreierlei Hinsicht zu unterscheiden: Zeitlich, aus der Natur des § 32a GmbHG heraus und insolvenzrechtlich.

- Die *zeitliche* Einschränkung betrifft alle genannten agency-theoretischen Verhaltensweisen. Die Möglichkeiten zu einem Fehlverhalten sind begrenzt, weil ein relevantes Verhalten des Gesellschafters nur zwischen der Vergabe des Gesellschafterfremdkapitals an die kreditunwürdige Gesellschaft und der Eröffnung des Insolvenzverfahrens in Betracht kommt. In der Insolvenz hat der Gesellschafter hingegen keine Möglichkeit mehr zu diesen Verhaltensweisen, weil dann gem. § 80 Abs. 1 InsO nur der Insolvenzverwalter verfügungsbefugt ist.

Aus der Natur des § 32a GmbHG folgt eine Einschränkung für die Fallgruppe der Bevorzugung des Gesellschafters hinsichtlich der Rückzahlung: § 32a GmbHG regelt nur solche Fälle, bei denen eine Auszahlung des Gesellschafterfremdkapitals erst in der Insolvenz erfolgen soll. Damit können alle anreizbedingten Risiken ausgeschlossen werden, die eine Rückzahlung des investierten Gesellschafter-

270 Siehe dazu oben Kapitel 3:B.II auf Seite 58 ff., insbesondere die überblicksartige Zusammenstellung der Fallgruppen auf Seite 60.

fremdkapitals vor Eintritt in die Insolvenz voraussetzen[271]. Es kann deshalb vorliegend ausgeschlossen werden, daß sich der Gesellschafter dadurch gegenüber den anderen Gläubigern bevorzugt, daß er sein Darlehen vor den anderen zurückzahlt[272]. Möglich ist nur, daß die Bevorzugung erfolgt, indem sich der Gesellschafter bei der Vergabe des Darlehens zusätzliche Sicherheiten einräumt[273].

Aus *insolvenzrechtlichen Gründen* ist die gesellschafterfremdfinanzierte, absprachewidrige Auszahlung an den Gesellschafter, die dadurch erfolgt, daß dem Gesellschafter für die Überlassung seines Gesellschafterfremdkapitals ein überhöhter Zinssatz eingeräumt wird[274], eingeschränkt. Gem. § 39 Abs. 1 Nr. 1 InsO darf der Anteil an den Zinsen, der nach Eröffnung des Insolvenzverfahrens aufgelaufen ist, nur nachrangig befriedigt werden, also erst nachdem alle anderen Hauptforderungen befriedigt wurden. Da in der Praxis die Hauptforderungen niemals vollständig beglichen werden - die Gläubiger erhalten lediglich eine Quote auf ihre Forderung - ist die Auszahlung dieser Zinsen faktisch ausgeschlossen. Es verstößt aber nicht gegen Insolvenzrecht, die Zinsforderungen, die vor Eröffnung des Insolvenzverfahrens aufgelaufen sind, zur Insolvenztabelle anzumelden. Auch ist es weiterhin möglich, daß der Gesellschafter auf anderem Wege Auszahlungen an sich selber vornimmt, nämlich durch die Vereinbarung einer überhöhten Vergütung für eine andersartige Leistung, zum Beispiel seine Dienstleistungen, die er sich in der Insolvenz auszahlen läßt[275].

---

271 Soweit eine Auszahlung vor der Insolvenz bereits vorgenommen wurde, liegt der Sachverhalt nicht mehr im Anwendungsbereich des § 32a GmbHG, wohl aber möglicherweise im Anwendungsbereich einer anderen Regelung des Eigenkapitalersatzrechts (§ 32b GmbHG, § 135 InsO und § 6 AnfG und die Rechsprechungsgrundsätze des BGH). Diese sind allerdings nicht Teil dieser Untersuchung.

272 Vgl. oben die Ausführungen zur Bevorzugung des Gesellschafters bezüglich der Rückzahlung, Kapitel 3:B.II.8 auf Seite 70.

273 Siehe zu dieser Möglichkeit ebenfalls Kapitel 3:B.II.8 auf Seite 70.

274 Siehe dazu Kapitel 3:B.II.4 auf Seite 65 f.

275 Läßt er sich diese vorher auszahlen, ist § 32a GmbHG nicht einschlägig. Siehe dazu schon die vorstehenden Ausführungen in diesem Unterabschnitt bei Fn. 271.

2. *Umfang der Gefährdung*

Wenngleich einzelne Unterfallgruppen agency-theoretischen Fehlverhaltens beschränkt werden, steigt die anreizbedingte Gläubigergefährdung im Anwendungsbereich des § 32a GmbHG dennoch, weil gleichzeitig der Anreiz zu den verbleibenden agency-theoretischen Verhaltensweisen zunimmt – es handelt sich dabei um alle genannten Fehlverhaltensweisen mit Ausnahme der soeben genannten zeitlichen Einschränkung und den Einschränkungen in den Fallgruppen „Bevorzugung des Gesellschafters hinsichtlich der Rückzahlung“ und „gesellschafterfremdfinanzierte, absprachewidrige Auszahlung an den Gesellschafter. Einerseits besteht so nämlich die Möglichkeit, im Vorfeld der nahenden Insolvenz die bei einer Insolvenz befürchteten Verluste durch agency-theoretische Reichtumsverlagerungen zu kompensieren. Bereits eingangs wurde dargelegt, daß der Gesellschafter agency-theoretische Reichtumsverlagerungen zu seinen Gunsten grundsätzlich unterläßt, weil dadurch das Gesellschaftsvermögen, und damit seine Eigenkapitalbeteiligung, vermindert wird[276]. Im Anwendungsbereich des § 32a GmbHG ist das Gesellschaftsvermögen dagegen bereits so stark gemindert, daß ihm hierdurch keine spürbare Beeinträchtigung mehr droht[277]. Auch die Sanktionen des Marktes verlieren in einer solchen Situation ihre Wirkung. Diese muß der Gesellschafter nicht mehr befürchten, weil er ohnehin davon ausgehen wird, daß die Gesellschaft in naher Zukunft liquidiert wird.

B. Chancen

In den Anwendungsbereich des § 32a GmbHG fallen nur solche Konstellationen, in denen die Gesellschaft schließlich in die Insolvenz eintritt. Den wirtschaftlichen Niedergang der Gesellschaft konnten die positiven Effekte der Gesellschafterfremdfinanzierung also nicht verhindern. Ihre Bedeutung kann bereits deshalb nur als gering eingeschätzt werden. Dennoch bestehen einige Chancen fort.

---

276 Siehe oben die Einleitung zu diesem Kapitel auf Seite 75 f.

277 Siehe dazu ebenfalls die Einleitung zu diesem Kapitel auf Seite 75 f.

Die strukturelle Chance niedriger Finanzierungskosten[278] besteht unverändert fort, vermag jedoch bei einer wirtschaftlich angeschlagenen Gesellschaft keine wesentliche Verbesserung der Zahlungsfähigkeit zu bewirken.

Darüber hinaus sind aus dem vorangegangenen Kapitel zwei anreizbedingte Chancen bekannt: Der Anreiz zur Vornahme von Investitionen mit positivem Kapitalwert und der Anreiz zum Verzicht auf Gläubigerrechte.

Die Untersuchungen in Kapitel 3 haben gezeigt, daß die Gesellschafterfremdfinanzierung den Anreiz erhöht, Investitionen mit positivem Kapitalwert vorzunehmen, weil der kapitalgebende Gesellschafter auch dann noch zumindest teilweise von dem Investitionserlös profitiert, wenn die Eigenkapitalrendite negativ ist[279]. Bei einer kreditwürdigen Gesellschaft fällt dies allerdings nicht sonderlich ins Gewicht, weil Kapital für eine solche Investition auch von externen Fremdkapitalgebern zu erlangen ist. Im Anwendungsbereich des § 32a GmbHG ist die Gesellschaft allerdings kreditunwürdig, ein Kredit damit extern nicht zu erlangen. Kapital kann in einer solchen Situation aber immer noch vom Gesellschafter kommen. Die Gesellschafterfremdfinanzierung hat in diesem Zusammenhang also einen besonders positiven Effekt.

Anders verhält es sich mit dem Anreiz, auf Gläubigerrechte zu verzichten. Dabei ist zwischen dem Zeitraum vor und nach der Eröffnung des Insolvenzverfahrens zu differenzieren. Vor der Eröffnung des Insolvenzverfahrens besteht immerhin noch eine geringe Wahrscheinlichkeit, daß der Gesellschafter auf seine Gläubigerrechte verzichten könnte. Dies wird er immer dann tun, wenn er davon ausgeht, die Situation der Gesellschaft könne sich bessern, etwa weil er sich von seiner Gesellschafterfremdkapitalinvestition einen positiven Ertrag erhofft, der die wirtschaftliche Situation der Gesellschaft nachhaltig verbessern kann. Im Insolvenzverfahren ist dies hingegen nicht zu erwarten. Dort hat der Gesellschafter, was den Verbleib seines Darlehens in der Insolvenzmasse betrifft, zwei Optionen: Er kann sein Gesellschafterfremdkapital in der Gesellschaft belassen, oder es zur Tabelle

---

278 Siehe dazu Kapitel 3:C.I auf Seite 71.

279 Siehe hierzu bereits Kapitel 3:B.II.6 auf Seite 67 f. und Kapitel 3:C.II.1 auf Seite 72.

(§ 175 InsO) anmelden. Beläßt er es in der Gesellschaft, kommt es zu keiner Herabsetzung der Insolvenzquote und die Gläubiger müssen keine Vermögenseinbußen hinnehmen. Zu einem solchen Verzicht wird es aber wohl nie kommen, weil der Gesellschafter dafür auf sein Interesse an der zumindest teilweisen Befriedigung seiner Fremdkapitalforderung verzichten muß. Im Ergebnis wird sich daher jeder rational denkende und handelnde Gesellschafter für die Wahrnehmung seiner Gläubigerrechte entscheiden und sein Gesellschafterfremdkapital zur Tabelle anmelden.

C. Ergebnis

Im Anwendungsbereich des § 32a GmbHG sind die Auswirkungen der mit der Gesellschafterfremdfinanzierung verbundenen Chancen gering. Es gibt sie zwar, aber sie vermögen den wirtschaftlichen Niedergang der Gesellschaft nicht zu verhindern. Gleichzeitig steigt das mit der Gesellschafterfremdfinanzierung verbundene Risiko. Verantwortlich ist dafür das sich aus den agency-theoretischen Anreizen ergebende Risiko. Die anreizbedingten Gläubigerrisiken ergeben sich als Folge von Anreizen für den Gesellschafter, Reichtumsverlagerungen zu Lasten der Gläubiger vorzunehmen. Soweit sich diese Risiken realisieren, zahlen die Gläubiger den Preis für Gewinnchancen des Gesellschafters. Letztlich findet im Anwendungsbereich des § 32a GmbHG eine Verschiebung des geschäftlichen Risikos von dem Gesellschafter hin zu den Gläubigern statt. Das Risiko wird nicht bei dem Gesellschafter als dem eigentlichen Verursacher realisiert, sondern bei einem externen Dritten. Schlagwortartig kann man eine solche Verschiebung als ‚*Risikoexternalisierung*' bezeichnen. Die Frage, wie die externen Fremdkapitalgeber mit dieser Risikoexternalisierung umgehen, soll im nächsten Kapitel beantwortet werden.

Kapitel 5: Notwendigkeit einer Regulierung

Im letzten Kapitel hatte sich gezeigt, daß im Zuge der Gesellschafterfremdfinanzierung im Anwendungsbereich des § 32a GmbHG[280] eine Risikoexternalisierung vom kapitalgebenden Gesellschafter auf die externen Gläubiger erfolgt. Die Folgen dieser Externalisierung haben sie nunmehr in Form eines erhöhten Ausfallrisikos zu tragen, ohne hierfür qua risikoadjustierten Zinssatz kompensiert zu werden. Es trifft sie also eine erhöhte Wahrscheinlichkeit, daß ihre Forderungen nicht vollständig befriedigt werden.

Die Tatsache, daß das Ausfallrisiko der Gläubiger steigt, bedeutet allerdings nicht notwendigerweise, daß die Gläubiger durch eine gesetzliche Regelung geschützt werden müssen. Vielmehr stellt sich die Frage, ob dies sinnvoll ist. Der Beantwortung dieser Frage dienen die nachfolgenden Ausführungen.

A. Literaturthesen gegen den Regelungsbedarf

Mit der Frage der wirtschaftlichen Notwendigkeit des Eigenkapitalersatzrechts beschäftigt sich ausführlich die Dissertation von *Alexander Götz* aus dem Jahre 2001[281]. In seiner Untersuchung kommt Götz, gestützt auf vier Thesen, zu dem

---

[280] Siehe zum Anwendungsbereich des § 32a GmbHG nochmals die Einleitung zu Kapitel 4 auf Seite 75.

[281] *Götz*, Juristische und ökonomische Analyse des Eigenkapitalersatzrechts (2001). Die Arbeit von *Schummer*, Das Eigenkapitalersatzrecht (1998), beantwortet die Frage nach der Notwendigkeit trotz seines programmatischen Untertitels („Notwendiges Rechtsinstitut oder Irrweg?") bei näherer Betrachtung nur eingeschränkt, da sie sich im Kern auf einen einzigen Aspekt kon-

Ergebnis, das Eigenkapitalersatzrecht sei aus ökonomischen Gründen abzulehnen[282].

Ausgangspunkt seiner Überlegungen ist eine Suboptimalitätsvermutung[283]. Götz stellt zunächst fest, daß das Eigenkapitalersatzrecht zwischen den Gläubigern und den Gesellschaftern nicht verhandelbar ist. Hieraus folgert er, daß das Eigenkapitalersatzrecht gewisse Effizienzverluste mit sich bringt, weil der Gesetzgeber nicht alle Konstellationen ideal regeln kann. Davon ausgehend nimmt er an, eine gesetzliche Regelung müsse unter der Prämisse der gesamtgesellschaftlichen Nutzenmaximierung solange als suboptimal (schlecht) gelten, wie ihre Überlegenheit gegenüber dem unregulierten Zustand nicht erwiesen ist.

Die Suboptimalitätsvermutung versucht Götz im weiteren Verlauf seiner Untersuchung mit einer Betrachtung verschiedener Vor- und Nachteile zu bestätigen. Gemäß seiner zweiten These zeigen die von ihm identifizierten Nachteile, daß das Eigenkapitalersatzrecht in seiner bestehenden Form nicht geeignet ist, die Suboptimalitätsvermutung zu widerlegen[284]. Der Wert dieser Erkenntnis erweist sich indes ebenfalls als äußerst gering. Denn selbst, wenn man wie Götz zu dem Ergebnis käme, daß bei dem bestehenden Eigenkapitalersatzrecht die Nachteile weitaus größer zu bewerten seien als die Vorteile[285], ließe sich aus diesem Ergebnis nur folgern, daß das Eigenkapitalersatzrecht in seiner bestehenden Form abzulehnen sei, nicht aber, daß überhaupt keine Regelung erforderlich ist.

---

zentriert, nämlich die Frage, ob eine Regelungslücke vorliegt, die durch die Rechtsprechungsregeln des BGH (§§ 30, 31 GmbHG analog) zu schließen wäre (vgl. dazu zusammenfassend *Schummer*, a. a. O., S. 487 f.). Grund für diese eingeschränkte Betrachtung ist, daß es sich um eine österreichische Arbeit handelt. Dort hat die Rechtsprechung die Rechtsprechungsregeln des BGH übernommen; die Novellen gelten hingegen nicht (vgl. *Schummer*, a. a. O., S. 53 ff.). Die nachfolgenden Ausführungen auf Seite 87 bei Fn. 286 werden zeigen, daß sich diese Überlegungen im vorliegenden Zusammenhang wegen der Besonderheiten von § 32a GmbHG nicht nutzbar machen lassen.

282 *Götz*, a. a. O. (Fn. 281), S. 212.

283 *Götz*, a. a. O. (Fn. 281), S. 149 ff.

284 *Götz*, a. a. O. (Fn. 281), S. 198.

285 *Götz*, a. a. O. (Fn. 281), S. 198 („Die Nachteile dominieren erheblich.“).

Auch seine dritte These zur Notwendigkeit des Eigenkapitalersatzrechts erweist sich letztlich als nicht überzeugend. Götz meint, ein Schutz vor den Gefahren der Gesellschafterfremdfinanzierung sei unnötig, weil sonstige Normen außerhalb des Gesellschaftsrechts einen ausreichenden Schutz böten[286]. In Betracht kämen in diesem Zusammenhang insbesondere die Grundsätze über die materielle Unterkapitalisierung, § 826 BGB sowie die Tatbestände der Insolvenzverschleppungshaftung gem. § 823 Abs. 2 BGB i. V. m. § 64 Abs. 1 GmbHG. Diese Ansicht vermag deshalb nicht zu überzeugen, weil Götz damit das Problem nur verlagert und nicht löst. Selbst wenn der Schutz, den § 32a GmbHG vermittelt, auch durch andere Normen zu erzielen wäre, wäre nicht die Frage, ob § 32a GmbHG angesichts anderer Normen erforderlich ist. Es wäre vielmehr zu fragen, ob andere Normen neben der Spezialklausel des § 32a GmbHG noch eine Rechtfertigung haben[287].

Damit steht und fällt bei Götz die Frage nach der Notwendigkeit des Eigenkapitalersatzrechts mit seiner vierten These. Sie beschäftigt sich mit der Frage, ob es effizienter ist, die Gläubiger durch ein Gesetz vor den Gefahren der Gesellschafterfremdfinanzierung zu schützen oder sie in ihrem Schutz sich selber zu überlassen. Seiner Ansicht nach ist eine gesetzliche Regulierung der Gesellschafterfremdfinanzierung nicht erforderlich, weil sich die externen Gläubiger durch Verträge mit den Gesellschaftern vor den unerwünschten Folgen der Gesellschafterfremdfinanzierung schützen können[288]. Eine solche Vereinbarung könne kostengünstig durch einen zusätzlichen Absatz im Kreditvertrag oder den AGB vereinbart werden[289].

---

[286] *Götz*, Juristische und ökonomische Analyse des Eigenkapitalersatzrechts, S. 201, 203. Diese Ansicht wurde bereits vorher in der neueren Literatur vereinzelt vertreten. Vgl. mit unterschiedlicher Schwerpunktsetzung *Grunewald*, GmbHR 1997, 7, 8 und 10; *Reiner*, in: FS Boujong, S. 415, 443 ff.; *Koppensteiner*, AG 1998, 308, 313 ff.; *Schummer*, Das Eigenkapitalersatzrecht, S. 407 ff.

[287] Etwas anderes mag für die Rechtsprechungsregeln des BGH zum Eigenkapitalersatzrecht gelten, da diese letztlich wohl auf einer Analogie zu den §§ 30, 31 GmbHG beruhen und deshalb einer planwidrigen Regelungslücke bedürfen. Das Vorliegen einer solchen Regelungslücke wird allerdings von *Schouler*, Grundlagen des Eigenkapitalersatzrechts (2001), S. 64 ff. überzeugend nachgewiesen.

[288] *Götz*, Juristische und ökonomische Analyse des Eigenkapitalersatzrechts, S. 199, 201. Im Ergebnis ähnlich, allerdings differenzierter und auf wohlinformierte außenstehende Gläubiger beschränkt, bereits vorher *Adams*, Eigentum, Kontrolle und beschränkte Haftung, S. 87.

Diese These überzeugt nur dann, wenn sich der Zustand ohne eine gesetzliche Regelung gesamtwirtschaftlich günstiger darstellt als der Zustand mit einer gesetzlichen Regelung. Ausgehend von der in dieser Arbeit verwandten Methode, der ökonomischen Analyse des Rechts, wird die nachfolgende Untersuchung einen Zustand danach bewerten, welche Transaktionskosten für die beteiligten Vertragsparteien entstehen[290].

B. Analyse

Betrachten wir nun nacheinander den ungeregelten und den geregelten Zustand. Was würde geschehen, wenn es keine gesetzliche Regelung gäbe? Wie sähe die Situation mit einer gesetzlichen Regelung aus?

I. Situation ohne gesetzliche Regelung

Ohne eine gesetzliche Regelung müssen sich die Gläubiger selber vor den Gefahren der Gesellschafterfremdfinanzierung schützen. Nach Ansicht von *Götz* können sie das individualvertraglich durch einen Absatz im Kreditvertrag oder den AGB tun. Dabei räumt er zwar selber ein, es gebe auch solche Gläubiger, die nicht über genügend Marktmacht verfügten, um solche individualvertraglichen Regelungen durchzusetzen. Das sei aber unerheblich, da ein Gläubiger in diesem Fall immer noch die Möglichkeit habe, von einem Vertrag mit der Gesellschaft abzusehen[291].

Diese Aussage kann allenfalls dann stimmen, wenn alle Gläubiger die Möglichkeit haben, sich entweder im Voraus durch einzelvertragliche Regelungen gegen potentielle Vermögenseinbußen abzusichern oder von einem Vertrag mit der Ge-

[289] *Götz*, a. a. O. (Fn. 288), S. 200, 201.

[290] Vgl. zur Methodik der ökonomischen Analyse des Rechts einleitend *Burow*, JuS 1993, 8 ff.; *Schäfer/Ott*, Lehrbuch der ökonomischen Analyse des Zivilrechts, S. 1 ff.; *Ott/Schäfer*, JZ 1988, 213 ff.; *Rasmussen/Skeel*, 3 Am. Bankr. Inst. L. Rev. 85 (1995).

[291] *Götz*, Juristische und ökonomische Analyse des Eigenkapitalersatzrechts, S. 200.

sellschaft abzusehen. Dies ist aber nicht der Fall. Es gibt nämlich Gläubiger, die über keine dieser Möglichkeiten verfügen – hierzu zählen insbesondere Deliktsgläubiger[292]. Auch sie sind Fremdkapitalgeber, weil sie eine Forderung gegen die Gesellschaft haben, die bei der Gesellschaft als Verbindlichkeit geführt wird und damit Fremdkapital darstellt. Sie sind nicht aufgrund eines freien Entschlusses oder gar eines Vertrages Gläubiger der Gesellschaft und können sich deshalb weder vertraglich, noch durch eine Abstandnahme vor den Gefahren der Gesellschafterfremdfinanzierung schützen.

Diese Unterschiede waren in der Vergangenheit schon öfters Gegenstand der Betrachtung in der US-amerikanischen Literatur zum Haftungsdurchgriff[293]. Dort unterscheidet man zwischen „freiwilligen" und „unfreiwilligen" Gläubigern[294].

Der Gruppe der „unfreiwilligen" Gläubiger werden in der amerikanischen Literatur zum Haftungsdurchgriff solche Gläubiger zugeordnet, für die es nicht möglich oder sehr aufwendig ist, sich im Voraus gegen potentielle Vermögenseinbußen abzusichern. Das sind zum einen Gläubiger, die von der drohenden Gefahr keine Ahnung haben, also insbesondere Deliktsgläubiger[295]. Zur Gruppe der „unfreiwilligen" Gläubiger gehören daneben noch Gläubiger, für die es entweder nicht möglich oder überproportional teuer ist, sich beim Vertragsschluß über die Gesellschaft zu informieren (nachfolgend als „schwache Vertragsgläubiger" bezeichnet).

---

[292] *Adams*, Eigentum, Kontrolle und beschränkte Haftung, S. 57 f.; *Posner*, 43 U. Chi. L. Rev. 499, 506 (1976); *Easterbrook/Fischel*, The Economic Structure of Corporate Law, S. 52 ff.; *dies.*, 52 U. Chi. L. Rev. 89, 112 et seq. (1985); *Blumberg*, 11 J. Corp. L. 573, 617 (1986).

[293] Daß diese Grundsätze auch auf die *equitable subordination*, das amerikanische Gegenstück zum Eigenkapitalersatzrecht übertragen werden, ist an dieser Stelle (noch) nicht relevant, und wird erst später in dieser Untersuchung thematisiert. Siehe dazu unten Kapitel 7:C.I.2 auf Seite 148 ff.

[294] Siehe hierzu *Adams*, Eigentum, Kontrolle und beschränkte Haftung, S. 56 ff.; *Easterbrook/Fischel*, The Economic Structure of Corporate Law, S. 52 ff.; *dies.*, 52 U. Chi. L. Rev. 89 (1985); *Posner*, 43 U. Chi. L. Rev. 499 (1976).

[295] *Posner*, 43 U. Chi. L. Rev. 499, 506 (1976); *Easterbrook/Fischel*, The Economic Structure of Corporate Law, S. 52 ff.; *dies.*, 52 U. Chi. L. Rev. 89, 112 et seq. (1985); *Blumberg*, 11 J. Corp. L. 573, 617 (1986).

Dazu werden von der amerikanischen Literatur Kleingläubiger[296], insbesondere Verbraucher[297], gezählt. Weiterhin gehören zu dieser Gruppe Gläubiger, die sich in keiner ausreichend starken Verhandlungsposition befinden, um sich für das erwartete Ausfallrisiko entschädigen zu lassen[298]. Im Hinblick auf die zuletzt Genannten ist die Bezeichnung als „unfreiwillige“ Gläubiger nicht ganz zutreffend, weil sie den Geschäftskontakt ja an sich freiwillig hergestellt haben. Die Gemeinsamkeit dieser Gläubiger mit Deliktsgläubigern rührt deshalb entgegen ihrem Namen nicht aus der Einstellung der Gläubiger zu ihrer Rechtsbeziehung mit der Gesellschaft. Sie ergibt sich vielmehr aus der fehlenden Möglichkeit, sich vor den negativen Folgen dieser Rechtsbeziehung zu schützen. Bei einem präzisen Sprachgebrauch müßte man diese Gläubigergruppe deshalb als „Gläubiger, die ohne zumutbare Möglichkeit zum Selbstschutz Opfer einer Gefährdung geworden sind“ bezeichnen.

Die andere Gruppe, die neben den „unfreiwilligen“ Gläubigern der Gefährdung durch die Gesellschafterfremdfinanzierung ausgesetzt ist, ist die Gruppe der sogenannten „freiwilligen“ Gläubiger. In Umkehrung der Definition der „unfreiwilligen“ Gläubiger wären sie zu definieren als Gläubiger, die trotz zumutbarer Mög-

---

[296] *Posner*, 43 U. Chi. L. Rev. 499, 506 (1976); *Blumberg*, 11 J. Corp. L. 573, 618 (1986); a. A. *Meiners/Mofsky/Tollison*, 4 Del. J. Corp. L. 351, 359 et seq. (1979).

[297] *Blumberg*, 11 J. Corp. L. 573, 618 (1986).

[298] *Easterbrook/Fischel*, The Economic Structure of Corporate Law, S. 53 ff.; *dies.*, 52 U. Chi. L. Rev. 89, 113 (1985); *Hackney/Benson*, 43 U. Pitt. L. Rev. 837, 863 (1986). Im amerikanischen Recht sind das insbesondere Arbeitnehmer (*Blumberg*, 11 J. Corp. L. 573, 619 (1986); *Easterbrook/Fischel*, The Economic Structure of Corporate Law, S. 53 ff.; *dies.*, 52 U. Chi. L. Rev. 89, 107 (1985); einschränkend *Posner*, 43 U. Chi. L. Rev. 499, 506 (1976), der Arbeitnehmer nur dann zu den „unfreiwilligen“ Gläubigern zählen will, wenn sie für das eingegangene Risiko nicht über ihren Lohn kompensiert werden.). Im deutschen Recht gibt es zwar im Insolvenzrecht besondere Schutzvorschriften für Arbeitnehmer, vgl. etwa §§ 55 Abs. 2 S. 2, 123 Abs. 2 und 209 Abs. 2 Nr. 2 InsO. Diese Vorschriften entfalten aber nur dann ihre volle Wirkung, wenn die Haftungsmasse (und das Insolvenzgeld) ausreicht, um die Forderungen der Arbeitnehmer voll zu befriedigen. Da dies in aller Regel nicht der Fall ist, bleiben Arbeitnehmer weiterhin schutzbedürftig, so daß auch sie im weiteren als „schwache Vertragsgläubiger“ klassifiziert werden sollen.

lichkeit zum Selbstschutz Opfer einer Gläubigergefährdung geworden sind. Zu dieser Gruppe zählen insbesondere Banken und große Warenkreditgeber[299].

Die folgende Darstellung zeigt, wie diese beiden Gläubigergruppen auf die Gefahren der Gesellschafterfremdfinanzierung reagieren.

1. Reaktion der „unfreiwilligen" Gläubiger

Da sich die „unfreiwilligen" Gläubiger, also Deliktsgläubiger und schwache Vertragsgläubiger, nicht vor den Gefahren der Gesellschafterfremdfinanzierung schützen können, bleiben sie zunächst auf den ihnen zugefügten Vermögenseinbußen sitzen.

Es fragt sich, ob dies sinnvoll ist. Nach Ansicht der ökonomischen Analyse des Rechts soll ein Schaden von demjenigen getragen werden, der ihn am billigsten vermeiden kann. Da für den Ökonomen Aufwand immer mit Kosten verbunden ist, spricht man in diesem Zusammenhang vom billigsten Kostenvermeider, auf Englisch *cheapest cost avoider*[300].

Folglich muß die Frage lauten: Wer kann den Schaden am kostengünstigsten vermeiden – die Gläubiger oder der Gesellschafter?

Sowohl die schwachen Vertragsgläubiger als auch die Deliktsgläubiger sind nicht in der Lage, Kosten zu vermeiden, weil sie auf den eigentlichen schädigenden Umstand, die Art und Weise wie Gesellschafterfremdkapital eingesetzt wird, keinen direkten Einfluß haben. Dagegen kann der Gesellschafter den schädigenden Umstand selbst vermeiden. Er allein hat es in der Hand, seine Gesellschaft mit Gesellschafterfremdkapital zu finanzieren und die Gläubiger durch sein Verhalten

---

[299] *Easterbrook/Fischel*, 43 U. Chi. L. Rev. 89, 105 (1985); *dies.*, The Economic Structure of Corporate Law, S. 50; *Posner*, 52 U. Chi. L. Rev. 499, 501 et seq. (1976).

[300] Grundlegend dazu *Calabresi*, The Costs of Accidents, S. 136 ff., 175 ff.; siehe auch *Burow*, JuS 1993, 8, 11; *Lehmann*, ZGR 1986, 345, 360; *ders.*, Bürgerliches Recht und Handelsrecht, S. 106 ff., 122 ff.; *Schäfer/Ott*, Lehrbuch der ökonomischen Analyse des Zivilrechts, S. 213; im Zusammenhang mit eigenkapitalersetzenden Gesellschafterleistungen bereits *Gehde*, Eigenkapitalersetzende Gesellschafterleistungen in Deutschland und den USA, S. 67 ff.

zu schädigen. Er ist deshalb der *cheapest cost avoider*, der für den Schaden haften sollte[301].

Als rationaler Nutzenmaximierer[302] wird der Gesellschafter das aber nur tun, wenn er sich hiervon einen Vorteil verspricht. Ein solcher ist nicht in Sicht. Es gibt für ihn auch keinerlei Nachteile, wenn er den Schaden den „unfreiwilligen" Gläubigern aufbürdet. Schließlich können weder Deliktsgläubiger noch schwache Vertragsgläubiger dieses Verhalten sanktionieren[303]. Der Gesellschafter wird somit den Schaden nicht übernehmen, obwohl dies gesamtwirtschaftlich Kosten minimieren würde. Der ungeregelte Zustand ist folglich in Bezug auf die „unfreiwilligen" Gläubiger ineffizient.

2. *Reaktion der „freiwilligen" Gläubiger*

Ebenso wie für die „unfreiwilligen" Gläubiger wird auch für die „freiwilligen" Gläubiger ein Vertrag mit der Gesellschaft durch die Gefahren der Gesellschafterfremdfinanzierung zunehmend unattraktiv. Im Gegensatz zu den „unfreiwilligen" Gläubigern ist es ihnen aber möglich, sich im Voraus gegen die potentiellen Ver-

---

[301] Im Ergebnis ebenso *Gehde*, Eigenkapitalersetzende Gesellschafterleistungen in Deutschland und den USA, S. 68 f.; vgl. hierzu auch *Schäfer/Ott*, Lehrbuch der ökonomischen Analyse des Zivilrechts, S. 383, die feststellen, daß der *cheapest cost avoider* den Schaden auch dann tragen sollte, wenn die andere Partei der *cheapest insurer* ist, also die Partei, die den Schaden am billigsten versichern kann. Zu einem ähnlichen Ergebnis kommt *R.H. Schmidt*, Ökonomische Analyse des Insolvenzrechts, S. 30, der Strukturen immer dann für ineffizient hält, wenn Haftung und Kontrolle auseinanderfallen, weil sich ein schädigendes Verhalten für den Schädiger auch dann lohnt, wenn sein Vorteil geringer ist als der Nachteil des Geschädigten.

[302] Eine der Grundannahmen der ökonomischen Analyse des Rechts ist, daß sich die Wirtschaftssubjekte als rationale Nutzenmaximierer verhalten. Im Englischen heißt dieser *resourceful evaluative maximizing man*, die dazugehörige These ist deshalb allgemein unter der englischen Abkürzung als „REMM-Hypothese" bekannt (vgl. dazu *Schäfer/Ott*, Lehrbuch der ökonomischen Analyse des Zivilrechts, S. 56 Fn. 1. Siehe zu weiteren Einzelheiten *dies.*, a. a. O., S. 55 ff.; *Burow*, JuS 1993, 8, 9; *Woll*, Allgemeine Volkswirtschaftslehre, S. 50 ff.; *Richter/Furubotn*, Neue Institutionenökonomik, S. 2 ff.; *Behrens*, Die ökonomischen Grundlagen des Rechts, S. 30 ff.; *Varian*, Mikroökonomie, S. 95 ff. Siehe zu diesem ökonomischen Verhaltensmodell auch *Eidenmüller*, Effizienz als Rechtsziel, S. 28 ff.).

[303] Siehe dazu bereits die Einleitung zu Kapitel 5:B.I auf Seite 88 ff.

mögenseinbußen abzusichern[304]. In der ökonomischen Literatur spricht man hinsichtlich dieser Absicherung von einer Kreditrationierung, weil jede aus einer bereits erbrachten Leistung erwachsende Forderung wirtschaftlich einen Kredit darstellt. Im einzelnen wird zwischen der strengen und der schwachen Kreditrationierung unterschieden[305].

a) Strenge Kreditrationierung

Die strenge Kreditrationierung ist die in der Praxis am häufigsten anzutreffende Form der Kreditrationierung[306]. Sie bezeichnet eine Geschäftspolitik, die auf jedes auftretende Risiko mit einem einheitlichen Zinssatz reagiert[307]. Die Gläubiger gehen von einem bestimmten Zinssatz aus, den sie fordern wollen und vergeben nur dann einen Kredit, wenn ihr Risiko von diesem Zinssatz noch vergütet wird. Gelingt dies nicht, oder erfordert das mit dem Kredit verbundene Risiko einen höheren Zinssatz, lehnen sie eine Kreditvergabe ab[308]. Der Vorteil dieser Geschäftspolitik liegt für den Gläubiger darin, daß er Kosten spart, die sich bei einer differenzierteren Reaktion ergeben würden.

Ein Gläubiger, der eine strenge Kreditrationierung betreibt, hat in der vorliegenden Situation nur zwei Handlungsmöglichkeiten: Entweder er schließt einen Vertrag ab oder er unterläßt es. Schließt er den Vertrag nicht ab, unterbleibt eine Investition, die insgesamt allen hätte nutzen können. Dem Gläubiger entgeht ein Geschäft, bei dem er einen festen Zinssatz hätte erhalten können, dem Gesellschafter eine Investition, bei der er den über den Zinssatz hinausgehenden Gewinn hätte abschöpfen können. Zwar ist die Nutzenbilanz bei einem unterlassenen

304 *Easterbrook/Fischel*, 43 U. Chi. L. Rev. 89, 105 (1985); *dies.*, The Economic Structure of Corporate Law, S. 50; *Posner*, 52 U. Chi. L. Rev. 499, 501 et seq. (1976).

305 Vgl. zum Überblick: *Krümmel*, Handwörterbuch der Finanzwirtschaft, 1. Aufl., Sp. 491 ff. und 497 ff.; *Terberger*, Der Kreditvertrag als Instrument zur Lösung von Anreizproblemen, S. 48 ff.; *Rudolph*, Die Kreditvergabeentscheidung der Banken, S. 26 ff. und 38 ff.; *Fischer*, Entscheidungskriterien für die Gläubiger, S. 32 ff. jeweils m. w. N.

306 Empirisch nachgewiesen durch *Stiglitz/Weiß*, 71 AER 393, 408 et seq. (1981)

307 *Krümmel*, Handwörterbuch der Finanzwirtschaft, 1. Aufl., Sp. 498 f.

308 *Krümmel*, Handwörterbuch der Finanzwirtschaft, 1. Aufl., Sp. 499.

Vertragsschluß in der Gesamtschau nicht negativ, weil sich keine Gläubigergefahren realisieren können. Eine gesamtnutzen*maximierende* Geschäftsverbindung unterbleibt aber. Entscheidet sich der Gläubiger dagegen trotz der Gefährdung für den Abschluß eines Vertrages, ist der Zins in den meisten Fällen im Verhältnis zum Risiko entweder zu hoch oder zu niedrig[309]. Der erste Fall ist ineffizient, weil der Gesellschafter für ein Risiko bezahlt, das gar nicht besteht. Auch der zweite Fall ist ineffizient, weil der Gläubiger und nicht der Gesellschafter den Schaden trägt. Es hat sich nämlich erwiesen, daß eine effiziente Regelung dem Gesellschafter den Schaden zuweisen würde, weil er als *cheapest cost avoider* diesen mit dem geringsten Aufwand vermeiden kann[310].

b) Schwache Kreditrationierung

Alternativ zur strengen Kreditrationierung bietet sich den Gläubigern die Möglichkeit, das erwartete Investitionsrisiko auszugleichen (sog. „schwache Kreditrationierung"). Ein schwacher Kreditrationierer ist zur Kreditvergabe immer dann bereit, wenn er das mit der Vertragsbeziehung verbundene Risiko durch Bestimmungen im Kreditvertrag ausgleichen kann[311]. Ein solches Vorgehen hat für ihn den Vorteil, daß profitable Geschäftsverbindungen nicht von vorneherein an einem hohen Risiko scheitern müssen. In der vorliegenden Situation bieten sich dem schwachen Kreditrationierer die nachfolgend dargestellten Möglichkeiten.

---

309 Die Vertragsbeziehung zwischen dem Gesellschafter und dem strengen Kreditrationierer ist allenfalls in dem seltenen Fall, in dem der Kreditzins exakt das Risiko abdeckt, nutzwertneutral.

310 Siehe zu dieser Figur bereits meine Ausführungen unter Kapitel 5:B.I.1 auf Seite 91 ff.

311 *Fischer*, Entscheidungskriterien für die Gläubiger, S. 33; *Nahr*, Kreditrationierung, Information und Unsicherheit, S. 42 ff.

(1) Vereinbarung einer Risikoprämie

Zunächst einmal kann sich der Gläubiger vor dem Ausfallrisiko schützen, indem er eine Risikoprämie erhebt[312]. Dazu wird er Annahmen über die Wahrscheinlichkeit eines Forderungsausfalles und die damit für ihn verbundenen Kosten machen. Diese Kosten wird er dann auf sein eigentliches vertragliches Entgelt aufschlagen[313]. Voraussetzung ist hierfür, daß der Gläubiger die zugrundeliegenden Faktoren tatsächlich einschätzen kann. Kapitel 3 hat aber gezeigt, daß das Gefahrenszenario zu weiten Teilen vom Verhalten des Gesellschafters abhängt. Dieses ist nicht präzise vorhersehbar, da sich der Gesellschafter zu jeder Zeit nicht nur für eine Reichtumsverlagerung zu seinen Gunsten entscheiden kann, sondern auch dagegen. Diese Unsicherheit wirkt sich auf die Prämienberechnung aus. Nur in zufälligen Ausnahmefällen wird es also möglich sein, eine Risikoprämie zu vereinbaren, die dem Risiko exakt entspricht. In allen anderen Fällen wird die Risikoprämie höher sein, als es das Risiko eigentlich erforderlich macht, oder niedriger. Im Fall einer zu niedrigen Risikoprämie wird der Gläubiger mit einem (Rest-) Schaden belastet, gegen den er sich nicht absichern konnte. Um letzteres zu vermeiden, wird er die Risikoprämie deshalb immer so hoch berechnen, daß er für seine Unsicherheit vollständig entschädigt wird. Das wird er aber nur dann, wenn seine Prämie über dem eigentlichen Erwartungswert[314] des Schadens liegt. Das widerspricht dem Interesse des Gesellschafters, weil er eine höhere Prämie zu

---

[312] Weiterführend dazu *Fischer*, Entscheidungskriterien für Gläubiger, S. 33 ff.; *Drukarczyk*, Theorie und Politik der Finanzierung, S. 322 ff.; *Nahr*, Kreditrationierung, Information und Unsicherheit, S. 42 ff.; *Vormbaum*, Finanzierung der Betriebe, S. 44 ff.

[313] In aller Regel dürfte sich die Risikoprämie (*q*) nach der folgenden Formel berechnen: $q = p * V^L / F^N$. Dabei ist *p* die Wahrscheinlichkeit eines Forderungsausfalles, V^L die Summe der Liquidationserlöse im Falle der Zerschlagung nach Abzug der Verfahrenskosten und F^N die Summe der geltend gemachten Forderungen aller Gläubiger (*Drukarczyk*, Unternehmen und Insolvenz, S. 117). Komplexere Formeln zur Berechnung eines risikoadäquaten Zinssatzes finden sich u. a. bei *Drukarczyk*, Theorie und Politik der Finanzierung, S. 322 ff. und *Fischer*, Entscheidungskriterien für Gläubiger, S. 33 ff.

[314] Der Erwartungswert ist gleich dem Schaden im Falle eines Schadenseintritts multipliziert mit der Schadenswahrscheinlichkeit (*Schäfer/Ott*, Lehrbuch der ökonomischen Analyse des Zivilrechts, S. 373 Fn. 2).

zahlen hat als eigentlich nötig wäre, und läuft einer Gesamtnutzenmaximierung zuwider, weil die Transaktionskosten unnötig erhöht werden.

(2) Einräumung von Kreditsicherheiten

Eine andere Möglichkeit, mit der sich der Gläubiger vor dem Ausfallrisiko schützen kann, ist die Vereinbarung von Kreditsicherheiten. Diese Möglichkeit erscheint auf den ersten Blick attraktiv, da sie das zentrale Problem der Risikoprämie, die erhöhten Kosten, auszuschließen scheint. Anders als eine Risikoprämie, die den Gesellschafter bei jedem Vertragsschluß belastet, erfolgt bei der Vereinbarung von Kreditsicherheiten eine Belastung des Gesellschafters scheinbar nur im Bedarfsfall, nämlich wenn die Gesellschaft zahlungsunfähig ist. In allen übrigen Fällen scheint die Geschäftsbeziehung zwischen dem Gesellschafter und dem einzelnen Gläubiger nicht belastet zu sein.

Auf den zweiten Blick zeigen sich allerdings die negativen Effekte einer Vereinbarung von Kreditsicherheiten. Der Gesellschafter kann die gleiche Sicherheit nur einmal geben. Er verliert also bei der Vereinbarung von Kreditsicherheiten zur Absicherung der Gläubiger vor den Gefahren der Gesellschafterfremdfinanzierung die Möglichkeit, genau diese Sicherheiten zu anderen Zwecken einzusetzen. Auch für die Gläubiger ergeben sich schwerwiegende Nachteile. Einzelne Gläubiger müssen ungesichert bleiben, weil es in aller Regel nicht ausreichend Kreditsicherheiten für alle Gläubiger gibt[315]. Die ungesicherten Gläubiger sind im Insolvenzfall benachteiligt, weil sie, anders als gesicherte Gläubiger kein Sicherungsgut, sondern lediglich eine Insolvenzquote erhalten. Diese Insolvenzquote beträgt zum einen nur einen Bruchteil der nominalen Forderung. Darüber hinaus bemißt sie sich nach dem Gesellschaftsvermögen, welches wiederum um den Betrag der bereits vor der Insolvenz eingeräumten Kreditsicherheiten gemindert wird. Die bevorzugte Befriedigung der gesicherten Gläubiger reduziert also im Ergebnis die ohnehin geringe Insolvenzquote der ungesicherten Gläubiger. Der Schutz der ge-

[315] Das gilt insbesondere für die Fälle im Anwendungsbereich des § 32a GmbHG, in dem die Gesellschaft in eine Insolvenz eintritt. Eine Insolvenz gibt es in der Regel nämlich dann, wenn die Verbindlichkeiten der Gesellschaft höher sind als ihr Vermögen.

sicherten Gläubiger erfolgt damit auf Kosten der ungesicherten Gläubiger, die durch die Kreditsicherung weitere Forderungsausfälle erleiden[316].

Zugegeben, positive Folgen ergeben sich daraus, daß die gesicherten Gläubiger die ungesicherten Gläubiger durch eine Senkung des Ausfallrisikos mitschützen können[317]. Die gesicherten Gläubiger haben nämlich im Hinblick auf das Sicherungsgut eine sachenrechtlich geschützte Rechtsposition und können damit verhindern, daß der Gesellschafter das Sicherungsgut zur Maximierung seines eigenen Vorteils und auf Kosten der Gläubiger nutzen kann. Dadurch können die Anreize zu drei der oben[318] identifizierten agency-theoretischen Fehlverhaltensweisen reduziert werden:

- Die Aufnahme zusätzlichen Fremdkapitals wird dadurch beschränkt, daß das einmal gesicherte Sicherungsgut nicht mehr anderweitig eingesetzt werden kann, um Kredite abzusichern[319].

- Die absprachewidrige Auszahlung an einen Gesellschafter wird erschwert.
  Da das Sicherungsgut gegen weitere Verfügungen gesperrt wird, ist es dem Gesellschafter nicht mehr möglich, das Sicherungsgut unter Wert aus dem Gesellschaftsvermögen in sein Privatvermögen zu transferieren[320].

- Die Bevorzugung einzelner Gläubiger bezüglich der Rückzahlung wird erschwert, weil es nun nicht mehr möglich ist, ohne Zustimmung des Sicherungsnehmers gesicherte Gegenstände unter Wert an einzelne Gläubiger zu übertragen[321].

Die Tatsache, daß die Anreize der Gesellschafter zu einem Fehlverhalten grundsätzlich reduziert werden, hat allerdings nicht zur Folge, daß auch das Ausfallrisi-

---

316 *Drukarczyk*, Unternehmen und Insolvenz, S. 119 ff.

317 *Drukarczyk*, Unternehmen und Insolvenz, S. 131.

318 Kapitel 4:A auf Seite 77 ff.

319 Grundlegend hierzu Kapitel 3:B.II.3 auf Seite 64.

320 Siehe dazu oben die grundlegenden Ausführungen in Kapitel 3:B.II.4 auf Seite 65 f.

321 Siehe zu näheren Einzelheiten dieser Verhaltensweise erstmals Kapitel 3:B.II.8 auf Seite 70.

ko der ungesicherten Gläubiger in einem nennenswerten Umfang sinkt. Im Gegenteil: Der Ökonom *Jochen Drukarczyk* hat in einer Untersuchung des Insolvenzrechts feststellen müssen, daß die für ungesicherte Gläubiger implizierte Schutzwirkung von Kreditsicherheiten in der Insolvenznähe verblaßt[322]. Gerade diese Situation liegt im Anwendungsbereich des § 32a GmbHG vor: Eine Gesellschaft, die sich in dem Stadium zwischen Krise i. S. d. § 32a GmbHG und Insolvenz befindet, ist in Insolvenznähe. In dieser Situation geht die Verfügungsgewalt über das Sicherungsgut vom Gesellschafter schrittweise auf die gesicherten Gläubiger über. Die gesicherten Gläubiger werden deshalb die Verfügungsgewalt ihrerseits dazu nutzen, um eigene Vermögensvorteile zu erzielen. Dabei besteht für sie kein Anreiz, auf die Interessen der ungesicherten Gläubiger Rücksicht zu nehmen. Es ergibt sich somit eine weitere, über die strukturelle Benachteiligung der ungesicherten Gläubiger hinausgehende, verhaltensgebundene Benachteiligung durch die gesicherten Gläubiger, die wiederum Kosten verursacht.

Schließlich spricht noch ein rein empirisches Argument gegen eine Absicherung durch Kreditsicherheiten. Zumeist dürfte es an Sicherungsgütern für das zusätzliche, durch die Gesellschafterfremdfinanzierung geschaffene Ausfallrisiko fehlen, weil sich die Gläubiger im Regelfall bereits für alle anderen Ausfallrisiken Kreditsicherheiten haben einräumen lassen.

Kreditsicherheiten erweisen sich demnach trotz bestimmter Vorteile noch nicht als ideale Lösung, um die angesprochenen Probleme in den Griff zu bekommen.

(3) Vertraglicher Rangrücktritt

Die gegen die Einräumung von Kreditsicherheiten sprechende ineffiziente Umschichtung des Ausfallrisikos von einer Gläubigergruppe auf die andere läßt sich dadurch verhindern, daß der Gesellschafter einen Anteil am Ausfallrisiko der Gläubiger übernimmt. Das kann er tun, indem er für den Fall der Insolvenz einen

---

322 *Drukarczyk*, Unternehmen und Insolvenz, S. 113 ff., 160.

Rangrücktritt seiner Fremdkapitalforderungen hinter die Forderungen der übrigen Gläubiger vereinbart[323].

Eine solche vertragliche Rangrücktrittsvereinbarung erscheint zunächst für den Gesellschafter als nicht sonderlich erstrebenswert, weil er haften muß, wenn die Gesellschaft in die Insolvenz gerät. Bei näherer Betrachtung erweist sich aber gerade dies auch aus seiner Sicht als sinnvoll. Denn wie sich in den vorstehenden Abschnitte gezeigt hat, haben die anderen Selbstschutzmaßnahmen den immanenten Nachteil, das Ausfallrisiko nicht zu begrenzen. Solange aber das Ausfallrisiko besteht, wird jeder Vertrag durch hohe Transaktionskosten belastet. Das wiederum widerspricht dem Interesse des Gesellschafters, da diese Kosten entweder auf ihn abgewälzt werden oder dazu führen, daß die Gläubiger den Vertrag nicht abschließen wollen. Will er das vermeiden, muß er das Ausfallrisiko der Gläubiger begrenzen. Das kann er tun, indem er mit seinen Fremdkapitalforderungen für die gesellschafterfremdfinanzierungsbedingten Forderungsausfälle der Gläubiger haftet. Von einer solchen Vereinbarung profitiert der Gesellschafter, wenn er seine Gesellschaft in einem wirtschaftlich gesunden Zustand halten kann. Denn er kommt in diesem Fall in den Genuß geringer Transaktionskosten.

Mit dieser Konstruktion können die Vertragsparteien das Kernproblem der vorstehenden Abschnitte, nämlich das Ausfallrisiko, in den Griff bekommen. Der Gesellschafter hat nämlich nun ein genuines Interesse daran, zu verhindern, daß die Gesellschaft in eine Insolvenz gerät. Als *cheapest cost avoider* kann er das auch besser als jeder andere[324]. Er ist ja derjenige, der die Geschicke der Gesellschaft leitet und über ihre wirtschaftliche Situation am besten informiert ist[325] und deshalb eine Insolvenz noch am ehesten verhindern kann - etwa indem er die Gesellschaft vorher liquidiert. Da sich das Ausfallrisiko reduziert, sinkt bei den Gläubigern die Notwendigkeit, sich umfassend über den Vertragspartner zu informieren und ihn zu kontrollieren. Damit verringern sich die Informations- und Kontroll-

---

[323] Alternativ hierzu bietet sich die Möglichkeit, eine unbeschränkte persönliche Haftung in Form eines Haftungsdurchgriffs zu vereinbaren. Diese Form der persönlichen Haftung wird an späterer Stelle (Kapitel 8:D.II auf Seite 175 ff.) noch eingehend betrachtet.

[324] Siehe dazu bereits Kapitel 5:B.I.1 auf Seite 91 ff.

[325] Siehe dazu die Ausführungen in Kapitel 2:C.I.4 auf Seite 41 ff.

kosten. Da die Gläubiger, anders als bei der Vereinbarung von Kreditsicherheiten, nicht mehr um die verbleibende Vermögensmasse der Gesellschaft konkurrieren müssen, sondern gleichberechtigt an ihr teilhaben, sinken auch die Durchsetzungskosten.

Für rational handelnde Gläubiger und Gesellschafter bietet es sich deshalb an, soweit eine gesetzliche Regelung fehlt, vertraglich den Rangrücktritt der Gesellschafterfremdkapitalforderung zu vereinbaren, um die Risiken der Gesellschafterfremdfinanzierung sachgerecht zu regeln[326].

Da sich die Gläubiger und Gesellschafter vernünftigerweise hierauf einigen müßten, scheint es, als ob sich die schwachen Kreditrationierer ohne eine gesetzliche Regelung effizient selbst schützen können. Ein solcher Schutz würde aber auf Kosten der übrigen Gläubiger gehen.

Eine nähere Betrachtung zeigt jedoch, daß dies nicht der Fall ist. In der Praxis würden die Transaktionskosten zunehmen. Es ergäben sich Informationskosten, weil die Parteien sich über die Notwendigkeit einer Vereinbarung dieser Haftung und ihre Möglichkeiten hierzu erkundigen müßten, gegebenenfalls sogar unter Zuhilfenahme eines kostenpflichtigen Rechtsrats. Es ergäben sich zudem Verhandlungskosten. Da die Gläubiger keine in sich homogene Gruppe sind und kaum zu erwarten ist, daß sie sich inhaltlich bei ihrer Vertragsgestaltung abstimmen würden, würde nicht eine einheitliche Klausel, sondern eine Vielzahl unterschiedlicher Klauseln verwendet werden. Das brächte wiederum erhöhte Kosten zur Durchsetzung der Klauseln mit sich. Verantwortlich wäre dafür nicht zuletzt die Rechtsunsicherheit über ihre Auslegung. Die unübersehbare Zahl von Prozessen und Veröffentlichungen zu § 32a GmbHG zeigt, daß sogar eine einheitliche Regelung Raum für Streit bietet. Bei unterschiedlichen Klauseln einzelner Gläubiger würden sich die Probleme potenzieren. Hierdurch würden sich auch erhöhte Kosten für eventuell erforderliche Anpassungen der Klauseln und die Kontrolle ihrer Einhaltung ergeben.

---

[326] Siehe zu der Frage, ob diese Haftung idealerweise beschränkt oder unbeschränkt ist, die nachfolgende Darstellung in Kapitel 8:D.II auf Seite 175 ff.

3. *Zwischenergebnis*

Den Ausgangspunkt der Betrachtungen bildete die Ansicht von Götz, eine gesetzliche Regelung sei nicht erforderlich, um das im Zusammenhang mit der Gesellschafterfremdfinanzierung auftauchende Problem der Gläubigergefährdung zu beseitigen[327]. Eine vertragliche Regelung sei vielmehr ausreichend, um die Nutzwertverluste zu minimieren. Diese Behauptung hat sich in der Analyse als unzutreffend erwiesen.

Die Analyse hat erhebliche Ineffizienzen dieses Vorschlags zu Tage gebracht. Sowohl im Verhältnis zu den „unfreiwilligen" als auch zu den „freiwilligen" Gläubigern ergeben sich ohne eine gesetzliche Regelung erhebliche Ineffizienzen. Die Beziehung zu den „unfreiwilligen" Gläubigern ist ineffizient, weil diese Gläubiger den Schaden tragen müssen, obwohl der Gesellschafter das als *cheapest cost avoider* kostengünstiger übernehmen kann. Auch im Verhältnis zu den „freiwilligen" Gläubigern erweist sich der Vorschlag als ineffizient. Strenge Kreditrationierer haben mehrere Verhaltensmöglichkeiten, die allesamt ineffizient sind. Zum einen können sie auf den Vertragsschluß ganz verzichten. Damit entgeht beiden Seiten eine gesamtnutzenmaximierende Geschäftsverbindung. Soweit sie eine Vertragsbeziehung mit der Gesellschaft eingehen, werden sie dabei entweder einen Schaden erleiden, weil der von ihnen verlangte Kreditzins den Schaden nicht abdeckt, oder den Gesellschafter mit unnötigen Kosten belasten, weil der Zinssatz höher ist, als dies eigentlich erforderlich wäre. Auch die Beziehung zu den sogenannten schwachen Kreditrationierern erweist sich als ineffizient. Selbst, wenn diese einen vertraglichen Rangrücktritt vereinbaren, ergeben sich unnötig hohe Transaktionskosten.

---

[327] *Götz*, Juristische und ökonomische Analyse des Eigenkapitalersatzrechts, S. 200, 201. Siehe dazu oben im Text S. 88 bei Fn. 289.

II. Situation mit gesetzlicher Regelung

Ein Gesetz bietet die Möglichkeit, korrigierend auf all diese Ineffizienzen einzuwirken und damit den Gesamtnutzen zu maximieren. Erforderlich ist dafür grundsätzlich, daß das Gesetz die privatautonome Risikoverteilung nachbildet[328]. Da die Parteien immer ihren eigenen Vorteil zu maximieren suchen, erfolgt eine Risikoverteilung grundsätzlich am effizientesten, wenn sie zwischen den Parteien ausgehandelt wird[329]. Die vorstehenden Ausführungen haben jedoch gezeigt, daß im vorliegenden Zusammenhang nur in einem Fall eine privatautonome Risikoverteilung zwischen den Parteien stattfindet, nämlich im Verhältnis des Gesellschafters zu den schwachen Kreditrationierern. In allen anderen vorgestellten Konstellationen findet keine verhandlungsgestützte Risikoverteilung statt – nicht einmal bei den strengen Kreditrationierern, die als „freiwillige" Gläubiger dazu eigentlich in der Lage wären.

Im Verhältnis zu den schwachen Kreditrationierern, die eine privatautonome Risikoverteilung treffen können, müßte das Gesetz diese Risikoverteilung nur noch nachbilden. Wie die vorstehenden Ausführungen gezeigt haben, wäre eine Haftung des Gesellschafters in Form eines vertraglichen Rangrücktritts eine sinnvolle Lösung. Damit blieben alle Vorteile der privatautonomen Risikoverteilung erhalten. Gleichzeitig könnte man die damit verbundenen hohen Transaktionskosten vermeiden.

Im Verhältnis zu den anderen Gläubigern erfolgt dagegen ohne eine gesetzliche Regelung keine angemessene privatautonome Risikoverteilung. Hier muß sich das Gesetz an einem hypothetischen Zustand orientieren. Es ist daher zu fragen, wie die Parteien das Risiko verteilt hätten. In den vorstehenden Abschnitten war bereits verschiedentlich gezeigt worden, daß eine ideale Regelung den Schaden dem *cheapest cost avoider* zuweisen würde, also demjenigen, der den Schaden am bil-

---

[328] *Schäfer/Ott*, Lehrbuch der Ökonomischen Analyse des Zivilrechts, S. 370. Siehe dazu auch *Eidenmüller*, Effizienz als Rechtsprinzip, S. 79 ff., 112.

[329] *Schäfer/Ott*, Lehrbuch der Ökonomischen Analyse des Zivilrechts, S. 370; *Eidenmüller*, Effizienz als Rechtsprinzip, S. 112.

ligsten vermeiden kann. Das ist hier der Gesellschafter. Aus genau diesem Grund wird im Verhältnis zwischen dem Gesellschafter und den gerade erwähnten schwachen Kreditrationierern dem Gesellschafter der Schaden über den vertraglichen Rangrücktritt zugewiesen. Eine solche Regelung muß auch im Verhältnis zu den „unfreiwilligen" Gläubigern und den strengen Kreditrationierern angemessen sein. Sie vermindert im Verhältnis zu den „unfreiwilligen" Gläubigern die Ineffizienzen, die sich ergeben, weil sie sich gegen einen Schaden absichern müssen, den sie nicht vermeiden können. Im Verhältnis zu den strengen Kreditrationierern lassen sich die dargestellten Ineffizienzen ebenfalls mindern, weil das für die Ineffizienz verantwortliche Risiko reduziert wird.

III. Ergebnis

Im Anwendungsbereich des § 32a GmbHG ist ein Gesetz zum Schutz der externen Gesellschaftsgläubiger notwendig. Es hat sich herausgestellt, daß in diesem Zusammenhang ein Gesetz sinnvoll ist, welches den durch die Gesellschafterfremdfinanzierung hervorgerufenen Schaden dem Gesellschafter zuweist, und zwar über einen Rangrücktritt der Gesellschafterforderung im Insolvenzfall[330].

---

[330] Siehe zu der Frage, ob eine unbeschränkte Haftung in diesem Zusammenhang sinnvoller ist als eine beschränkte, die Darstellung in Kapitel 8:D.II auf Seite 175 ff.

Kapitel 6: Auswirkungen des § 32a GmbHG auf die identifizierten Gläubigergefahren

Im vorangegangenen Kapitel hat sich herausgestellt, daß ein Gesetz zur Regelung der gesellschafterfremdfinanzierungsbedingten Gläubigergefahren in dem durch § 32a GmbHG bezeichneten Lebenssachverhalt notwendig ist. Dabei erwies sich eine gesetzliche Regelung, die den Rangrücktritt der Gesellschafterfremdkapitalforderungen statuiert, als sinnvoll. Eine solche gesetzliche Regelung hat der Gesetzgeber mit der Regelung in den Grund- und Umgehungstatbeständen des § 32a GmbHG eingeführt.

Der Grundtatbestand in § 32a Abs. 1 GmbHG bestimmt, daß der Gesellschafter den Anspruch auf Rückgewähr seines Gesellschafterdarlehens im Insolvenzverfahren über das Vermögen der Gesellschaft nur als nachrangiger Insolvenzgläubiger geltend machen kann, soweit das Gesellschafterfremdkapital zum Zeitpunkt der Krise der Gesellschaft gewährt wurde.

Die gleiche wirtschaftliche Konsequenz hat der Umgehungstatbestand in § 32a Abs. 2 GmbHG. Die Norm erfaßt den Fall, in dem nicht der Gesellschafter, sondern ein Dritter der Gesellschaft ein Darlehen gibt, für das der Gesellschafter bürgt oder eine Sicherheit bestellt. Da der Gesellschafter in dieser Konstellation keine Forderung gegen die Gesellschaft hat, kann sie auch nicht subordiniert werden. Die Norm greift aber den Regelungsgedanken des Grundtatbestandes auf und modifiziert ihn. Sah die Vereinbarung zwischen dem Gesellschafter und dem Gläubiger vor, daß der Gesellschafter nur haftet, wenn die Gesellschaft ausfällt, so haftet er dem Gläubiger nunmehr primär. Die Vorschrift sorgt somit dafür, daß der Gesellschafter mit seiner Sicherheit herangezogen wird, bevor das Gesellschaftsvermögen angegriffen wird[331], und schützt die Gläubiger damit ebenso wie § 32a Abs. 1 GmbHG in der Insolvenz vor einer Konkurrenz mit der Forderung des Gesellschafters.

Ein weiterer Umgehungstatbestand in § 32a Abs. 3 S. 1 GmbHG übernimmt die Rechtsfolgen von § 32a Abs. 1 und Abs. 2 GmbHG für andere Rechtshandlungen, die der Darlehensgewährung nach Abs. 1 oder 2 wirtschaftlich entsprechen.

Neben diesen Grund- und Umgehungstatbeständen hat der Gesetzgeber auch Ausnahmetatbestände geschaffen, die in § 32a Abs. 3 S. 2 und 3 GmbHG, § 24 UBGG und § 56e DMBilG kodifiziert sind. Sie erklären die Rechtsfolge der Grund- und Umgehungstatbestände in bestimmten Fällen für nicht anwendbar und haben deshalb andere Auswirkungen auf das im Anwendungsbereich des § 32a GmbHG bestehende Gläubigergefährdungsszenario.

In diesem Kapitel wird untersucht, wie sich diese unterschiedlichen Rechtsfolgen von Grund- und Umgehungstatbeständen einerseits und Ausnahmetatbeständen andererseits auf das in Kapitel 4 aufgezeigte, im Anwendungsbereich des § 32a GmbHG bestehende Gläubigergefährdungsszenario auswirken. Hierzu werden zuerst die Auswirkungen der Grund- und Umgehungstatbestände (nachfolgend A), und dann die Auswirkungen der Ausnahmetatbestände (nachfolgend B) untersucht.

A. Auswirkungen der Grund- und Umgehungstatbestände auf das Gläubigergefährdungsszenario des § 32a GmbHG

Die in § 32a Abs. 1 und Abs. 3 S. 1 GmbHG ausgesprochene Rechtsfolge der Subordination hat in der Insolvenz faktisch zur Folge, daß der Gesellschafter sein Darlehen verliert. Das liegt zum einen daran, daß meist bei Insolvenzen nach Befriedigung der vorrangigen Gläubiger keine Insolvenzmasse zur Verteilung

---

[331] *K. Schmidt*, ZIP 1999, 1821, 1826; *Scholz/K. Schmidt*, GmbHG, §§ 32a, 32b Rn. 143.

übrigbleibt[332]. Zum anderen wird der Gesellschafter auch prozessual bei der Durchsetzung seiner Forderung behindert. So darf er seine Forderungen nur dann zur Insolvenztabelle anmelden, wenn er vom Insolvenzgericht besonders dazu aufgefordert wird (§ 174 Abs. 3 S. 1 InsO). Darüber hinaus ist er als nachrangiger Gläubiger zwar in der Gläubigerversammlung vertreten und damit Mitglied des Gremiums, das in der Insolvenz über die Verwertung des Gesellschaftsvermögens bestimmt. Er ist aber nicht stimmberechtigt (§ 77 Abs. 1 S. 2 InsO). Schließlich wird er auch dann diskriminiert, wenn ein Insolvenzplan aufgestellt wird, weil dieser gem. § 225 Abs. 1 InsO bestimmen kann, daß die Darlehensforderung des Gesellschafters als erlassen gilt[333].

Auch § 32a Abs. 2 GmbHG hat in der Regel zur Folge, daß der Gesellschafter in der Insolvenz in der vollen Höhe seines Engagements haftet, weil die Forderung des Dritten in erster Linie aus der dafür bestellten Sicherheit des Gesellschafters und nicht aus dem Gesellschaftsvermögen befriedigt wird.

Aufgrund dieses Gleichklangs der Rechtsfolgen soll in der folgenden Darstellung der Risiken (nachfolgend I) und Chancen (nachfolgend II) nicht länger zwischen den einzelnen Tatbeständen unterschieden werden. Es genügt, die Subordination in den Mittelpunkt der Darstellung zu rücken und auf die Rechtsfolge des § 32a Abs. 2 GmbHG nur dort gesondert einzugehen, wo Besonderheiten bestehen.

---

332 *Hirte*, in: Hommelhoff/Röhricht (Hrsg.), Gesellschaftsrecht 1997, S. 145, 173; *Noack*, in: FS Claussen, S. 307, 309; *ders.*, in: Prütting (Hrsg.) Insolvenzrecht 1996, S. 195, 206; Ähnlich *Ulmer*, in: Kübler (Hrsg.), Neuordnung des Insolvenzrechts, S. 119, 125. Vgl. auch *v. Gerkan/Hommelhoff*, Kapitalersatz im Gesellschafts- und Insolvenzrecht, S. 102 Rz. 3.80; ebenso die Begründung zu § 39 InsO = § 46 RegE InsO, BT-Drucks. 12/2443, S. 123, abgedruckt in: *Kübler/Prütting*, Das neue Insolvenzrecht, S. 207.

333 Zu näheren Einzelheiten zum Insolvenzplan siehe einführend *Noack*, in: Prütting (Hrsg.), Insolvenzrecht 1996, S. 195, 207 f. und *Hirte*, in: Hommelhoff/Röhricht (Hrsg.), Gesellschaftsrecht 1997, S. 145, 177, jeweils m. w. N.

I. Risiken

Wie schon in den vorangegangenen Kapiteln ist auch nach dem Eingreifen der Grund- und Umgehungstatbestände zwischen strukturellen und anreizbedingten Risiken zu unterscheiden.

1. Strukturelle Risiken

Die Herabsetzung der Insolvenzquote der übrigen Gläubiger kann zumindest theoretisch verhindert werden, weil die externen Gläubiger vor dem Gesellschafter befriedigt werden. Erforderlich ist dafür jedoch, daß die nachgeordnete Gesellschafterforderung ebenso hoch ist wie die Verluste der Gesellschaft und die Massekosten der Insolvenz.

2. Anreizbedingte Risiken

Kapitel 4 hatte insgesamt sieben anreizbedingte Risiken identifiziert, die im unregulierten Anwendungsbereich des § 32a GmbHG bestehen. Naturgemäß bleiben auch diese durch die Geltung des § 32a GmbHG nicht unberührt, wie die nachfolgenden Ausführungen zeigen werden.

a) Täuschung der Gläubiger

Gläubiger werden mit Gesellschafterfremdkapital über die tatsächliche Situation der Gesellschaft getäuscht, wenn ihnen mit dem Darlehen der Eindruck vermittelt wird, daß die notleidende Gesellschaft aus eigener Kraft ihre augenblicklichen laufenden Verpflichtungen erfüllen kann[334]. Insbesondere in der Insolvenz ist ein solcher Eindruck unzutreffend. Das ändert sich auch nicht durch die Subordination des Gesellschafterfremdkapitals. Zwar mag im Einzelfall die Subordination sogar in einer Insolvenz dazu führen, daß die externen Gläubiger vollständig be-

---

[334] Siehe hierzu bereits die Ausführungen in Kapitel 3:B.II.1 auf Seite 61 f. und Kapitel 4:A auf Seite 77 ff.

friedigt werden. Diese Befriedigung erfolgt aber aus Mitteln, die nicht der Gesellschaft, sondern ihrem Gesellschafter gehören. Die Gesellschaft ist also auch in dieser Situation nicht aus eigener Kraft in der Lage, ihre augenblicklich laufenden Verpflichtungen zu erfüllen.

b) *Übergang zu einer riskanteren Investitionspolitik*

Eine riskante Investitionspolitik ist für die Gesellschafter immer dann attraktiv, wenn sie von den Gewinnen profitieren, die Verluste aber nicht, oder nur zu einem geringen Teil, tragen müssen[335]. Unter dem Regime der Grund- und Umgehungstatbestände wird Gesellschafterfremdkapital erst dann zurückgezahlt, wenn die vorrangigen Gläubiger befriedigt sind. Im Vorhinein müssen die Gesellschafter deshalb damit rechnen, ihr Gesellschafterfremdkapital vollständig zu verlieren, und nicht, wie sonst in der Insolvenz, noch eine Insolvenzquote zu erhalten. Das Risiko ihrer Investition steigt somit. Sie werden deshalb vor solchen Investitionen zurückschrecken, die sich angesichts des erhöhten Risikos für sie nicht mehr lohnen. Das sind neben Investitionen mit sicher voraussehbarem negativen Kapitalwert, die ein Gesellschafter in der Regel ohnehin unterlassen wird, vor allem riskante Investitionen[336]. Die Gefahr des Übergangs zu einer riskanteren Investitionspolitik sinkt somit unter dem Regime der Grund- und Umgehungstatbestände.

c) *Absprachewidrige Aufnahme von zusätzlichem Fremdkapital*

Die absprachewidrige Aufnahme von zusätzlichem Fremdkapital lohnt sich grundsätzlich[337] für die Gesellschafter, wenn sie zwar von den Gewinnen profitieren, aber nur einen Teil der Verluste tragen müssen[338]. Dagegen ist sie aus Sicht der ungesicherten Altgläubiger negativ zu bewerten, weil das die Höhe des eingesetzten Eigenkapitals zum Fremdkapital und damit die Möglichkeit, eingetretene

---

[335] Siehe oben Kapitel 3:B.II.2 auf Seite 63 f.

[336] Im Ergebnis ebenso, zwar ohne Erläuterung der Motivlage, dafür aber mit einer sehr detaillierten Vorteilsberechnung *Klaus*, Gesellschafterfremdfinanzierung, S. 399 f.

[337] Wenn nicht Risikoprämien der Gläubiger den Gewinn übersteigen.

[338] Siehe bereits oben Kapitel 3:B.II.3 auf Seite 64.

Verluste aus dem Eigen- (Haft-) Kapital zu decken, sinkt. Die Bereitschaft des Gesellschafters zu diesem Fehlverhalten wird durch die Grundtatbestände des § 32a GmbHG allerdinges beschränkt[339]. Durch die Subordination wird nämlich der Verlustanteil der Gesellschafter erhöht. Dadurch sinkt die Bereitschaft der Gesellschafter zu einem solchen Verhalten. Gleichzeitig sinken die Verluste der Gläubiger, wenn es doch zu einem solchen Verhalten gekommen ist, weil das zusätzlich aufgenommene Gesellschafterfremdkapital als Haftungsmasse dient und somit hilft, die übrigen Gläubiger zu befriedigen..

d) Vornahme zusätzlicher Investitionsprojekte mit negativem Kapitalwert

Die Vornahme zusätzlicher Investitionsprojekte mit negativem Kapitalwert lohnt sich für den Gesellschafter, wenn die aus den Investitionsprojekten resultierenden Verluste auf die Gläubiger abgewälzt werden können, die Erträge aber dem Gesellschafter zugute kommen. Bereits an anderer Stelle war dargelegt worden, daß der Gesellschafter dies erreichen kann, wenn er die aus der Investition stammenden Zahlungsflüsse geschickt steuert. Voraussetzung für eine Reichtumsverlagerung zu seinen Gunsten ist aber, daß über die gesamte Laufzeit die Erträge aus den Investitionen höher sind als die Verluste, die er selber tragen muß[340]. Unabhängig von den Umständen des Einzelfalls erhöhen sich durch die Subordination die Verluste des Gesellschafter. Damit sinkt der Anreiz, solche Investitionen durchzuführen[341].

---

[339] Im Umkehrschluß bedeutet dies allerdings auch, daß die zusätzliche Aufnahme von Fremdkapital immer noch möglich und wahrscheinlich ist. Die Aussage von *Klaus*, Gesellschafterfremdfinanzierung, S. 398, daß die nachrangige Befriedigung die Gesellschafter an der Aufnahme zusätzlichen Fremdkapitals hindere, ist deshalb zu pauschal. Falsch ist seine daraus gezogene Schlußfolgerung, die Gläubiger würden „vollständig" vor diesem Verhalten geschützt (*Klaus*, a. a. O., S. 408).

[340] Siehe oben Kapitel 3:B.II.5 auf Seite 66 f.

[341] Im Ergebnis ebenfalls *Klaus*, Gesellschafterfremdfinanzierung, S. 401 f.

e) *Bevorzugung einzelner Gläubiger hinsichtlich der Rückzahlung*

Die Gesellschafter können einzelne Gläubiger, insbesondere sich selber in ihrer Eigenschaft als Gesellschafterfremdfinanzierer, hinsichtlich der Rückzahlung auf zwei Arten bevorzugen[342]. Zum einen können sie sich selbst beim Abzug seines Darlehens vor den anderen Gläubigern berücksichtigen. Zum anderen können sie sich bereits bei der Vergabe des Gesellschafterfremdkapitals durch die Einräumung zusätzlicher Kreditsicherheiten bevorzugen.

Die erste dieser Möglichkeiten, nämlich die, das Darlehen verfrüht abzuziehen, fällt nicht in den Anwendungsbereich des § 32a GmbHG, da dieser nur solche Konstellationen erfaßt, in denen das Gesellschafterfremdkapital vor der Insolvenz noch nicht abgezogen wurde.

Die Einräumung zusätzlicher Sicherheiten ist hingegen im Anwendungsbereich des § 32a GmbHG denkbar. Ihre Geltendmachung unterliegt deshalb dem Regime der Grund- und Umgehungstatbestände. Dabei sind zwei Konstellationen zu unterscheiden: Akzessorische Sicherheiten werden unstreitig bereits unmittelbar von § 32a GmbHG erfaßt, weil die gegen die Darlehensforderung bestehende Einwendung des § 32a GmbHG auch gegen die Sicherheit wirkt (vgl. dazu §§ 1137 Abs. 1, 1211 Abs. 1 BGB)[343]. Zum gleichen Ergebnis kommt die Fachwelt auch bei nicht-akzessorischen Sicherheiten, wenngleich mit unterschiedlichen Begründungen. Vereinzelt wird in der Literatur davon ausgegangen, daß auch diese durch die Beschränkung erfaßt werden[344]. Die herrschende Meinung geht hingegen da-

---

[342] Siehe dazu oben Kapitel 3:B.II.8 auf Seite 70.

[343] *Hachenburg/Ulmer*, GmbHG, §§ 32a, b Rn. 71; *Lutter/Hommelhoff*, GmbHG, §§ 32a/b Rn. 100; *Baumbach/Hueck/Fastrich*, GmbHG, § 32a Rn. 59; *Scholz/K. Schmidt*, GmbHG, §§ 32a, 32b Rn. 60; *Beinert/Hennerkes/Binz*, GmbHR 1981, 10, 12; *Mincke*, ZGR 1987, 521, 539 f.

[344] Vgl. *Scholz/K. Schmidt*, GmbHG, §§ 32a, 32b Rn. 60; *ders.*, ZIP 1981, 689, 695; zust. *Rowedder*, GmbHG, § 32a Rn. 74.

von aus, daß bei diesen Sicherheiten eine Bereicherungseinrede oder eine Anfechtungseinrede, gestützt auf § 135 InsO, besteht[345].

Es bleiben damit im Anwendungsbereich des § 32a GmbHG keinerlei Möglichkeiten, den Gesellschafter hinsichtlich der Rückzahlung seines Gesellschafterfremdkapitals zu bevorzugen. Die Grund- und Umgehungstatbestände von § 32a GmbHG sorgen in diesem Zusammenhang für einen ausreichenden Schutz[346].

f) Fortführung einer nicht mehr fortführungswürdigen Gesellschaft

Auch auf den agency-theoretischen Anreiz, eine nicht mehr fortführungswürdige Gesellschaft fortzuführen, wirken sich die Grund- und Umgehungstatbestände aus. Die Literatur unterscheidet bei diesem Thema verschiedentlich zwischen Gesellschafterfremdkapital, das schon vor der Krise an die Gesellschaft geflossen ist (sog. Altdarlehen), und solchem, das erst nach Eintritt der Krise vergeben wurde (sog. Neudarlehen)[347]. Verantwortlich dafür, daß „Altdarlehen" von § 32a GmbHG erfaßt werden, ist die bereits vorgestellte Lehre vom „stehengelassenen Darlehen"[348]. Diese Rechtsfigur ist allerdings aus dieser Untersuchung ausgeklammert[349], so daß die Untersuchung der Auswirkungen des § 32a GmbHG auf Altdarlehen anderen Untersuchungen überlassen werden muß[350]. Neudarlehen bilden hingegen den Gegenstand dieser Untersuchung. Bei ihnen weiß der Gesellschafter bereits bei der Vergabe, daß sie in der Insolvenz von den Grund- und

[345] *Lutter/Hommelhoff*, GmbHG, §§ 32a/b Rn. 100; *Baumbach/Hueck/Fastrich*, GmbHG, § 32a Rn. 59; ebenso die ganz h. M. zum alten Recht, insbesondere *Hachenburg/Ulmer*, GmbHG, §§ 32a, b Rn. 71; *Beinert/Hennerkes/Binz*, GmbHR 1981, 10, 12; *Mincke*, ZGR 1987, 521, 539 f.

[346] Im Ergebnis ebenso, aber undifferenzierter *Klaus*, Gesellschafterfremdfinanzierung, S. 405.

[347] *Götz*, Juristische und ökonomische Analyse des Eigenkapitalersatzrechts, S. 173 ff.; *Klaus*, Gesellschafterfremdfinanzierung, S. 407; *ders.* ZBB 1994, 247 ff.

[348] Siehe dazu bereits die Darstellung in Kapitel 1:A.I auf Seite 4 f.

[349] Siehe zu dieser Untersuchungsprämisse Kapitel 1:D auf Seite 25.

[350] Vgl. insbesondere *Götz*, Juristische und ökonomische Analyse des Eigenkapitalersatzrechts, S. 173 ff. m. w. N. Darin weist *Götz* nach, daß das Eigenkapitalersatzrecht bei Altdarlehen den Anreiz zur Fortführung einer nicht mehr fortführungswürdigen Gesellschaft erhöht. Dieses Regelungsdefizit falle jedoch dann weg, wenn man die Rechtsfigur des „stehengelassenen Darlehens" abschaffe (*Götz*, a. a. O., S. 184).

Umgehungstatbeständen des § 32a GmbHG erfaßt werden. Er wird deshalb vor der Investition das Liquidationsrisiko genau abwägen. Gesellschafterfremdkapital wird er nur dann investieren, wenn er entweder selber an eine wirtschaftliche Gesundung der Gesellschaft glaubt, oder davon ausgeht, daß die Erträge aus der Fortführung höher sein werden als der Betrag seiner Investition. Ansonsten wird er sich davor hüten, in seine Gesellschaft zu investieren. In einem solchen Fall wird einer kreditunwürdigen Gesellschaft die einzige Kapitalquelle zu ihrer Fortführung abgeschnitten[351]. Die Grund- und Umgehungstatbestände senken damit mittelbar den Anreiz zur Fortführung einer fortführungsunwürdigen Gesellschaft.

g) *Absprachewidrige Auszahlungen an die Gesellschafter*

Bezüglich der Gefahr absprachewidriger Auszahlungen an die Gesellschafter entfalten die Grund- und Umgehungstatbestände eine mittelbare Schutzwirkung zugunsten der Gläubiger. Wie bereits vorstehend erläutert, erhöht die Gesellschafterfremdfinanzierung die Gefahr absprachewidriger Auszahlungen an die Gesellschafter[352]. Zum einen, weil Gesellschafterfremdkapital eine zusätzliche Kapitalquelle darstellt, zum anderen weil Auszahlungen bei gesellschafterfremdfinanzierten Gesellschaftern über einen erhöhten Darlehenszinssatz an die Gesellschafter erfolgen können. Beides wird durch die Subordination eingeschränkt. Wie die vorstehenden Ausführungen[353] gezeigt haben wird die Gesellschafterfremdfinanzierung unter dem Regime der Grund- und Umgehungstatbestände insgesamt unattraktiver. Damit unterbleibt vielfach die Vergabe von Gesellschafterfremdkapital, welches erforderlich ist, um die absprachewidrige Auszahlung vorzunehmen. Außerdem wird die Möglichkeit, einen Vermögenstransfer über den Darlehenszinssatz vorzunehmen, abgeschnitten[354]. Gem. § 39 Abs. 3 InsO haben die Zinsen nachgeordneter Forderungen nämlich den gleichen Rang wie die Forderungen selbst.

---

[351] Zu einem ähnlichen Ergebnis kommt auch Klaus, ZBB 1994, 247, 255.

[352] Siehe oben Kapitel 3:B.II.4 auf Seite 65 f.

[353] Kapitel 6:A.I.2 auf Seite 108 ff.

[354] Der Zinslauf wird hierdurch nicht berührt, BGH NJW 1996, 1341. Ausführlich zur Verzinsung „eigenkapitalersetzender" Darlehen, *Sieker*, ZGR 1995, 251.

II. Chancen

Der Eintritt der Rechtsfolgen der Grund- und Umgehungstatbestände wirkt sich naturgemäß nicht nur auf die mit der Gesellschafterfremdfinanzierung verbundenen Risiken aus, sondern auch auf die Chancen. Hier wie dort ist zwischen strukturellen und anreizbedingten Aspekten zu unterscheiden.

1. Strukturelle Chancen

Gesellschafterfremdkapital hat unreguliert grundsätzlich den Vorteil niedriger Finanzierungskosten[355]. Von einer Regulierung durch die Grund- und Umgehungstatbestände sind keine nennenswerten Verteuerungseffekte zu erwarten, weil die Kosten des Verlustes dieser Investition nicht unter die Finanzierungskosten gerechnet werden. Die Finanzierungskosten erfassen vielmehr nur solche Kosten, die mit der eigentlichen Kapitalzuführung verbunden sind[356]. Sie erhöhen sich nicht, weil ein rational handelnder Gesellschafter auch ohne die drohende Sanktion der Subordination jede Investition sorgfältig prüfen wird. Soweit er dennoch eine verstärkte Notwendigkeit verspürt, die Investition wegen der durch die Grund- und Umgehungstatbestände drohenden, möglichen Subordination genauer zu bewerten, hat er als Eigenkapitalgeber die Möglichkeiten, dies ohne zusätzliche Kosten zu tun. Es bleibt somit bei dem Vorteil niedriger Finanzierungskosten.

2. Anreizbedingte Chancen

Die Auswirkungen der Grund- und Umgehungstatbestände sind dagegen bei den anreizbedingten Chancen erheblich.

---

[355] Siehe zuletzt Kapitel 4:B auf Seite 81 f. So auch *Vervessos*, Das Eigenkapitalersatzrecht, S. 33 f.; *Drukarczyk*, Finanzierung, S. 400; *ders.*, Theorie und Politik der Finanzierung, S. 610; vgl. noch *Gehde*, Eigenkapitalersetzende Gesellschafterleistungen in Deutschland und den USA, S. 71; *Fleischer*, Finanzplankredite, S. 11.

[356] Vgl. Kapitel 3:C.I auf Seite 71.

Im unregulierten Anwendungsbereich des § 32a GmbHG erhöhte die Gesellschafterfremdfinanzierung noch den Anreiz, Investitionen mit positivem Kapitalwert vorzunehmen, weil sich der kapitalgebende Gesellschafter Investitionserlöse auch dann noch über die Zinsen auszahlen lassen konnte, wenn die Gesellschaft notleidend war[357]. Durch die Grund- und Umgehungstatbestände wird ihm diese Möglichkeit verwehrt. Denn unter dem Regime des § 32a GmbHG wird gem. § 39 Abs. 3 InsO nicht nur die Kapitalforderung selbst nachgeordnet, sondern auch die Zinsforderung[358]. Damit besteht keine Möglichkeit mehr, bei negativer Eigenkapitalrendite von dem Investitionserlös zu profitieren. Es ist wieder die Situation hergestellt, die besteht, wenn der Gesellschafter Eigenkapital investiert[359]. Für den Gesellschafter besteht deshalb nun wieder ein erhöhter Anreiz, Investitionen mit positivem Kapitalwert zu unterlassen[360]. Hinsichtlich dieses Verhaltens ist somit eine gläubigerfeindliche Wirkung festzustellen[361].

Die anreizbedingte Chance, der Gesellschafter könne auf seine Gläubigerrechte (freiwillig) verzichten, besteht im Anwendungsbereich des § 32a GmbHG, insbesondere in der Insolvenz, grundsätzlich nicht[362]. Unter dem Regime des § 32a GmbHG wird er aber gezwungen, zugunsten der Gläubiger auf dieses Recht verzichten. Die Grund- und Umgehungstatbestände haben insoweit also eine gläubigerschützende Wirkung.

---

[357] Siehe oben erstmals Kapitel 3:B.II.6 auf Seite 67 f. und Kapitel 3:C.II.1 auf Seite 72 sowie ergänzend zum Anwendungsbereich des § 32a GmbHG Kapitel 4:B auf Seite 81 f.

[358] Siehe dazu bereits oben Kapitel 6:A.I.2.g) auf Seite 113.

[359] So auch *Klaus*, Gesellschafterfremdfinanzierung, S. 406. *Fischer*, in: Sadowski/Czap/Wächter (Hrsg.), Regulierung und Unternehmenspolitik, S. 179, 189 ff. hat dies dagegen übersehen.

[360] *Swieters*, Gläubigerschutz durch Insolvenzrecht, S. 257; vgl. hierzu auch die Beispielsrechnung bei *Fischer*, in: Sadowski/Czap/Wächter (Hrsg.), Regulierung und Unternehmenspolitik, S. 179, 189 ff.

[361] Siehe zur Begründung, warum der Anreiz, Investitionen zu unterlassen, gläubigerfeindlich ist, Kapitel 3:B.II.6 auf Seite 67 f.

[362] Siehe dazu schon Kapitel 4:B auf Seite 81 f.

III. Ergebnis

Die Grund- und Umgehungstatbestände des § 32a GmbHG haben erhebliche Auswirkungen auf die in Kapitel 4 identifizierten Gläubigergefahren. So wird der Gesellschafter gezwungen, zu Gunsten der externen Gläubiger auf den Abzug seines Gesellschafterfremdkapitals zu verzichten. Gleichzeitig besteht der Vorteil geringer Finanzierungskosten fort. Die Subordination reduziert auch die Gläubigerrisiken erheblich. Die Herabsetzung der Insolvenzquote durch den Abzug des Gesellschafterfremdkapitals und die Bevorzugung einzelner Gläubiger hinsichtlich der Rückzahlung werden nunmehr bei Geltung von Grund- und Umgehungstatbeständen ausgeschlossen. Andere anreizbedingte Risiken (Übergang zu einer riskanteren Investitionspolitik, absprachewidrige Aufnahme zusätzlichen Fremdkapitals, absprachewidrige Auszahlungen an den Gesellschafter, Vornahme von Investitionen mit negativem Kapitalwert, Fortführung einer fortführungsunwürdigen Gesellschaft bei Neudarlehen) sinken.

Das Risiko ist allerdings nicht vollständig ausgeschlossen. Immer dann, wenn die Vorteile, die sich für den Gesellschafter aus dieser Verhaltensweise ergeben, größer sind als die durch die Subordination sich ergebenden Nachteile, besteht für die Gläubiger die Gefahr, daß sich diese Risiken realisieren. Daß solche Konstellationen denkbar sind, wurde bereits in dieser Arbeit gezeigt[363]. Die gleiche Gefahr besteht, wenn der Gesellschafter die Vorteile fälschlicherweise für größer hält als die Nachteile. Darüber hinaus kann die Subordination nicht die Täuschung der Gläubiger verhindern.

Hinsichtlich der Vornahme von Investitionen mit positivem Kapitalwert verschlechtert sich die Situation sogar. Die unregulierte Gesellschafterfremdfinanzierung hatte noch zur Folge, daß dem Gesellschafter ein Anreiz gegeben wird, Investitionen mit positivem Kapitalwert vorzunehmen. Die Grund- und Umgehungstatbestände beseitigen diesen Vorteil, indem sie dem Gesellschafter, der seine Verluste minimieren will, einen Anreiz geben, gerade solche Investitionen, die auch den übrigen Gesellschaftern zugute kämen, zu unterlassen.

---

[363] Kapitel 3:B.II.7 auf Seite 68 ff.

Im Ergebnis ist somit festzuhalten, daß die Subordination zwar den Forderungsausfall der Gläubiger zumindest teilweise ausgleichen, ihn aber nicht vollständig verhindern kann. Vollständig kann dieser Ausgleich nämlich allenfalls dann sein, wenn der Betrag des subordinierten Gesellschafterfremdkapitals höher ist als die Summe der gesamten übrigen Forderungsausfälle[364].

B. Auswirkungen der Ausnahmetatbestände auf das Gläubigergefährdungsszenario

Die Ausnahmetatbestände haben eines gemeinsam: Sie nehmen unter bestimmten Voraussetzungen einzelne Gesellschafter oder Gesellschaftergruppen aus der Anwendung des § 32a GmbHG heraus. Diese können dann von der Gesellschafterfremdfinanzierung Gebrauch machen, ohne die Sanktionen des § 32a GmbHG fürchten zu müssen. Die Gläubiger werden damit dann auch nicht mehr vor den Folgen der Gesellschafterfremdfinanzierung geschützt. Da in diesen Fällen eine Situation gegeben ist, wie sie ohne die Grund- und Umgehungstatbestände des § 32a GmbHG besteht[365], muß auch hier all das gelten, was bereits in Kapitel 4 zu der Gefährdungslage der Gläubiger gesagt wurde – es sei denn, von den ausgenommenen Gesellschaftergruppen ginge tatsächlich keine Gefahr für die Gläubiger aus. Das soll im Folgenden untersucht werden.

I. § 32a Abs. 3 S. 2 GmbHG

§ 32a Abs. 3 S. 2 GmbHG bestimmt eine Ausnahme von der Geltung des § 32a GmbHG für den nicht geschäftsführenden Gesellschafter, der mit zehn vom Hundert oder weniger am Stammkapital beteiligt ist. Dieser Ausnahmetatbestand, der nachfolgend als „Kleinbeteiligungsprivileg“ bezeichnet werden soll, knüpft an ein

---

[364] Die Behauptung von *Klaus*, Gesellschafterfremdfinanzierung, S. 407, daß Eigenkapitalersatzregeln dazu geeignet seien, die Vermögensnachteile der Gläubiger zu verhindern, ist deshalb zwar richtig, greift aber zu kurz.

[365] Vergleiche zu den einzelnen Details nochmals Kapitel 4 auf Seite 75 ff.

bestimmtes Maß von Kontrolle an, das dem Gesellschafter rechtlich über seine Stammkapitalbeteiligung oder faktisch durch die Übertragung der Geschäftsführung vermittelt wurde. Hinter dieser Vorschrift steht die Vermutung, daß ein Gesellschafter, der nur geringfügig an der Gesellschaft beteiligt ist oder nicht mit der Geschäftsführung befaßt ist, keine Kontrolle über die Geschicke der Gesellschaft hat. Er soll deshalb weder der strengen Sanktion des § 32a GmbHG noch der Rechtsfolge anderer Normen des Eigenkapitalersatzrechts unterworfen werden[366].

Fallen die identifizierten Gläubigergefahren tatsächlich weg, wenn die Gesellschafterfremdfinanzierung durch einen solchermaßen bezeichneten Gesellschafter erfolgt? Um diese Frage zu beantworten, müssen die in Kapitel 4 bezeichneten Gefahren auf ihre Gültigkeit im Anwendungsbereich des Kleinbeteiligungsprivilegs untersucht werden.

Strukturelle Risiken bestehen unabhängig von der Rechtstellung des Gesellschafters als Eigenkapitalgeber[367] und damit unabhängig von dessen Kontrolle. Die Gesellschafterfremdfinanzierung führt daher – im Gegensatz zur Eigenkapitalfinanzierung - auch im Anwendungsbereich des Kleinbeteiligungsprivilegs zu einem erhöhten Risiko der Herabsetzung der Insolvenzquoten der Gesellschaftsgläubiger[368].

Ebenfalls unabhängig von der Kontrolle des Gesellschafters sind:

- die Täuschung der Gläubiger, weil die Gläubiger auch dann getäuscht werden, wenn nicht der kapitalgebende Gesellschafter, sondern ein anderer Gesellschafter die Kontrolle hat – schließlich besteht die Täuschung bereits dann, wenn es so scheint, als könne die Gesellschaft wegen des neu zugeführten Kapitals aus eigener Kraft ihre augenblicklich laufenden Verpflichtungen erfüllen;

---

366 So die Begründung in RegE, BT-Drucks. 13/7141, S. 11 f., die diese Erwägungen in den Begriff von der „mitunternehmerischen Verantwortung“ einbettet und damit an den dogmatischen Begründungsansatz von der Finanzierungs(folgen)verantwortung anknüpft.

367 Siehe dazu Kapitel 3:B.I auf Seite 56.

368 Siehe oben Kapitel 4:A auf Seite 77 ff.

- die Gefahr absprachewidriger Auszahlungen an die Gesellschafter,
- die Fortführung einer nicht mehr fortführungswürdigen Gesellschaft und
- die Bevorzugung einzelner Gläubiger hinsichtlich der Rückzahlung, weil auch diese letztgenannten drei Gefahren nicht nur dann bestehen, wenn ein kontrollierender Gesellschafter bestimmte Handlungen vornimmt, sondern unabhängig davon bereits dann, wenn durch die Zuführung von Gesellschafterfremdkapital die Valuta für die jeweilige Handlung bereitstehen.

Die übrigen anreizbedingten Gefahren bestehen hingegen nicht schon dann, wenn Gesellschafterfremdkapital neu zugeführt wird. Die spezifische Gefährlichkeit liegt bei ihnen vielmehr darin, daß sie den Anreiz des Gesellschafters zu einem gläubigerschädigenden Verhalten erhöhen[369]. Ein solches Verhalten kann nur von einem kontrollierenden Gesellschafter ausgehen. Es handelt sich um folgende Risiken:

- Übergang zu einer riskanteren Investitionspolitik
- Absprachewidrige Aufnahme von zusätzlichem Fremdkapital
- Vornahme zusätzlicher Investitionsprojekte mit negativem Kapitalwert

Diese Risiken könnten ausgeschlossen werden, wenn ein nicht geschäftsführender Minderheitsgesellschafter tatsächlich keine Kontrolle über die Gesellschaft hätte.

Nach Ansicht des Gesetzgebers ist dies der Fall. Einem Gesellschafter im Sinne des § 32a Abs. 3 S. 2 GmbHG fehle die Finanzierungsverantwortung im Sinne einer mitunternehmerischen Verantwortung, die nur dann gegeben sei, wenn ein

[369] Vgl. hierzu die Besprechung der nachfolgend dargestellten Verhaltensweisen in Kapitel 3:B.II.2, 3 und 5 auf Seite 63 ff.

Gesellschafter auch Kontrolle über die Gesellschaft ausüben könne[370]. Die Möglichkeit dazu bestehe jedenfalls nicht bei einem Geschäftsanteil von bis zu 10%[371].

Leider nennt der Gesetzentwurf keine weitere Begründung für diese These[372]. Sie ist deshalb in Rechtsprechung und Literatur bereits mehrfach Gegenstand einer harschen Kritik geworden[373]. Im Wesentlichen wurde entgegnet, daß auch bei einem Geschäftsanteil von 10% eine Vielzahl von Möglichkeiten bestünden, Kontrolle auszuüben[374]. Nach den Erkenntnissen dieser Untersuchung[375] ist dem zuzustimmen. Das gilt in besonderem Maße für den Grundfall der GmbH mit einem kleinen Gesellschafterkreis, weil dort bereits durch die Einbeziehung aller Gesellschafter in das Tagesgeschäft ein erheblicher faktischer Einfluß auf die Geschäfte der Gesellschaft besteht. Auch bei der kapitalistisch strukturierten GmbH kann ein minderheitlich beteiligter Gesellschafter aufgrund seiner bereits im zweiten Kapitel dargestellten[376] Herrschaftsrechte unter bestimmten Umständen Kontrolle über die Geschäftspolitik und Geschäftsführung ausüben. Hinzu kommt die tatsächliche Einflußnahme aufgrund rechtlicher oder wirtschaftlicher Bindungen, die oft-

[370] BT-Drucks. 13/7141, S. 11; aus Sicht des für den Gesetzentwurf zuständigen Referenten *Seibert*, GmbHR 1998, 309; vgl. auch *Vervessos*, Das Eigenkapitalersatzrecht (2001), S. 149; *Lutter/Hommelhoff*, GmbHG, §§ 32a/b Rn. 67.

[371] *Seibert*, GmbHR 1998, 309.

[372] Vgl. BT-Drucks. 13/7141, S. 11.

[373] Vgl. *Schouler*, Grundlagen des Eigenkapitalersatzrechts (2001), S. 225; *Vervessos*, Das Eigenkapitalersatzrecht (2001), S. 167 f.; BGHZ 105, 168, 175 f.; *v. Gerkan*, ZGR 1997, 173, 179 f.; *Ulmer*, ZIP 1984, 1163, 1168; *Pentz*, BB 1997, 1265, 1266 f.; *ders*., GmbHR 1999, 437, 439; *Dauner-Lieb*, DStR 1998, 609, 614 f.; *Röhricht*, in: Herzig (Hrsg.), Eigenkapitalersetzende Leistungen, S. 1, 21; *Habersack*, ZHR 162 (1998), 201, 209; *Goette*, Die GmbH nach der BGH-Rechtsprechung, § 4 Rn. 12; *ders*., DStR 1997, 2027, 2029.

[374] *Vervessos*, Das Eigenkapitalersatzrecht (2001), S. 167 f.; *Schouler*, Grundlagen des Eigenkapitalersatzrechts (2001), S. 225; *Dauner-Lieb*, DStR 1998, 609, 613 ff.; *Pentz*, BB 1997, 1265, 1266 f.; *ders*., GmbHR 1999, 437, 439.

[375] Siehe zu den Herrschaftsmöglichkeiten der Gesellschafter die grundlegenden Ausführungen unter Kapitel 2:C.I.4 auf Seite 41 ff.

[376] Kapitel 2:C.I.4 auf Seite 41 ff.

mals über die Höhe des Geschäftsanteils hinausgehen[377]. Aufgrund seiner Nähe zur Gesellschaft und seiner rechtlichen oder tatsächlichen Einflußmöglichkeiten kann der Minderheitsgesellschafter in der Krise der Gesellschaft unternehmerische Entscheidungen beeinflussen. Er kann zudem als „Zünglein an der Waage" ausschlaggebendes Gewicht haben[378].

Außerdem erfaßt die Formulierung des § 32a Abs. 3 S. 2 GmbHG auch Gesellschafter, die mit genau 10% am Stammkapital beteiligt sind. Gerade mit dieser Beteiligung erhält ein Gesellschafter gem. § 50 GmbHG erhebliche Minderheitsrechte[379]. Aufgrund dieser Minderheitsrechte kann er verlangen, daß eine Gesellschafterversammlung berufen wird (§ 50 Abs. 1 GmbHG) und daß bestimmte Gegenstände zur Beschlußfassung angekündigt werden (§ 50 Abs. 2 GmbHG). Soweit diesem Verlangen nicht entsprochen wird, kann er die Berufung und die Ankündigung selbst bewirken (§ 50 Abs. 3 S. 1 GmbHG). Darüber hinaus kann er die Auflösung der Gesellschaft durch richterliches Gestaltungsurteil betreiben, § 61 GmbHG. Schließlich besteht für Minderheitsgesellschafter auch die Möglichkeit, sich untereinander abzustimmen und mit einem koordinierten Verhalten die Gesellschaft, eventuell sogar gegen den Willen eines (relativen) Mehrheitsgesellschafters, zu kontrollieren – wenngleich man ein solches Verhalten, wie verschiedene Publikationen aus der neueren Zeit vorschlagen, durch eine teleologische Reduktion des § 32a Abs. 3 S. 2 GmbHG aus dem Anwendungsbereich des Ausnahmetatbestandes herausnehmen kann[380].

Insgesamt muß daher festgestellt werden, daß auch Gesellschafter im Sinne des § 32a Abs. 3 S. 2 GmbHG Kontrolle über die Gesellschaft ausüben können. Da

---

[377] *Vervessos*, Das Eigenkapitalersatzrecht, S. 167 f.; *Ulrich*, GmbHR 1983, 133, 144; *Fleck*, in: FS Werner, S. 123; *Ketzer*, Eigenkapitalersetzende Aktionärsdarlehen, S. 63; *Schouler*, Grundlagen des Eigenkapitalersatzrechts, S. 225.

[378] *Dauner-Lieb*, DStR 1998, 609, 613.

[379] *Dauner-Lieb*, a. a. O. (Fn. 378), S. 613.

[380] Vgl. hierzu nur *Barth*, Der Anwendungsbereich des Eigenkapitalersatzrechts (2001), S. 119 m. w. N.; *Vervessos*, Das Eigenkapitalersatzrecht (2001), S. 200 ff. m. w. N.; *Westermann*, DZWiR 2000, 1, 5; *Haas*, DZWiR 1999, 177, 179; *Pentz*, GmbHR 1999, 437, 444; *v. Gerkan*, GmbHR 1997, 677, 679; *Scholz/K. Schmidt*, GmbHG, §§ 32a, 32b Rn. 187.

zudem zahlreiche Gläubigergefährdungen unabhängig von einer Kontrolle des kapitalgebenden Gesellschafters bestehen, gehen die identifizierten Gläubigergefahren auch von einem Minderheitsgesellschafter im Sinne des § 32a Abs. 3 S. 2 GmbHG aus.

II. § 32a Abs. 3 S. 3 GmbHG

Die Regelung in § 32a Abs. 3 S. 3 GmbHG ist in der Literatur als „Sanierungsprivileg" bekannt[381]. Sie bestimmt eine Ausnahme von der Geltung des § 32a GmbHG für den Fall, daß ein Darlehensgeber in der Krise der Gesellschaft Geschäftsanteile zum Zweck der Überwindung dieser Krise erwirbt. Normadressaten sind somit nicht die ursprünglichen Gesellschafter, sondern vielmehr anfängliche Gläubiger, die erst in der Krise zu Gesellschaftern wurden, weil sie eine Beteiligung an der Gesellschaft übernahmen.

Man könnte nun annehmen, von der ausgenommenen Personengruppe ginge bereits deshalb keine Gefährdung für die übrigen Gläubiger aus, weil hier der Spezialfall besteht, in dem sich ein Fremdkapitalgeber an der Gesellschaft beteiligt. So ist in der Literatur geäußert worden, von einem solchen Gesellschafter ginge deshalb keine Gefahr aus, weil er eine hohe Fremdkapitalposition habe und deshalb durch eine Gefährdung der externen Fremdkapitalgeber in erster Linie sich selbst schade[382]. Hinter dieser Ansicht stehen zwei Annahmen: Erstens, daß ein Sanierer im Sinne des § 32a Abs. 3 S. 3 GmbHG mehrheitlich Fremdkapitalgeber ist und zweitens, er werde die übrigen Gläubiger nicht schädigen, weil er damit sich selber schade. Beides vermag nicht zu überzeugen.
Aus der Tatsache, daß ein Fremdkapitalgeber erst nachträglich eine Geschäftsbeteiligung erwirbt, folgt nicht, daß seine Fremdkapitalbeteiligung höher ist als seine Eigenkapitalbeteiligung. Faktisch kommt § 32a Abs. 3 S. 3 GmbHG nämlich nur

---

381 Siehe nur *Schouler*, Grundlagen des Eigenkapitalersatzrechts (2001), S. 233; *Vervessos*, Das Eigenkapitalersatzrecht (2001), S. 281.

382 *Götz/Hegerl*, DB 1997, 2365, 2369.

bei Neu-Gesellschaftern in Betracht, die mehr als 10% der Geschäftsanteile erwerben. Gesellschafter mit einer Beteiligung unter 10% sind nämlich bereits durch die Regelung des § 32a Abs. 3 S. 2 GmbHG von der Geltung des Eigenkapitalersatzrechts ausgenommen[383]. Da gleichzeitig keine Mindestschwelle für den relevanten Kredit eines Neu-Gesellschafters vorgegeben wird, kann er durchaus hinsichtlich der nominalen Beträge überwiegend Eigenkapitalgeber sein. Darüber hinaus kommt es nur mittelbar darauf an, in welchem Verhältnis die Eigenkapitalbeteiligung eines Gesellschafters zu seiner Fremdkapitalbeteiligung steht. Entscheidend ist vielmehr, welche Gewinne sich mit den Kapitalarten erzielen lassen[384]. Unter der Bedingung, daß sich über die Eigenkapitalposition die höheren Gewinne erzielen lassen, wird er sich eventuell sogar dann gegen seine Interessen als Fremdkapitalgeber verhalten, wenn seine Fremdkapitalinvestitionen nominal die Eigenkapitalinvestitionen übersteigen.

Dieses letzte Argument ist es auch, welches die zweite Annahme, ein Gesellschafter mit einer hohen Fremdkapitalquote werde sich selber nicht schaden, widerlegt. Denn wie Kapitel 4 schon gezeigt hat, wird sich jeder Gesellschafter unabhängig von der Höhe seiner Fremdkapitalinvestition auf Kosten der Fremdkapitalgeber zu bereichern suchen, wenn der sich hieraus ergebende Gewinn höher ist als der damit verbundene Verlust[385].

Allein aus der bloßen Tatsache, daß sich ein Fremdkapitalgeber am Eigenkapital beteiligt, läßt sich somit noch nicht schließen, daß die Gläubigergefährdung in einem verminderten Maße besteht. Will das Sanierungsprivileg unter dem Gesichtspunkt eines wirksamen Gläubigerschutzes überzeugen, muß es deshalb ein weiteres Kriterium bieten, mit dem Sanierer, deren Handeln keine Gefahr für die übrigen Gläubiger darstellt, identifiziert werden können. Als solches kommt allenfalls die tatbestandliche Beschränkung in § 32a Abs. 3 S. 3 GmbHG in Betracht, wonach die Geschäftsanteile „zum Zweck der Überwindung der Krise" erworben sein müssen. Was genau darunter zu verstehen ist, bleibt mangels

---

[383] *Seibert*, GmbHR 1998, 309, 310; *Dörrie*, ZIP 1999, 11, 16; *Pentz*, GmbHR 1999, 437, 449; kritisch *Baumbach/Hueck/Fastrich*, GmbHG, § 32a GmbHG, § 32a Rn. 19.

[384] Siehe dazu nochmals Kapitel 2:C.III auf Seite 49 ff.

[385] Siehe oben Kapitel 4:A auf Seite 77 ff.

sein müssen. Was genau darunter zu verstehen ist, bleibt mangels präziser Vorgaben des Gesetzgebers weitgehend im Unklaren. Nach den im Schrifttum vertretenen Ansichten ist dazu neben einem Sanierungswillen wohl auch eine irgendwie geartete Sanierungsfähigkeit erforderlich[386]. Indes vermag dieses Kriterium nicht Sanierungen zu bestimmen, in denen Gläubiger nicht gefährdet werden. Denn unabhängig davon, ob die Sanierung ex ante aus objektiver oder aus subjektiver Sicht erfolgsversprechend scheint, ist sie es letztlich nicht, weil § 32a GmbHG nur eine Gesellschaft erfaßt, die schließlich in die Insolvenz gerät. In der Insolvenz erleiden die Gläubiger aber in jedem Fall einen Schaden, weil sie statt des vollen Forderungsbetrags nur eine Insolvenzquote erhalten.

Damit offenbart sich die wahre Natur dieses Ausnahmetatbestandes. Die Freistellung der von § 32a Abs. 3 S. 3 GmbHG erfaßten Gesellschafter erfolgt nicht, weil sie keine Gläubiger gefährden. Sie ist vielmehr der Preis, den man zahlt, um Sanierungsversuche zu fördern, die der Gesellschafter sonst nicht vornimmt, weil ihm das Risiko unter der Sanktionsdrohung des § 32a GmbHG ex ante zu hoch erscheint[387]. Im Kern erweist sich diese Fallgruppe damit als ein Versuch zur Lösung des Problems der Unterlassung von positiven Investitionen, das bereits in anderen Zusammenhängen identifiziert und thematisiert wurde[388]. Die Schaffung von Ausnahmetatbeständen ist in der Tat eine Möglichkeit, um dieses Problem zu lösen. Da es sich hierbei um eine allgemeingültige Strategie handelt, die nicht auf die von § 32a Abs. 3 S. 3 GmbHG erfaßte Personengruppe beschränkt ist, soll diese Frage von der Privilegierung neu hinzutretender Sanierer getrennt und später

---

[386] Vgl. nur *Barth*, Der Anwendungsbereich des Eigenkapitalersatzrechts (2001), S. 218; *Schouler*, Grundlagen des Eigenkapitalersatzrechts (2001), S. 246; *Casper/Ullrich*, GmbHR 2000, 472, 474 ff.; *Götz/Hegerl*, DB 2000, 1385, 1388; *Vollmer/Smerdka*, DB 2000, 757, 758 f.; *Lutter/Hommelhoff*, GmbHG, §§ 32a/b Rn. 84; *Baumbach/Hueck/Fastrich*, GmbHG, § 32a Rn. 19; für eine objektive Auslegung *Vervessos*, Das Eigenkapitalersatzrecht (2001), S. 433. Für eine rein subjektive Auslegung *Scholz/K. Schmidt*, GmbHG, §§ 32a, 32b Rn. 198.

[387] BT-Drucks. 13/10038, S. 28; siehe auch *Seibert*, GmbHR 1998, 309, 310; *Westermann*, DZWiR 2000, 1, 6.

[388] Siehe zuletzt Kapitel 4:A auf Seite 77 ff.

im Zusammenhang mit der Unterlassung von Investitionen mit positivem Kapitalwert eingehender behandelt werden[389].

Im vorliegenden Zusammenhang genügt es festzuhalten, daß auch von der durch § 32a Abs. 3 S. 3 GmbHG erfaßten Gesellschaftergruppe Gefahren für die Gläubiger ausgehen[390].

III. § 24 UBGG

Der Ausnahmetatbestand des § 24 UBGG genießt seit seiner Einführung in der juristischen Literatur allenfalls eine stiefmütterliche Beachtung. Nur wenige Darstellungen erwähnen diesen Ausnahmetatbestand überhaupt[391]. Die Vorschrift regelt einen speziellen Ausnahmetatbestand für Gesellschafter behördlich anerkannter Unternehmensbeteiligungsgesellschaften[392], die über das allgemeine Sanierungsprivileg des § 32a Abs. 3 S. 3 GmbHG hinaus bevorzugt werden. Anders als Gesellschafter im Sinne des § 32a Abs. 3 S. 3 GmbHG brauchen sie nicht den Nachweis zu führen, daß die Darlehenshingabe in der Krise „zum Zweck der Überwindung der Krise" erfolgte.

Der Grund für diese Privilegierung wird in den Gesetzesmaterialien nicht genannt[393], so daß man hinsichtlich der Motivation des Gesetzgebers auf Vermutungen angewiesen ist. Bereits die systematische Stellung der Vorschrift außerhalb

---

389 Siehe dazu unten Kapitel 8:B.I auf Seite 165, der diesem Gedanken in einem größeren Kontext nachgeht.

390 In diesem Sinne auch schon *Schouler*, Grundlagen des Eigenkapitalersatzrechts (2001), S. 237; *Grunewald*, DStR 1998, 1517, 1523.

391 Löblich in diesem Zusammenhang daher *Vollmer/Smerdka*, DB 2000, 757, 759 f., die sich mit diesem Ausnahmetatbestand auseinandersetzen, sowie *v. Gerkan*, in: v. Gerkan/Hommelhoff (Hrsg.), Handbuch des Kapitalersatzrechts, Rz. 3.12, der ihn immerhin erwähnt.

392 Vgl. zur behördlichen Anerkennung § 1 UBGG. Weiterführend zur Natur der Unternehmensbeteiligungsgesellschaften *Leopold/Frommann*, Eigenkapital für den Mittelstand, S. 15 ff.; *Thies*, in: Unternehmenshandbuch Familiengesellschaften, S. 495 ff.

393 Begründung zum RegE eines UBGG von 1986, BT-Drucks. 10/4551, S. 30 (zu § 28 des Entwurfs).

des im GmbHG und in der Insolvenzordnung normierten Eigenkapitalersatzrechts läßt den Schluß zu, daß es dem Gesetzgeber weniger darum ging, ein Problem des Eigenkapitalersatzrechts, als vielmehr ein Problem der Unternehmensbeteiligungsgesellschaften zu lösen.

Unternehmensbeteiligungsgesellschaften sollen nach dem Willen des Gesetzgebers nicht nur die Eigenkapitalversorgung von jungen technologieorientierten Unternehmen verbessern, sondern darüber hinaus ganz allgemein eine zeitlich begrenzte, mehr oder weniger weitgehende mitunternehmerische und mitverantwortliche Unterstützung mittelständischer Unternehmen gewähren[394]. Dazu gehört auch die unterstützende Begleitung bei Unternehmenssanierungen[395]. Es ist verschiedentlich beklagt worden, daß eine Geschäftstätigkeit der dargestellten Art für die Unternehmensbeteiligungsgesellschaften mit hohen Kosten verbunden sei, die nicht durch die Steuervorteile, die sie bislang genießen, ausgeglichen würden[396]. *Vollmer* und *Smerdka* haben darin eine Rechtfertigung für eine Ausnahme vom Eigenkapitalersatzrecht gesehen[397]. So konsistent diese Argumentation mit dem Zweck des UBGG sein mag, so wenig überzeugt sie im Hinblick auf § 32a GmbHG. Aus Sicht des durch § 32a GmbHG zu gewährleistenden Gläubigerschutzes sind Ausnahmen nämlich nur dann gerechtfertigt, wenn sie keine zusätzlichen Gefahren für die Gläubiger schaffen.

Von Unternehmensbeteiligungsgesellschaften gehen indes sehr wohl Gefahren für die Gläubiger aus. Die Ausführungen zu § 32a Abs. 3 S. 2 GmbHG haben gezeigt, daß Gläubigergefahren unabhängig von der Motivation des kapitalgebenden Gesellschafters bereits durch die bloße Investition von Gesellschafterfremdkapital entstehen[398]. Darüber hinaus besteht für alle Gesellschafter gleichermaßen ein

---

[394] Begründung zum RegE eines UBGG von 1986, BT-Drucks. 10/4551, S. 19 (zu § 4 des Entwurfs); Beschlußempfehlung und Bericht des Finanzausschusses zum RegE des Zweiten Finanzmarktförderungsgesetzes, BT-Drucks. 12/7918, S. 121 f. (zu § 4); Begründung zum RegE des Dritten Finanzmarktförderungsgesetzes, BT-Drucks. 13/89, S. 3 und 140 (zu § 4 Abs. 1).

[395] *Vollmer/Smerdka*, DB 2000, 757, 760.

[396] *Vollmer*, ZBB 1998, 227 ff.; *Vollmer/Smerdka*, a. a. O. (Fn. 395).

[397] *Vollmer/Smerdka*, a. a. O. (Fn. 395).

[398] Siehe dazu den vorangegangenen Abschnitt I auf Seite 117 ff.

Anreiz zu gläubigerschädigendem Verhalten[399]. Dies vermag auch der Einwand nicht zu entkräften, die Häufigkeit, mit der solchen Versuchungen nachgegangen werde, sei bei Unternehmensbeteiligungsgesellschaften geringer, weil diese bei „unseriösen" Sanierungen einem besonderen Reputationsverlust ausgesetzt seien[400]. Zum einen sind Unternehmensbeteiligungsgesellschaften nicht darauf angewiesen, eine Reputation zu haben, mit den Gläubigern einer Gesellschaft schonender umzugehen als ein anderer Gesellschafter. Ein konsequentes Ausnutzen von Vermögensvorteilen ist vielmehr ein Nachweis für das im Wirtschaftsverkehr erforderliche unternehmerische Geschick. Zum anderen ist auch ein auf seine Reputation bedachter Gesellschafter in der Krise der Gesellschaft versucht, die drohende Insolvenz durch Reichtumsverlagerungen auszugleichen[401].

IV. § 56e DMBilG

Die Regelung in § 56e DMBilG erklärt das Kapitalersatzrecht auf Kredite, über die gem. Art. 25 Abs. 7 des Einigungsvertrages ein Schuldenmoratorium ausgesprochen wurde, und auf Kredite, welche die Treuhandanstalt[402] der Gesellschaft gewährt oder für die sie eine Sicherheit bestellt oder sich verbürgt hat, für nicht anwendbar [403]. Gem. § 56e S. 2 DMBilG gilt dies allerdings nicht für solche Kredite, die die Treuhandanstalt der Gesellschaft nach einer Neufestsetzung der Kapitalverhältnisse gewährt oder für die sie nach diesem Zeitpunkt eine Sicherung bestellt oder sich verbürgt hat.

Hinter diesem kompliziert erscheinenden Tatbestand verbergen sich zwei Ausnahmeregelungen. Die erste Ausnahme wird für solche Fälle statuiert, in denen die Treuhandanstalt ihr Gesellschafterfremdkapital wegen des Schuldenmoratoriums

[399] Siehe oben Kapitel 4:A auf Seite 77 ff.

[400] *Vollmer/Smerdka*, DB 2000, 757, 759.

[401] Siehe dazu bereits Kapitel 4 auf Seite 75 ff.

[402] Die Treuhandanstalt ist die Vorgängerin der Bundesanstalt für vereinigungsbedingte Sonderaufgaben.

[403] Zur Verfassungsmäßigkeit vgl. BGHZ 140, 156, 159 ff.; BGHZ 127, 212, 221.

aus Art. 25 Abs. 7 des Einigungsvertrages gar nicht aus der Gesellschaft abziehen konnte[404]. Sie gilt somit für Fälle, in denen die Krise bekannt war, die Treuhandanstalt das Fremdkapital aber nicht abziehen konnte. Die zweite Ausnahme wird für Gesellschafterfremdkapital gewährt, das vor der Feststellung der DM-Eröffnungsbilanz (§ 35 DMBilG) vergeben wurde[405]. Hier konnte die Treuhandanstalt mangels DM-Eröffnungsbilanz keine verantwortliche Finanzierungsentscheidung treffen[406].

Daraus wird deutlich, daß es sich hier nicht um Fälle handelt, die wegen besonderer Ungefährlichkeit für die Gläubiger ausgeklammert werden, sondern um Fälle, in denen nicht damit gerechnet werden kann, daß die Treuhandanstalt ihrer Finanzierungsverantwortung nachgekommen ist. Der Preis dieser Privilegierung ist die Rücknahme des Gläubigerschutzes im Eigenkapitalersatzrecht.

V. Ergebnis

Die Ausnahmetatbestände erfassen keine für die Gläubiger ungefährlichen Konstellationen. Sie lassen vielmehr Gläubigergefährdungen zu, die durch das Eingreifen der Grund- und Umgehungstatbestände unterdrückt worden waren. Sie verlagern damit das Risiko, welches durch die Einführung des § 32a GmbHG zumindest teilweise wieder den Gesellschaftern zugewiesen wurde, wieder zu den Gläubigern. Im Ergebnis führen die Ausnahmetatbestände damit zu einer erheblichen Entwertung des durch § 32a GmbHG vermittelten Gläubigerschutzes.

---

[404] *Lutter/Hommelhoff*, GmbHG, §§ 32a/b, Rn. 163; *Hommelhoff/Habighorst*, ZIP 1992, 984 ff.

[405] *Lutter/Hommelhoff*, GmbHG, §§ 32a/b, Rn. 163.

[406] So das Bezirksgericht Magdeburg, ZIP 1992, 1804; *Spoerr*, Treuhandanstalt und Treuhandunternehmen, S. 302 f.

C. Ergebnis

Abschließend läßt sich festhalten, daß § 32a GmbHG in seiner gegenwärtigen Form nicht geeignet ist, die in seinem Anwendungsbereich von der Gesellschafterfremdfinanzierung ausgehenden Gefahren für die Gläubiger vollständig zu beseitigen. In der Untersuchung der Grund-, Erweiterungs- und Ausnahmetatbestände der Norm haben sich die folgenden vier Regelungsdefizite gezeigt:

1. Die Grund- und Umgehungstatbestände geben dem Gesellschafter einen Anreiz, Investitionen mit positivem Kapitalwert zu unterlassen.

2. Die Grund- und Umgehungstatbestände können nicht verhindern, daß die übrigen anreizbezogenen Risiken bestehen bleiben, oder daß es ohne Anreize zu einem gläubigerschädigendem Gesellschafterverhalten kommt.

3. Die Rechtsfolgen der Grund- und Umgehungstatbestände können den durch die Gesellschafterfremdfinanzierung verursachten Forderungsausfall nicht immer in voller Höhe ausgleichen.

4. Im Anwendungsbereich der Ausnahmetatbestände leben die Risiken, die durch die Grund- und Umgehungstatbestände unterdrückt worden waren, wieder auf.

Kapitel 7: Das US-amerikanische Recht als mögliches Vorbild für Verbesserungen

Das US-amerikanische Recht ist ein beliebtes Vorbild für Neuregelungen im deutschen Recht. Gerade das Schrifttum zum deutschen Eigenkapitalersatzrecht hat in den letzten Jahren begehrliche Blicke auf die Rechtslage in den USA geworfen in der Hoffnung, aus dem Studium des amerikanischen Rechts Erkenntnisse zu erlangen, mit denen Unzulänglichkeiten im deutschen Recht beseitigt werden können[407]. Im vorliegenden Kapitel soll geprüft werden, ob diese Hoffnung berechtigt ist, also ob in einem transatlantischen Rechtsvergleich tatsächlich Lösungen zu den im vorangegangenen Kapitel identifizierten Regelungsdefiziten zu finden sind. Zunächst erfolgt eine kurze Einführung zu dem in diesem Zusammenhang relevanten § 510(c) Bankruptcy Code (nachfolgend A) und eine rechtsmethodische Anmerkung zu seiner Vergleichbarkeit mit § 32a GmbHG (nachfolgend B). Nach diesen Vorarbeiten soll in einem letzten Schritt geprüft werden, ob sich die Ansätze des amerikanischen Rechts tatsächlich eignen, um die deutschen Regelungsdefizite zu beheben (nachfolgend C).

---

[407] Vgl. die Monographie von *Gehde,* Eigenkapitalersetzende Gesellschafterleistungen in Deutschland und den USA; zum alten Recht *Hauke*, Haftung der Gesellschafter der Corporation (1977), *Grossmann*, Gesellschafterdarlehen bei Insolvenz (1978); weiterhin *Scheel*, Konzerninsolvenzrecht, S. 129 ff.; eine Kurzdarstellung findet sich zudem bei *Vervessos,* Das Eigenkapitalersatzrecht, S. 67 ff. und *Herrmann*, Quasi-Eigenkapital im Kapitalmarkt- und Unternehmensrecht, S. 171 ff. m. w. N. Vgl. außerdem die Hinweise bei *Walz*, in: Albers u. a. (Hrsg.), Elemente erfolgreicher Unternehmenspolitik, S. 187, 195 ff.; *Wiedemann*, in: FS Beusch, S. 893, 912 f.; *Wilken*, Kapitalersetzende Nutzungsüberlassung, S. 175 ff., 196 ff.; *Beine*, Eigenkapitalersetzende Gesellschafterleistungen, S. 33 ff.

A. Kurze Einführung zu § 510(c) Bankruptcy Code (B.C.)

Die US-amerikanische Rechtsprechung hat in den vergangenen Jahrzehnten unter dem Namen *equitable subordination* Rechtsprechungsgrundsätze entwickelt, um die Gläubiger vor den negativen Folgen der Gesellschafterfremdfinanzierung zu schützen. Diese sind seit der Insolvenzrechtsreform von 1978 in § 510(c) des Bankruptcy Code (B.C.) kodifiziert. Anders als in Deutschland sind weder die Rechtsprechungsregeln noch die gesetzliche Kodifikation jemals Gegenstand einer besonderen Beachtung in der Fachwelt gewesen. Bis zum heutigen Tage gibt es keine englischsprachige Monographie zu diesem Thema und auch die Zahl der Aufsätze, die sich ausschließlich mit diesem Thema befaßt, fällt vergleichsweise bescheiden aus[408].

§ 510(c) B.C. lautet: „Notwithstanding subsections (a) and (b) of this section, after notice and a hearing, the court may- (1) under principles of *equitable subordination*, subordinate for purposes of distribution of all or part of an allowed claim to all or part of another allowed claim or all or part of an allowed interest to all or part of another allowed interest; or (2) order that any lien securing such a subordinated claim be transferred to the estate." § 510(c) B.C. erlaubt also den Gerichten, in der Insolvenz einzelne Verbindlichkeiten der Gesellschaft gänzlich oder in Teilen nach den Prinzipien der *equitable subordination* nachzuordnen. Frei übersetzt bedeutet *equitable subordination* „Nachordnung aus Gründen der Billigkeit". Sicherheiten, die für diese Forderungen bestellt wurden, können zu der Insolvenzmasse hinzugezogen werden. Die Norm macht eine Ausnahme von § 510(a) und (b) Bankruptcy Code, welche die Subordination durch vertragliche Einigung und die Subordination von Schadensersatzforderungen aus Wertpapierkauf regeln[409].

---

[408] Eine im Jahre 2002 in der amerikanischen Datenbank Westlaw unter der Rubrik „Journals & Law Reviews" durchgeführte Recherche ergab unter dem Stichwort „*equitable subordination*" für die Jahre 2000 und 2001 neben verschiedenen Überblicksdarstellungen über Probleme des amerikanischen Insolvenzrechts nur einen einzigen Aufsatz, der sich ausschließlich mit der *e-quitable subordination* befaßt - *Pardo,* 75 N.Y.U. L. Rev. 1489 (2000).

[409] Siehe weiterführend zu § 510(a) B.C. *Everett*, 20 Bus. Law. 953 (1965), sowie *Tabb*, The Law of Bankruptcy, § 7.22 S. 530 f.; zu § 510(b) B.C. *Tabb*, a. a. O., § 7.22 S. 531.

Bereits aus dem Wortlaut ergeben sich die beiden größten Unterschiede zwischen der amerikanischen Regelung und § 32a GmbHG. Sie liegen zum einen darin, daß die amerikanischen Gerichte nicht verpflichtet sind, die Gesellschafterforderung nachzuordnen[410], zum anderen darin, daß die Subordination auf Teile einzelner Forderung beschränkt werden kann, die wiederum Teilen der anderen Forderungen nachgeordnet werden können[411]. Dies ermöglicht es den US-amerikanischen Gerichten, individuell auf den Einzelfall einzugehen. Im Gegensatz dazu erweist sich die deutsche Regelung, die immer die ganze Forderung erfaßt und diese auch nur ganzen anderen Forderungen nachordnet, als eine pauschale Regelung.

Weiterhin fällt auf, daß die Prinzipien der *equitable subordination* in § 510(c) B.C. nicht genannt werden. Das liegt an der Vorgeschichte dieser Norm, die der Rechtsentwicklung in Deutschland ähnelt. Ebenso wie § 32a GmbHG beruht auch § 510(c) B.C. auf einer richterrechtlich entwickelten Rechtsfigur, die später kodifiziert wurde[412].

Bereits im Jahre 1939 hatte der Supreme Court, das oberste Bundesgericht, im Fall *Taylor v. Standard Gas Electric Co.*[413] eine erste Entscheidung zu diesem Themenkomplex gefällt. Da Standard Gas Mehrheitsgesellschafterin der Deep Rock Oil Corporation war, wurde die dieser Entscheidung folgende Rechtsprechung als „Deep Rock Doctrine" bekannt[414]. Das Gericht stützte sich in der Entscheidung auf *equity law*, das dem Konkursgericht die Befugnis gibt, Entscheidungen nach Gesichtspunkten einer nicht näher bestimmten Billigkeit zu fällen[415].

---

410 Vgl. § 510(c) B.C.: „... the court *may* ... subordinate ...". (Hervorhebung durch den Verfasser)

411 Siehe zu Einzelheiten die Darstellungen bei *Scheel*, Konzerninsolvenzrecht, S. 216 ff.; *Gehde*, Eigenkapitalersetzende Gesellschafterleistungen in Deutschland und den USA, S. 356 ff.

412 Anders als in Deutschland gelang es dieser Kodifikation, die vorangehende Rechtsprechung vollständig in sich aufzunehmen. Vgl. dazu die nachfolgenden Ausführungen und Kapitel 1:B.IV auf Seite 16 ff.

413 306 U.S. 307 (1939).

414 Vgl. zu den Beteiligungsverhältnissen im Fall Taylor v. Standard Gas Electric Co. die Entscheidung selbst, a. a. O. (Fn. 413) S. 307 f.; zur Bezeichnung als "Deep Rock Doctrine" in der Literatur *Tabb*, The Law of Bankruptcy, § 7.21 S. 527.

415 Weiterführend zum Gebrauch von *equity*-Befugnissen durch die Gerichte *Note*, 67 Colum. L. Rev. 583 (1967).

Dieser Rückgriff war notwendig, weil das damals bestehende Gesetz, der Bankruptcy Act von 1898, zu dem Problem der Gesellschafterfremdfinanzierung und deren Behandlung in der Insolvenz keine explizite Regelung vorsah[416]. Die Befugnis zur Anwendung von equity-Grundsätzen leitete das Gericht aus Sec. 2a und 57k Bankruptcy Act ab[417], die den Konkursgerichten eine „general equitable jurisdiction" gewährten. Durch nachfolgende Entscheidungen wurde diese Rechtsprechung weiter verfestigt. An bedeutenden Urteilen sind in diesem Zusammenhang *Pepper v. Litton*[418] aus dem gleichen Jahr, *Comstock v. Group of Institutional Investors* (1948)[419] und *In the Matter of Mobile Steel Co.* (1977) [420] zu nennen[421].

Die allgemeine Akzeptanz dieser Rechtsprechung veranlaßte den Gesetzgeber, die Regelung im Jahre 1978 gesetzlich zu verankern. Anders als in Deutschland modifizierte der amerikanische Gesetzgeber die entwickelten Rechtsprechungsgrundsätze nicht[422]. Stattdessen wurde in den umfangreichen Gesetzgebungsmaterialien ausdrücklich darauf hingewiesen, daß die Rechtsprechungsgrundsätze unverändert fortgelten sollen[423]. Auch die weitere Ausgestaltung dieser Norm sollte in die

---

416 *Gehde*, Eigenkapitalersetzende Gesellschafterleistungen in Deutschland und den USA, S. 222.

417 *DeNatale/Abram*, 40 Bus. Law. 417, 419 (1985) Fn. 10; *Herzog/Zweibel*, 15 Vand. L. Rev. 83 et seq. (1961); *Gleick*, 16 Bus. Law. 611 (1961); Local Loan Company v. Hunt, 292 U.S. 234.

418 308 U.S. 295, 310 (1939). Kern dieses Urteils ist die Entscheidung, daß die Ausübung der „equitable power" von „rules of fair play and good conscience" geleitet wird.

419 335 U.S. 211 (1948). Mit dieser Entscheidung wurde die Nachordnung von Gesellschafterfremdkapital im Konkurs bestätigt. Siehe weiterführend zum Inhalt der Entscheidung *DeNatale/Abram*, 40 Bus. Law. 417, 428 (1985).

420 563 F.2d 692, 699 f. (5th Cir. 1977). In dieser Entscheidung wurden die Fallgruppen der *equitable subordination* zusammengefaßt.

421 *Herzog/Zweibel*, 15 Vand. L. Rev. 83, 108 (1961). Eine einführende Darstellung dieser Urteile mit genauer Sachverhaltsschilderung findet sich in deutscher Sprache bei *Gehde*, Eigenkapitalersetzende Gesellschafterleistungen in Deutschland und den USA, S. 219 ff.

422 Vgl. zu den Abweichungen des Rechtsprechungskonzepts vom positivrechtlichen Konzept in Deutschland Kapitel 1:B.IV auf Seite 16 ff.

423 *Tabb*, The Law of Bankruptcy, § 7.21 S. 527; *Scheel*, Konzerninsolvenzrecht, S. 136 f.; *Nyzio*, 37 S. C. L. Rev. 627, 631 (1986). *Pronske/O'Rourke*, 21 Tex. Tech L. Rev. 111, 115 (1990); *Watson*, 11 Cumb. L. Rev. 619, 620 (1980).

Hände der Gerichte gelegt werden[424]. Um dies technisch zu bewerkstelligen, ließ der Gesetzgeber den Tatbestand der gesetzlichen Kodifizierung bewußt offen und beließ es bei dem schon von der Rechtsprechung gebrauchten, unbestimmten Rechtbegriff der *„equitable subordination“*[425].

Damit waren die zuvor von der Rechtsprechung entwickelten Kriterien zur Ausfüllung dieses unbestimmten Rechtsbegriffs auch nach der Gesetzesnovellierung maßgeblich. Diese wurden bereits im Jahr zuvor durch das Bundesberufungsgericht des 5. Gerichtsbezirks (Court of Appeals of the 5th Circuit) zusammengefaßt. In dem Fall *Mobile Steel Co.*[426] arbeitete das Gericht einen drei Punkte umfassenden Test (den sogenannten „three prong test“) aus, mit dem es die schon vorhandene Rechtsprechung zusammenfaßte[427]. Dieser wurde nachfolgend auch von den Gerichten der anderen Circuits übernommen[428] und schließlich sogar vom Supreme Court bestätigt[429].

---

[424] *Scheel*, Konzerninsolvenzrecht, S. 138; *Watson*, 11 Cumb. L. Rev. 619, 620 (1980); In the Matter of Virtual Network Services Corp., 902 F.2d 1246, 1248 ff. (7th Cir. 1990); *Gehde*, Eigenkapitalersetzende Gesellschafterleistungen in Deutschland und den USA, S. 237.

[425] Vgl. 124 Cong. Rec. H 11,095 (September 28, 1978) (Anmerkungen des Abgeordneten *Edwards*); 124 Cong. Rec. S 17,412 (October 6, 1978) (Anmerkungen des Senators *DeConcini*).

[426] 563 F.2d 692, 699-700 (5th Cir. 1977).

[427] *DeNatale/Abram*, 40 Bus. Law. 417, 426 (1985).

[428] Siehe hierzu die Entscheidungen der verschiedenen Circuits: In the Matter of Giorgio, 862 F.2d 933 (1st Cir. 1988); In the Matter of Castillo, 7 B.R. 135 (Bankr. S. D. N.Y. 1980) (2nd Circuit); In the Matter of Beck-Rumbaugh Associates, Inc., 103 B.R. 628 (Bankr. E. D. Pa. 1989), affirmed 114 B.R. 418 (E. D. Pa.) (3rd Circuit); Stratton v. Equitable Bank, N. A., 104 B.R. 713 (D. Md. 1989) (4th Circuit); In the Matter of Pinetree Partners, Inc., 87 B.R. 481 (Bankr. N. D. Ohio 1988) (6th Circuit); First Bank of Whiting v. Kham & Nate's Shoes, No. 2, Inc., 104 B.R. 909 (N. D. Ill. 1989) (7th Circuit); Bankwest, Inc. v. United States, 102 B.R. 738 (D. S. D. 1989) (8th Circuit); In the Matter of Universal Farming Industries, 873 F.2d 1334 (9th Circuit 1989); Sloan v. Zion's First National Bank, N. A., (In the Matter of Castletons, Inc.), 990 F.2d 551 (10th Cir. 1993); In the Matter of N & D Properties, Inc., 799 F.2d 726 (11th Cir. 1986).

[429] United States v. Noland, 517 U.S. 535 (1996); siehe dazu auch *Tabb*, The Law of Bankruptcy, § 7.21 S. 528.

Nach dem „three prong test" wird eine Forderung dann nachgeordnet, wenn folgende Voraussetzungen kumulativ erfüllt sind[430]:

- Dem Anspruchssteller, also dem Gesellschafter, ist ein unbilliges Verhalten (inequitable conduct) nachzuweisen.
- Dieses Verhalten ist für einen Schaden der Gesellschaftsgläubiger und/oder für einen Sondervorteil des Gesellschafters ursächlich.
- Die Subordination steht nicht im Widerspruch zu anderen Vorschriften des Insolvenzrechts.

Die zweite Voraussetzung des Mobile Steel-Tests, die der 5th Circuit Court im Jahre 1977 postulierte, ist nicht unumstritten[431]. In der Entscheidung *Comstock v. Group of Institutional Investors* aus dem Jahre 1948 hatte der Supreme Court, also die höhere Instanz, noch ganz anders entschieden. Nach ihrer Auffassung war es erforderlich, daß sowohl der Gesellschafter einen Vorteil erlangt, als auch die Gesellschaft einen Schaden erleidet[432]. Es wurde also in zwei Punkten vom Mobile Steel-Test abgewichen: Zum einen wurde statt eines Schadens der Gläubiger ein Schaden der Gesellschaft verlangt, zum anderen war kumulativ ein Vorteil des Gesellschafters erforderlich. Der 5th Circuit Court setzte sich allerdings über diese Rechtsprechung hinweg und postulierte seine eigene Rechtsansicht. Die Rechtsauffassung des Supreme Court überwand er in rechtstechnisch bedenklicher Weise dadurch, daß sie die Entscheidung des Supreme Court unzutreffend mit

---

430 Im Original lautete der 3-prong test:
„(1) The claimant must have engaged in some type of inequitable conduct.
(2) The misconduct must have resulted in injury to the creditors of the debtor or conferred an unfair advantage on the claimant.
(3) Equitable subordination of the claim must not be inconsistent with the provisions of the code."

431 Vgl. hierzu die Darstellungen bei *Hill,* 66 Harv. L. Rev. 1015, 1039 (1953); *Nyzio*, 37 S. C. L. Rev. 627, 637; *Pronske/O'Rourke*, 21 Tex. Tech L. Rev. 111, 119 (1990); *Watson*, 11 Cumb. L. Rev. 619, 634 (1980).

432 Die Entscheidung Comstock v. Group of Institutional Investors, 335 U.S. 211, 228 (1948) lautet im Original: „... acted both to its benefit to the detriment of the debtor" (das "and", das wegen des Wortes "both" hinter "benefit" gehört, fehlt auch im Original).

ihrer neuen Auffassung zitierten[433]. Trotz erheblicher Kritik an dieser neuen Auffassung setzte sie sich dennoch durch[434] und wurde schließlich vom Supreme Court in einer späteren Entscheidung bestätigt[435].

Rechtstechnisch brachte die Mobile Steel-Entscheidung allerdings keinen Fortschritt. Denn immer noch fehlte es an einer positiven Bestimmung, wann ein Anwendungsfall der *„equitable subordination"* vorliegen soll. Der Begriff wurde lediglich durch die zweite und dritte Voraussetzung des „three prong test" weiter eingeschränkt. Die Kernfrage, was „equitable" ist, blieb dagegen unbeantwortet und wurde durch die Frage, was „inequitable" ist, ersetzt. Auch in späteren Entscheidungen gelang es nicht, eine aussagekräftige Definition dieses Begriffs zu entwickeln[436]. Gesicherte Erkenntnis ist lediglich das Folgende: "Inequitable conduct is that conduct which may be lawful, yet shakes one's good conscience[437]." Frei übersetzt kann ein Verhalten nach amerikanischer Auffassung unbillig sein, wenn es zwar dem kodifizierten Recht entspricht, aber den sittlichen Vorstellung eines billig und gerecht denkenden Menschen widerspricht[438]. Zur Konkretisierung des „inequitable conduct" entwickelte die amerikanische Rechtsprechung verschiedene Fallgruppen, die sich grob in drei Gruppen aufteilen lassen[439]:

---

[433] In the Matter of Mobile Steel Co., 563 F.2d 692, 699-700 (5th Cir. 1977) heißt es: "misconduct must have resulted in injury to the creditors of the bankrupt or conferred an unfair advantage on the claimant (Comstock v. Group of Institutional Investors, 335 U.S. at 229 ..)".

[434] *Gehde*, Eigenkapitalersetzende Gesellschafterleistungen in Deutschland und den USA, S. 304. Siehe hierzu insbesondere die Entscheidung des 9th Circuit Court in In the Matter of Pacific Express, Inc., 69 B.R. 112, 116 (9th Circuit 1986).

[435] United States v. Noland, 517 U.S. 535 (1996).

[436] *Koh*, 16 Yale L. & Pol'y Rev. 467 (1998).

[437] *DeNatale/Abram*, 40 Bus. Law. 417, 424 (1985). Vgl. aus der amerikanischen Gerichtspraxis beispielhaft In the Matter of Slippery Valley, Inc., 93 B.R. 925, 933 (Bankr. W. D. Tex. 1988).

[438] *Scheel*, Konzerninsolvenzrecht, S. 153 f.

[439] *Tabb*, The Law of Bankruptcy, § 7.21 S. 528. An deutscher Literatur zu den einzelnen Fallgruppen sind insbesondere zu nennen *Gehde*, Eigenkapitalersetzende Gesellschafterleistungen in Deutschland und den USA, S. 262 ff., *Scheel*, Konzerninsolvenzrecht, S. 153 ff.; *Grossmann*, Gesellschafterdarlehen bei Insolvenz, S. 31 ff.

1. Vorsätzliche arglistige Täuschung (fraud), Illegalität (illegality) und Verstoß gegen Treuepflichten (breach of fiduciary duties),
2. Unterkapitalisierung (undercapitalization),
3. Beherrschung der Gesellschaft, so daß diese als bloßes Instrument oder alter ego des Kreditgebers erscheint (claimants use of the debtor as a mere instrumentality or alter ego). Eine "alter ego"-Beziehung liegt vor, wenn der Gläubiger ein Höchstmaß an Beherrschung über den Schuldner besitzt.

Die erste und letzte Fallgruppe lassen sich letztlich auf verschiedene Formen des Mißbrauchs zurückführen. Entgegen dem ersten Anschein sanktioniert die dritte Fallgruppe nämlich nicht die Beherrschung als solche, sondern die Art und Weise der Beherrschung, die die Gesellschaft als bloßes Instrument oder alter ego erscheinen läßt[440]. Dagegen knüpft die zweite Fallgruppe der Unterkapitalisierung an ein formales Kriterium an. Dieser Begriff wurde im Mobile Steel-Fall definiert[441] und nachfolgend wiederholt betätigt[442]. Danach ist eine Gesellschaft unterkapitalisiert[443], wenn entweder die Kapitalisierung ex ante aus Sicht eines Finanzexperten nicht ausreichte, um eine Unternehmung von einer solchen Art und Größe zu unterstützen[444], oder die Gesellschaft zum Zeitpunkt der Kapitalzufüh-

---

[440] *Gehde*, Eigenkapitalersetzende Gesellschafterleistungen in Deutschland und den USA, S. 297; vgl. auch Comstock v. Group of Institutional Investors, 335 U.S. 211, 229 (1948): "It is not mere existence of an opportunity to do wrong that brings the rule into play; it is the unconscionable use of the opportunity afforded by the domination to advantage itself at the injury of the subsidiary that deprives the wrongdoer of the fruits of his wrong."

[441] In the Matter of Mobile Steel Co., 563 F.2d 692, 700 (5th Cir. 1977).

[442] Siehe dazu die nachfolgenden Fn. 444 und 445.

[443] Wörtlich heißt es: „(1) Capitalization is inadequate if, in the opinion of a skilled financial analyst, it would definitely be insufficient to support a business of the size and nature of the bankrupt in the light of the circumstances existing at the time the bankrupt was capitalized. (2) Capitalization is inadequate if, at the time when the advances were made, the bankrupt could not have borrowed a similar amount of money from an informed outside source."

[444] Nachfolgend bestätigt durch In the Matter of Multiponics, 622 F.2d 709, 717 ff. (5th Circuit 1980); In the Matter of Herby's Foods, Inc., 134 B.R. 207, 211 (Bankr. N. D. Tex. 1991).

rung einen ähnlichen Betrag nicht von einer informierten externen Quelle hätte erhalten können[445].

Hinter dem zweiten Punkt verbirgt sich die eigentliche Entsprechung zu § 32a GmbHG, der zumindest nach der traditionellen Auffassung ebenfalls an das Kriterium der Kreditunwürdigkeit anknüpft[446].

Es ist noch nicht abschließend geklärt, ob die Subordination einer Gesellschafterforderung bereits beim Vorliegen einer Unterkapitalisierung erfolgt, oder ob darüber hinaus ein mißbräuchliches Verhalten im Sinne der ersten und dritten Fallgruppe erforderlich ist[447]. Dies überrascht zunächst, weil doch die Unterkapitalisierung in der Mobile Steel-Entscheidung ausdrücklich als selbständige Fallgruppe anerkannt wurde. Methodisch läßt sich dies auf die Art der Rechtsfindung im amerikanischen *case law* zurückführen.

Die Gerichte sind bei ihren Entscheidungen auf Vergleiche mit vorhergehenden Entscheidungen der oberen Gerichte, sog. Präjudizien, angewiesen[448]. Grundlage dieses Rechtsfindungsansatzes ist die *stare decisis doctrine* (von lat.: „stare decisis et non quieta movere" – „bei den Entscheidungen stehen bleiben"[449]). Sie baut auf dem Grundsatz auf, daß im Rahmen eines souveränen Jurisdiktionsbereichs alle Gerichte durch die Entscheidungen höherer Gerichte gebunden werden. Diese Entscheidungen müssen ohne Rücksicht darauf, ob sie dem Untergericht richtig

---

445 Nachfolgend bestätigt durch In the Matter of Labelle Indus., Inc., 44 B.R. 760, 764 (Bankr. D. R. I. 1984); In the Matter of A.F.Walker & Son, Inc., 46 B.R. 186, 190 (Bankr. D. N. H. 1985); In the Matter of N & D Properties, Inc., 799 F.2d 726, 733 (11th Cir. 1986); In the Matter of Dan-Ver Enterprises, Inc., 86 B.R. 443, 450 (Bankr.W. D. Pa. 1988); In the Matter of Multiponics, Inc., 622 F.2d 709, 717 (5th Cir. 1990); bereits vorher ebenfalls Campbell v. Carter Foundation Production Co., 322 F.2d 827, 832 (5th Cir 1963); In the Matter of Trimble, 479 F.2d 103, 116 (3rd Cir. 1973); In the Matter of Mader's Store for Men, Inc., 254 N.W.2d 171, 185 (Wis. 1977).

446 Vgl. dazu Kapitel 1:A.I Fn. 11 f. auf Seite 5.

447 *Vervessos,* Das Eigenkapitalersatzrecht, S. 72; *Gehde*, Eigenkapitalersetzende Gesellschafterleistungen in Deutschland und den USA, S. 299 ff.

448 Siehe zu dieser Methodik einführend *Blumenwitz*, Einführung in das anglo-amerikanische Recht, § 3.4 m. w. N.

449 *Blumenwitz*, a.a.O. (Fn. 448), § 3.4.a).

oder falsch vorkommen, befolgt werden. Außer Kraft gesetzt werden können sie nur durch eine spätere Entscheidung des erkennenden Gerichts, durch die Entscheidung eines noch höheren Gerichts oder durch die Gesetzgebung[450].

In den Leitentscheidungen, die zu der „Mobile Steel"-Entscheidung führten, waren jeweils sowohl die Unterkapitalisierung als auch ein Mißbrauchstatbestand erfüllt. Die oberinstanzlichen Gerichte waren deshalb nicht gezwungen, zu entscheiden, ob die Unterkapitalisierung allein eine rechtliche Grundlage für die Nachordnung bietet[451]. In der jüngeren Vergangenheit sind dennoch vereinzelte unterinstanzliche Urteile zu verzeichnen, in denen entschieden wurde, daß die Unterkapitalisierung für sich allein nicht ausreicht[452]. Es bleibt abzuwarten, ob sich diese Ansicht auch bei den Obergerichten durchzusetzen vermag.

B. Vergleichbarkeit des § 510(c) B.C. mit § 32a GmbHG

Es fällt auf, daß § 510(c) B.C. einen ganz anderen Anwendungsbereich als § 32a GmbHG hat. Der Tatbestand der amerikanischen Norm ist erheblich weiter gefaßt. Während § 32a GmbHG nur solche Fremdkapitalforderungen eines Gesellschafters sanktioniert, die an eine kreditunwürdige Gesellschaft vergeben und bis zur Insolvenz nicht abgezogen wurden, erfaßt die amerikanische Norm auch andere Sachverhalte. § 32a GmbHG sanktioniert mit der Subordination der Gesellschafterforderung die Art und Weise seines Einsatzes; bei § 510(c) B.C. ist die Subordination der Forderung nur das Mittel, um ein Verhalten zu sanktionieren, das damit in keinem Bezug stehen muß. Die *equitable subordination* ist damit letztlich nur ein Instrument zum Ausgleich allgemeiner Gläubigerbenachteiligun-

[450] *Blumenwitz*, a.a.O. (Fn. 448), § 3.4.

[451] *Gehde*, Eigenkapitalersetzende Gesellschafterleistungen in Deutschland und den USA, S. 303.

[452] In the Matter of Mr. R's Prepared Foods, Inc., 251 B.R. 24 (Bankr. D. Conn. 2000). In the Matter of Autostyle Plastics, Inc., 269 F.3d 726 (6th Cir. 2001).

gen[453], während § 32a GmbHG die spezielle Gefährdung durch die Gesellschafterfremdfinanzierung sanktioniert.

Dieser Unterschied erklärt sich aus der unterschiedlichen rechtsdogmatischen Herleitung dieser Rechtsfiguren im deutschen und US-amerikanischen Recht. Während sich § 32a GmbHG letztlich aus den Kapitalerhaltungsvorschriften der §§ 30, 31 GmbHG entwickelte und sich deshalb auf das Finanzierungsverhalten der Gesellschafter bezieht[454], liegen die Wurzeln des US-Rechts in der Rechtsfigur des Haftungsdurchgriffs, deren Anwendung nicht auf das Finanzierungsverhalten der Gesellschafter beschränkt ist[455]. Da § 510(c) B.C. zudem in ein ganz anderes rechtliches Umfeld, nämlich das *common law*, eingebettet ist, ist die Vergleichbarkeit eingeschränkt.

C. Ansätze zur Behebung der identifizierten Regelungsdefizite

Auch wenn § 510(c) B.C. nur eingeschränkt mit § 32a GmbHG vergleichbar ist, erscheint es dennoch nicht ausgeschlossen, daß sein Regelungsgehalt Impulse zur Verbesserung des deutschen Rechts geben kann. Dazu darf man das amerikanische Recht allerdings nicht daraufhin prüfen, ob es vollständig auf das deutsche Recht übertragbar ist, sondern muß es gleichsam als „Steinbruch" für alternative Lösungen verstehen. Letztere sind überall dort zu suchen, wo der amerikanische Ansatz, auf das deutsche Recht angewandt, die identifizierten Regelungsdefizite vermeiden würde. Dieser Suche widmet sich der vorliegende Abschnitt. Er orientiert sich dabei, seinem Ziel gemäß, an den in Kapitel 6 identifizierten Regelungsdefiziten des deutschen Rechts.

---

[453] Sehr pointiert hierzu *Gehde*, Eigenkapitalersetzende Gesellschafterleistungen in Deutschland und den USA, S. 323 f.

[454] Vgl. dazu Kapitel 1:B auf Seite 9 ff.

[455] *Gehde*, Eigenkapitalersetzende Gesellschafterleistungen in Deutschland und den USA, S. 331.

I. *Maßnahmen gegen den unvollständigen Schadensausgleich*

In Kapitel 6 hat sich gezeigt, daß die Rechtsfolge des § 32a GmbHG nur teilweise geeignet ist, die spezifischen gesellschafterfremdfinanzierungsbedingten Gläubigerschäden auszugleichen. Nur dann, wenn der Betrag der nachgeordneten Gesellschafterfremdkapitalforderung höher ist als die Summe der dadurch verursachten Forderungsausfälle der externen Gläubiger, kann die Subordination den Forderungsausfall in voller Höhe ausgleichen[456].

Grund für diesen unvollständigen Schadensausgleich ist die Beschränkung der Rechtsfolge auf den Betrag des Gesellschafterfremdkapitals. Auch § 510(c) B.C. birgt die Gefahr eines unvollständigen Schadensausgleichs, da die Norm, wie bereits im vorstehenden Unterabschnitt thematisiert, ebenfalls die Rechtsfolge der Subordination vorsieht. Dennoch bietet das amerikanische Recht bei gleicher Rechtsfolge Möglichkeiten, dieses Regelungsdefizit zu reduzieren oder in Einzelfällen sogar ganz zu beseitigen. Zum einen wird der subordinierte Betrag im US-amerikanische Recht dadurch erhöht, daß verschiedene Nicht-Gesellschafter, die keinerlei Beteiligung an Vermögen und Ertrag der Gesellschaft haben, zu Adressaten der *equitable subordination* gemacht werden (nachfolgend 1). Zum anderen differenziert das US-amerikanische Recht bei der Verteilung des subordinierten Betrages zwischen verschiedenen Gläubigergruppen (nachfolgend 2).

1. *Einbeziehung zusätzlicher Personen in den Normadressatenkreis*

Das amerikanische Recht bezieht einerseits Personen in den Normadressatenkreis ein, die formal in die Leitung der Gesellschaft eingebunden sind, ohne Gesellschafter zu sein, nämlich *directors* und *officers*, nachfolgend a), und andererseits Gläubiger, die der sogenannten *lender liability* unterliegen, nachfolgend b). Die Geeignetheit solcher Haftungskonstruktionen zur Behebung des Regelungsdefizits im deutschen Recht ist Gegenstand eines abschließenden Abschnittes, nachfolgend c).

---

456 Siehe oben Kapitel 6:C auf Seite 129.

a) Haftung von Directors und Officers

Directors und *officers* sind die Organe der amerikanischen Kapitalgesellschaft, der *corporation*[457]. Während das deutsche Recht mit der Aktiengesellschaft und der GmbH verschiedene Kapitalgesellschaftsformen kennt, gibt es im amerikanischen Recht nur diese einheitliche Kapitalgesellschaftsform. Das Pendant zur deutschen GmbH ist eine Modifikation dieser Grundform[458]. Sie wird als *closely held* oder *close corporation* bezeichnet[459].

Die *directors* treffen die Leitentscheidungen für die Geschäftspolitik der Gesellschaft und treten nur wenige Male im Geschäftsjahr zusammen. Sie versammeln sich im zentralen Organ der *close corporation*, dem *board of directors*[460]. Die *directors* vertreten die *close corporation* als Kollegium, also mittels Gesamtvertretung. Eine Beschränkung erhält diese Vertretungsmacht durch ausdrückliche Beschränkungen in der Satzung und durch den Gesellschaftszweck, der nur solche Geschäfte zuläßt, die diesen fördern.

Die *officers* leiten dagegen die täglichen Geschäfte. An ihrer Spitze steht der CEO (*chief executive officer*). Obwohl eigentlich nur die *directors* zur Vertretung be-

---

457 Siehe zum nachfolgenden einführend *Bungert*, Gesellschaftsrecht in den USA, S. 35 f. und 53; weiterführend *ders.*, Die GmbH im US-amerikanischen Recht - Close Corporation, S. 24 ff.

458 In diesem Sinne die wohl herrschende Auffassung in der deutschen und US-amerikanischen Literatur: Vgl. *Bungert*, Die GmbH im US-amerikanischen Recht - Close Corporation, S. 9 ff.; *Ebke*, IPRax 1983, 18, 20 Fn. 24; *Immenga*, Die personalistische Kapitalgesellschaft, S. 26 f.; *Merkt*, US-amerikanisches Gesellschaftsrecht, Rn. 131; *Peters*, Schranken der Mehrheitsherrschaft im deutschen und US-amerikanischen GmbH-Konzernrecht, S. 103 ff.;

a. A. *Lutter/Hommelhoff*, GmbHG, § 12 Rn. 11; *Rowedder/Rittner/Schmidt-Leithoff*, GmbHG, § 12 Rn. 41a; *Scholz/Winter*, GmbHG, § 12 Rn. 34, die die Vergleichbarkeit mit der deutschen GmbH bestreiten, da sie als besondere Ausformung der *corporation* zu sehr der Aktiengesellschaft gleiche. Angesichts der Tatsache, daß verschiedene Rechtsordnungen kaum jemals deckungsgleiche Rechtsinstitute hervorbringen (siehe dazu bereits Kapitel 7:B auf Seite 140), sind gewisse Differenzen im vorliegenden Zusammenhang jedoch zu tolerieren.

459 *Bungert*, Die GmbH im US-amerikanischen Recht - Close Corporation, S. 4.

460 § 35 M.B.C.A. Ursprünglich mußte dieses *board* mindestens drei *directors* umfassen. Nach neuerem Recht ist dagegen keine Mindestzahl vorgeschrieben. Stattdessen können die Gesellschafter in der Satzung oder der Geschäftsordnung deren Zahl festsetzen.

rechtigt sind, erledigen die *officers* in der Praxis auch die Geschäfte, welche Vertretungsmacht erfordern. Ihre Vertretungsmacht leitet sich von der Einsetzung durch das *board of directors* ab und ist meist in der Satzung explizit geregelt. Die *officers* haben in der Regel Einzelvertretungsmacht für bestimmte thematische Bereiche, der CEO für den gesamten Bereich des täglichen Geschäftsablaufs.

Directors und *officers* sind zwar den Rechtsfolgen der *equitable subordination* ausgesetzt, aber nur in eingeschränkten Fällen. Während die Gesellschafter nach dem bereits vorgestellten „three prong test" in drei Fällen haften, nämlich

1. vorsätzliche arglistige Täuschung, Illegalität und Verstoß gegen Treuepflichten,
2. Unterkapitalisierung,
3. Beherrschung der Gesellschaft, so daß diese als bloßes Instrument oder alter ego des Kreditgebers erscheint,

haften *directors* und *officers* nur für die Fälle des mißbräuchlichen Verhaltens der ersten Gruppe. Sie haften also nicht für die Fälle bloßer Kreditunwürdigkeit[461].

Die Haftung von *directors* und *officers* kann sich auf eine lange Tradition berufen. Bereits im grundlegenden Fall zur *equitable subordination*, *Taylor v. Standard Gas & Elec. Co.*, ist von Ihnen die Rede[462]. Diese aus deutscher Sicht ungewöhnliche Fassung des Normadressatenkreises – im deutschen Recht werden weder Geschäftsführer noch Aufsichtsräte von § 32a GmbHG erfaßt[463] - ergibt sich aus der Entwicklungsgeschichte der amerikanischen Norm. Während sich § 32a GmbHG letztlich aus den Kapitalerhaltungsvorschriften der §§ 30, 31 GmbHG entwickelte, die nur die Gesellschafter erfassen, entwickelte sich das US-Recht aus der Rechtsfigur des Haftungsdurchgriffs und orientiert sich deshalb an Mißbrauchskriterien, die auch Nicht-Gesellschafter erfassen[464]. Bevor aber analy-

---

461 *Gehde,* a. a. O., S. 323 f.

462 307 U.S. 306 (1939).

463 Vgl. nur *Scholz/K. Schmidt*, GmbHG, §§ 32a, 32b Rn. 32 ff. und 133 ff.; *Baumbach/Hueck/Fastrich*, GmbHG, § 32a Rn. 16 ff.

464 *Gehde,* Eigenkapitalersetzende Gesellschafterleistungen in Deutschland und den USA, S. 321 f.

siert wird, ob dieses alternative Konzept eine Lösung für das deutsche Regelungsdefizit bereithält[465], sei mit der *lender liability* noch ein anderer, ähnlicher Ansatz des US-amerikanischen Rechts vorgestellt.

b) *Lender Liability*

Die *lender liability* etabliert den Grundsatz, daß die Kontrolle eines Kreditgebers über den Kreditnehmer haftungsbegründend wirken kann[466]. Mit dieser Rechtsfigur wird im amerikanischen Recht die Haftung eines zumindest formal gesellschaftsfremden Rechtssubjektes statuiert. Sie ist in ihrer Anwendung nicht auf die *equitable subordination* beschränkt, sondern gilt auch in anderen Rechtsgebieten, wie etwa dem *contract law*, *corporate law* und *torts*[467]. Im Zusammenhang mit der *equitable subordination* haben sich zwei Fallgruppen der *lender liability* herausgebildet.

Fremdkapitalforderungen eines externen Kreditgebers werden zum einen dann subordiniert, wenn ein Kreditgeber die anderen Kreditgeber getäuscht und in die Irre geführt hat[468]. Erfaßt wird damit ein externer Kapitalgeber, der andere Gläubiger, die in Kenntnis der Krisenlage keinen Kredit gegeben hätten, zur Hingabe eines Kredites veranlaßt hat[469]. Dafür genügt allerdings nicht jedes täuschende oder irreführende Verhalten im Sinne des *inequitable conduct*. Erforderlich ist vielmehr ein darüber hinausgehendes Verhalten. In der Bestimmung dieses Verhaltens zeigt sich die Rechtsprechung allerdings uneinheitlich. Teils wird ein „ungeheuerliches Verhalten" („egregious conduct") für erforderlich gehalten[470], teils

---

465 Siehe dazu sogleich den Unterabschnitt c) auf Seite 147 f.

466 Kritisch zu dieser Praxis *Koh*, 16 Yale L. & Pol'y Rev. 467 (1998).

467 *Gehde*, Eigenkapitalersetzende Gesellschafterleistungen in Deutschland und den USA, S. 331 ff.; Siehe zu den verschiedenen Erscheinungsformen zusammenfassend *Budnitz/Chaitman*, The Law of Lender Liability, §7.

468 *DeNatale/Abram*, 40 Bus. Law. 417, 430 (1985).

469 *DeNatale/Abram*, 40 Bus. Law. 417, 430 (1985) unter Hinweis auf In the Matter of Bowman Hardware & Elec. Co., 67 F.2d 792 (7th Circuit 1933); In the Matter of Just for the Fun of It of Tennessee, Inc., 7 B.R. 166.

470 In the Matter of 604 Columbus Avenue Realty Trust, 968 F.2d 1332 (1992).

ein „krasses Fehlverhalten“ („gross misconduct“)[471] oder „Ungeheuerlichkeit und schwerwiegende Ungerechtigkeit“ („egregiousness and severe unfairness")[472]. In manchen Entscheidungen wird eines von beiden für erforderlich gehalten[473], in anderen decken sich diese Begriffe teilweise[474]. Einig ist man sich aber, daß ein Verhalten erforderlich ist, das über den *inequitable conduct* hinausgeht, um dem Umstand Rechnung zu tragen, daß externe Kreditgeber weder die gleichen Insider-Befugnisse haben wie Gesellschafter noch die gleichen Treuepflichten gegenüber den Gläubigern[475].

Nach der zweiten Fallgruppe haften externe Kreditgeber, wenn sie eine faktische Leitungsmacht ausgeübt haben[476]. Sie läßt sich auf die bereits zitierte Leitentscheidung *Comstock v. Group of Institutional Investors*[477] zurückführen und erfaßt externe Kapitalgeber, die unmittelbar auf den Kreditnehmer Einfluß genommen haben[478]. Dabei reicht es grundsätzlich nicht aus, einen bestimmenden Einfluß auf den Kreditnehmer zu haben, er muß auch ausgeübt werden[479]. Uneinheitlich ist die Rechtsprechung allerdings darin, wann ein bestimmender Einfluß angenommen werden soll. Teilweise wird eine fast vollständige Kontrolle der Gesellschaft

---

[471] In the Matter of Badger Freightways, Inc., 106 B.R. (Bankr. N. D. Ill.).

[472] Herzog v. Leighton Holdings, Ltd., 239 B.R. 497 (N. D. Ill. 1999).

[473] In the Matter of Baker & Getty Financial Services, Inc., 974 F.2d 712 (6th Circuit 1992) („gross or egregious misconduct“).

[474] In the Matter of Scallyways, Inc., 84 B.R. 303 (Bankr. D. Mass. 1988) („conduct was sufficiently egregious to be classified as gross misconduct necessary to subordinate claim of noninsider“).

[475] *DeNatale/Abram*, 40 Bus. Law. 417, 430 (1985).

[476] In the Matter of Vermont Electric Generation & Transmission Corp., Inc., 240 B.R. 476 (Bankr. D. Vt. 1999); *DeNatale/Abram*, 40 Bus. Law. 417, 432 (1985). Umfassend dazu *Hass*, 135 U. Pa. L. Rev. 1321 (1987).

[477] Comstock v. Group of Institutional Investors, 335 U.S. 211, 228 (1948). Siehe dazu schon Kapitel 7:A auf Seite 132 ff.

[478] *DeNatale/Abram*, 40 Bus. Law. 417, 432 (1985).

[479] In the Matter of Vermont Electric Generation & Transmission Corp., Inc., 240 B.R. 476 (Bankr. D. Vt. 1999).

verlangt („virtually complete control“[480]), teils eine erhebliche Kontrolle („substantial control“[481]) – in manchen Entscheidungen genügt sogar ein gewisser Entscheidungsspielraum des Kreditnehmers in Einzelfragen, um die Subordination zu verhindern[482]. Unabhängig von diesen Differenzen wird in den amerikanischen Entscheidungen deutlich, daß es den Gerichten darauf ankommt, die Fälle zu sanktionieren, in denen aus unternehmensstrukturellen Gründen die Annahme naheliegt, daß der Kreditgeber mit dem Kreditnehmer eine wirtschaftliche Einheit bildet.

c) *Eignung zur Behebung des Regelungsdefizits im deutschen Recht*

In der deutschen Literatur ist die Ausweitung des Normadressatenkreises nach amerikanischem Vorbild verschiedentlich propagiert worden[483]. Dieser Vorschlag ist von *Gehde* abgelehnt worden, weil eine Haftung gesellschaftsfremder Dritter in das deutsche Recht nicht systemkonform zu integrieren sei. Die amerikanischen Gerichte hätten niemals eine Haftung von *directors*, *officers* und *lenders* angenommen, wenn das Fehlverhalten ausschließlich in der Finanzierung einer unterkapitalisierten Gesellschaft bestand. Nach seiner Ansicht fehle deshalb der notwendige systembedingte Anknüpfungspunkt für eine Übertragung[484]. Diese An-

[480] Krivo Industrial Supply Co. v. National Distillers & Chemical Corp., 483 F.2d 1098, 1105 (5th Circuit 1973); In the Matter of Osborne, 42 B.R. 988, 997 (W. D. Wis. 1984).

[481] In the Matter of Pinetree Partners, Ltd., 87 B.R. 481, 489 (Bankr. N. D. Ohio 1988).

[482] In the Matter of American Lumber Co., 5 B.R. 470 (Bankr. D. Minn. 1980).

[483] So etwa von *Vervessos*, Das Eigenkapitalersatzrecht, S. 266 ff.; *Wiedemann*, in: FS Beusch, S. 893, 911 f.

[484] *Gehde*, Eigenkapitalersetzende Gesellschafterleistungen in Deutschland und den USA, S. 323, 346 und 416 f. Diese Ansicht ist zumindest im Hinblick auf *directors* problematisch. Es trifft zwar zu, daß amerikanische Gerichte eine nominelle Unterkapitalisierung wohl nur bei „Insidern“ zulassen (Vgl. auch In the Matter of Shelter Enterprises, Inc. 98 B.R. 224, 232 (Bankr. W. D. Pa. 1989): „As for the issue of undercapitalization, this Court has clearly indicated that undercapitalization is only a basis for subordination when it is determined that the claimant is an insider.“). *Directors* werden allerdings üblicherweise dazu gezählt (vgl. In the Matter of Dan-Ver Enterprises, Inc. 86 B.R. 443, 448 (Bankr. W. D. Pa. 1988) „ ... undercapitalization is only a basis for subordination where the claimant is a director, shareholder, or other insider.“). Das Fehlen einer Entscheidung, die Forderungen von *directors* subordiniert, indiziert deshalb

sicht verkennt, daß eine unmittelbare Übertragung der amerikanischen Ansätze aufgrund der systembedingten Unterschiede der beiden Rechtsordnungen ohnehin nicht das Ziel sein kann[485]. Die Ausweitung des Normadressatenkreises könnte deshalb in Abwandlung zum amerikanischen Vorbild durchaus auf systemkonforme Weise erfolgen.

In der hier vorliegenden Untersuchung kann das amerikanische Recht indes aus ganz anderen Gründen nicht weiterhelfen. Betrachtet man die dargestellten Nicht-Gesellschafter als bereits von § 32a Abs. 3 S. 1 GmbHG erfaßt[486], dann sind sie bereits Gegenstand dieser Untersuchung. In diesem Fall sind sie für das identifizierte Regelungsdefizit mitverantwortlich. Fallen sie hingegen nicht unter § 32a Abs. 3 S. 1 GmbHG, müßte der Tatbestand des § 32a GmbHG erweitert werden, um sie aufzunehmen. Dann könnten sie die bestehenden Regelungsdefizite des § 32a möglicherweise mindern. Sie wären dann allerdings auch gleichzeitig verantwortlich für neue, zusätzliche Regelungsdefizite.

2. *Gläubigerdifferenzierung*

Auch wenn man den unvollständigen Schadensausgleich nicht durch eine Erweiterung des Normadressatenkreises bekämpfen kann, so bleibt doch die Möglichkeit, das zur Verfügung stehende subordinierte Kapital anders zu verteilen. Dies haben die amerikanischen Gerichte in einigen Entscheidungen getan, indem sie eine Differenzierung der Gläubiger vornahmen. Es sind dies die Entscheidungen *Hanson v. Bradley*[487], *Obre v. Alban Tractor Co.*[488], *In the Matter of N&D Properties, Inc.*[489], *In the Matter of Vermont Toy Works*[490] und *In the Matter of*

nicht, daß dies ausgeschlossen ist. Ein solches Urteil ist nur deshalb nicht in näherer Zukunft nicht zu erwarten, weil ein *director*, der nicht gleichzeitig Gesellschafter ist, wohl nur in seltenen Fällen einen Kredit an die Gesellschaft vergeben wird.

[485] Dazu bereits oben Kapitel 7:B auf Seite 140 und die Einleitung zu Kapitel 7:C auf Seite 141 f.

[486] *Vervessos*, Das Eigenkapitalersatzrecht, S. 266.

[487] 10 N.E.2d 259 (1937). Dieser Fall stammt zwar aus der Zeit vor der Begründung der *equitable subordination* als anerkannter Rechtsfigur datiert. Er fügt sich jedoch nahtlos in die nachfolgende Rechtsprechung ein und soll deshalb an dieser Stelle berücksichtigt sein.

[488] 228 Md. 291 (1962).

Inc.[489], *In the Matter of Vermont Toy Works*[490] und *In the Matter of East Texas Steel Facilities, Inc.*[491].

Bei einer verallgemeinerten Betrachtung der Entscheidungen zeigt es sich, daß man die Entscheidungen auf einen durchgehenden Grundsatz zurückführen kann. In allen fünf Fällen wurde zwischen Gläubigern, die die finanzielle Situation der Gesellschaft zutreffend beurteilt hatten oder dies zumindest problemlos hätten tun können, und Gläubigern, die keine Möglichkeit dazu hatten, unterschieden[492]. Mit dieser Differenzierung stehen die amerikanischen Gerichte in der Tradition der Entscheidungen zum Haftungsdurchgriff[493], deren Unterscheidung in „freiwillige" und „unfreiwillige" Gläubiger bereits in dieser Untersuchung vorgestellt wurde[494].

Die US-amerikanischen Gerichte versagen den „freiwilligen" Gläubigern den Schutz durch die *equitable subordination.* Ihre Forderung wird nicht, wie üblich, vor der zu sanktionierenden Gesellschafterforderung berücksichtigt, sondern bleibt ihr grundsätzlich gleichgeordnet[495]. Die Forderungen der „freiwilligen" Gläubiger werden damit zwar weiterhin bei der Verteilung der Insolvenzquote berücksichtigt, aber nur im gleichen Maß wie die Gesellschafterforderungen. De facto bedeutet dies eine erhebliche Entwertung. Für die „unfreiwilligen" Gläubiger bleibt es dagegen bei der üblichen, sie begünstigenden Rechtsfolge der *equitable subordination.* Ihre Forderungen werden noch vor denen der Gesellschafter berücksichtigt.

---

489 799 F.2d 726 (11th Cir. 1986).

490 82 B.R. 258 (Bankr. D. Vt. 1987), reversed 135 B.R. 762 (D. Vt. 1991).

491 2000 WL 340281 (N. D. Tex. 2000).

492 Vgl. Hanson v. Bradley, 10 N.E.2d 259, 264 et seq. (1937); Obre v. Alban Tractor Co., 228 Md. 291, 296 et seq. (1962); In the Matter of N&D Properties, Inc., 799 F.2d 726, 732 f.; In the Matter of Vermont Toy Works, 82 B.R. 258, 333 (1987) mit Fn. 46. Zutreffend erkannt von *Gehde*, Eigenkapitalersetzende Gesellschafterleistungen in Deutschland und den USA, S. 311 f.

493 Vgl. *Easterbrook/Fischel*, Corporate Law, S. 59 Fn. 13, die – ohne konkret auf Urteile Bezug zu nehmen - die Grundsätze zur Gläubigerdifferenzierung beim Haftungsdurchgriff auch auf die *equitable subordination* für anwendbar halten.

494 Siehe oben Kapitel 5:B.I auf Seite 88 ff.

495 Vgl. dazu nur In the Matter of N&D Properties, Inc., 799 F.2d 726, 732 f.

Auf den ersten Blick erscheint die Differenzierung nach der Fähigkeit der Gläubiger zum Selbstschutz sinnvoll. Insbesondere die Tatsache, daß man auf diese Weise den Kreis der berechtigten Gläubiger begrenzen kann, wirkt verlockend. Zwar bleibt die Summe des subordinierten Gesellschafterfremdkapitals, das in der Insolvenz an die Gläubiger verteilt werden kann, gleich; der Betrag, den die als schutzwürdig eingestuften Gläubiger erhalten, steigt aber, weil es ihrer weniger gibt. Diese Konstruktion fügt sich auch scheinbar nahtlos in das in dieser Untersuchung herausgearbeitete System. Kapitel 5 hatte gezeigt, daß der *cheapest cost avoider*, also derjenige, der einen Schaden mit dem geringsten Aufwand vermeiden kann, den gesellschafterfremdfinanzierungsbedingten Schaden tragen soll. Das ist zwar der Gesellschafter. Die Überlegungen lassen sich aber zusätzlich auch auf die beiden Gläubigergruppen übertragen. Im Verhältnis der Gläubigergruppen untereinander sind dann die „freiwilligen" Gläubiger die *cheapest cost avoider*. Denn nur sie haben überhaupt die Möglichkeit, sich vor Eingehung einer Rechtsbeziehung zu der Gesellschaft über das Risiko zu informieren, das mit dieser Rechtsbeziehung verbunden ist[496].

Eine nähere Analyse fördert jedoch zutage, warum diese Differenzierung ungeeignet ist, um die Regelungsdefizite im deutschen Recht zu bekämpfen. Die Abgrenzung zwischen „freiwilligen" und „unfreiwilligen" Gläubigern weist nämlich auch ihre Tücken auf. Im Einzelfall bereitet die Einordnung von Vertragsgläubigern, also Gläubigern, die an sich freiwillig mit der Gesellschaft in Kontakt getreten sind, erhebliche Schwierigkeiten. Der Grund dafür liegt in der Tatsache, daß diese zwar an sich „freiwillige" Gläubiger sind, aufgrund fehlender Verhandlungsmacht aber unfreiwillig Opfer einer Gläubigergefährdung werden können. Bestes Beispiel hierfür ist der Verbraucher, der freiwillig einen geringwertigen Gegenstand des täglichen Bedarfs kauft, dem es aber wegen überproportionaler Informations-

[496] In diesem Sinne auch *Adams*, Eigentum, Kontrolle und beschränkte Haftung, S. 56 ff.; *Easterbrook/Fischel*, The Economic Structure of Corporate Law, S. 52 ff.; *dies.*, 52 U. Chi. L. Rev. 89 (1985); *Posner*, 43 U. Chi. L. Rev. 499 (1976); *Gehde*, Eigenkapitalersetzende Gesellschafterleistungen in Deutschland und den USA, S. 309 ff.

kosten nicht möglich ist, zu prüfen, ob der Produzent im Haftungsfall, etwa einer Haftung nach dem Produkthaftungsgesetz, zahlungsfähig sein wird[497].

Es stellt sich damit die für die Differenzierung entscheidende Frage: Wann müssen wir einen Gläubiger, der freiwillig mit der Gesellschaft in einen Geschäftskontakt getreten ist, aufgrund fehlender Verhandlungsmacht als „unfreiwilligen" Gläubiger begreifen?

Genau diese Frage war auch von den US-amerikanischen Gerichten zu entscheiden. In dem Fall *Hanson v. Bradley*[498] klagte ein ehemaliger Manager gegen eine Gesellschafterin, die sich von der Gesellschaft zugunsten ihres Gesellschafterdarlehns eine Sicherheit hatte bestellen lassen. Das Gericht lehnte es ab, die Sicherheit abzuerkennen und das Gesellschafterfremdkapital seinem Anspruch nachzuordnen. Ohne dies ausdrücklich zu sagen, behandelten sie den Manager also wie einen „freiwilligen" Gläubiger. Dies überrascht angesichts der Tatsache, daß wir bei der Darstellung der US-Grundsätze zum Haftungsdurchgriff festgestellt hatten, daß Arbeitnehmer grundsätzlich als „unfreiwillige" Gläubiger anzusehen sind[499]. Leider erklärt das Gericht nicht, warum es in diesem Fall einer anderen Ansicht war. In der Urteilsbegründung stellt das Gericht lediglich etwas lapidar fest, daß der Manager gewußt habe, worauf er sich einließ. Frei übersetzt heißt es: „Es kann davon ausgegangen werden, daß er [der Manager] die Wertlosigkeit der Gesellschaft, mit der er einen Vertrag einging, kannte, und daß er wußte, daß sein Vertrag wertlos war, wenn die Gesellschaft kein Geld leihen konnte."[500] Damit verkennt das Gericht den wesentlichen Kern der Differenzierung: Wie bereits gezeigt, ist ein Gläubiger nicht nur dann schutzwürdig, wenn er den drohenden Forde-

---

497 *Blumberg*, 11 J. Corp. L. 573, 618 (1986) mit einem ähnlichen Fall aus dem amerikanischen Recht.

498 Hanson v. Bradley, 10 N.E.2d 259, 264 et seq. (1937)

499 Siehe dazu die Ausführungen oben in Kapitel 5:B.I.

500 Hanson v. Bradley, 10 N.E.2d 259, 264 et seq. (1937) ("The fair interference is that he [the manager] knew the worthlessness of the corporation with which he contracted, and he knew that his contract was of no value unless the corporation could borrow money.").

rungsausfall nicht antizipiert, sondern auch, wenn er ihn zwar voraussieht, sich aber nicht dagegen schützen kann[501].

In den Fällen *Obre v. Alban Tractor Co.*[502], *In the Matter of N&D Properties, Inc.*[503] und *In the Matter of Vermont Toy Works*[504] ging es um Abgrenzungsfragen bei Warenkreditgebern, die grundsätzlich den „freiwilligen" Gläubigern zugerechnet werden[505]. Denn sie kontrahieren freiwillig mit der Gesellschaft und haben eine ausreichende Verhandlungsmacht, um Selbstschutzmaßnahmen zu ergreifen. Außerdem lohnt es sich für sie, Geld auszugeben, um Informationen über die Gesellschaft einzuholen und sich auf diese Weise ein Bild von der Gesellschaft zu machen. In diesem Sinne entschieden die Gerichte in den Fällen *Obre v. Alban Tractor Co.* und *In the Matter of N&D Properties, Inc.* Als versierte Geschäftsleute hätten sie leicht erkennen können, in welcher finanziellen Situation sich die Gesellschaft befunden habe. Übersetzt heißt es in *Obre v. Alban Tractor Co.*: „Gesellschaften sind als Gläubiger gehalten, über den finanziellen Status ihres Schuldners informiert zu sein und ihre finanzielle Interessen selbst zu schützen."[506] Ähnlich lautet auch die Begründung in den Entscheidungen *In the Matter of N&D Properties, Inc.*[507] und *In the Matter of East Texas Steel Facilities, Inc.*[508].

---

[501] Siehe dazu Kapitel 5:B.I auf Seite 88 ff.

[502] Obre v. Alban Tractor Co., 228 Md. 291, 296 et seq. (1962).

[503] In the Matter of N&D Properties, Inc., 799 F.2d 726 (11th Cir. 1986).

[504] In the Matter of Vermont Toy Works, 82 B.R. 258 (Bankr. D. Vt. 1987) reversed 135 B.R. 762 (D. Vt. 1991).

[505] Siehe zu dieser Klassifikation bereits oben Kapitel 5:B.I auf Seite 88 ff.

[506] Siehe Obre v. Alban Tractor Co., 228 Md. 291, 296 et seq. (1962): „... corporate creditors are deemed to have notice of their debtor's financial status and to have protected their own financial interests.".

[507] In the Matter of N&D Properties, Inc., 799 F.2d 726, 732 f. (11th Cir. 1986): „[Trade] creditors could easily have learned [about the situation of the appellee]."

[508] Vgl. 2000 WL 340281 (N. D. Tex. 2000). Wörtlich heißt es: „The fact that the Bank did not adequately structure its business dealings so as to provide itself maximum protection does not entitle it to equitable priority ...".

In der Entscheidung *In the Matter of Vermont Toy Works*[509] entschied sich das befaßte Gericht dagegen genau anders herum. Der Warenkreditgeber habe von der finanziellen Situation der Gesellschaft nichts gewußt und die Zusammenhänge der Unternehmensfinanzierung nicht durchschauen können[510]. Das stellt nur dann keinen Widerspruch zu den vorgenannten Entscheidungen dar, wenn es sich in diesem speziellen Fall um einen aufgrund besonderer Umstände besonders schutzwürdigen Warenkreditgeber handelte. Aus der Entscheidung geht jedoch nichts dergleichen hervor. Auch der Umfang seines finanziellen Engagements spricht dagegen – ging es doch in diesem Fall um einen Warenkredit in Höhe von insgesamt $ 495.000[511], so daß eigentlich genauere Erkundungen auch dann noch zumutbar gewesen wären, wenn sie erhebliche Kosten verursacht hätten.

Diese Widersprüchlichkeiten wären vermieden worden, wenn man einen deduzierbaren Obersatz gebildet hätte. Das war den amerikanischen Gerichten jedoch aufgrund der Natur des amerikanischen Rechts nicht möglich. Die Rechtsfigur der *equitable subordination* ist nämlich geprägt vom amerikanischen *case law*, das nicht von deduzierbaren Obersätzen ausgeht, sondern sich vielmehr an vergleichbaren Fällen, Präjudizien, orientiert[512].

In der Literatur gibt es dagegen erste Versuche, aus der amerikanischen Rechtsprechung deduzierbare Obersätze zu entwickeln. Prominentester Amerikaner ist *Richard Posner*, der vorgeschlagen hat Arbeitnehmer dann als „unfreiwillige" Gläubiger anzusehen, wenn sie über den Lohn keine Kompensation für das eingegangene Risiko erhalten[513]. Seine Formel löst indes nicht das Abgrenzungsproblem. Denn nun fragt sich, wie hoch der Lohn sein muß, um das eingegangene Risiko zu kompensieren. Das läßt sich nicht abstrakt, sondern nur konkret bestimmen, weil man das zu kompensierende Risiko kennen muß.

---

509 In the Matter of Vermont Toy Works, 82 B.R. 258 (Bankr. D. Vt. 1987), reversed 135 B.R. 762 (D. Vt. 1991).

510 82 B.R. 258, 333 (Bankr. D. Vt. 1987).

511 82 B.R. 258 (Bankr. D. Vt. 1987).

512 Siehe dazu bereits Kapitel 7:A mit weiterführenden Hinweisen in Fn. 448 auf Seite 139.

513 *Posner*, 43 U. Chi. L. Rev. 499, 506 (1976).

Einen anderen Versuch wagte *Heiner Drüke*, der in einem parallelen Fall, bei der Rechtsfigur des Haftungsdurchgriffs, versuchte, die amerikanische Einzelfallregelung für das deutsche Recht nutzbar zu machen, indem er die Kategorisierung der amerikanischen Rechtsprechung pauschalisierte. Seiner Ansicht nach werde man „regelmäßig" bei Arbeitnehmern nicht voraussetzen können, daß sie das erforderliche betriebswirtschaftliche Wissen haben, um die finanzielle Situation ihres Arbeitgebers, der Gesellschaft, einschätzen zu können[514]. Damit wird das zentrale Abgrenzungsproblem mit einer pauschalen Behauptung einfach übergangen. Es ist ja gerade im Einzelfall die Frage, ob der Arbeitnehmer die finanzielle Situation der Gesellschaft einschätzen konnte oder nicht, und ob er sich davor schützen konnte.

Dieses Problem kann man auch nicht dadurch umgehen, daß man scheinbar unstreitige Fälle identifiziert und nur diese als „freiwillig" qualifiziert. Dies haben *Scheel* und *Grossmann* getan, indem sie vorschlugen, Finanzkreditgeber aus dem Anwendungsbereich der Norm auszunehmen[515]. Bereits die Begründung dieser Ausnahme offenbart, warum sie abzulehnen ist. So schreibt *Grossmann*, Banken und Großunternehmen seien „regelmäßig" in der Lage, die finanzielle Situation einer Gesellschaft „relativ" umfassend in Erfahrung zu bringen[516]. Ähnlich ist die Vermutung von *Scheel*: Finanzkreditgeber seien „regelmäßig" fähig, die Kreditrisiken zu bewerten und die Darlehenskonditionen auf die Risiken des Einzelfalls abzustimmen[517]. „Regelmäßig" bedeutet aber etwas anderes als „immer". Und gerade die denkbaren Ausnahmen, nämlich die Fälle, in denen das finanzielle Engagement so niedrig ist, daß die Aufwendung der Informationskosten unverhältnismäßig wäre, widersprechen einer pauschalen Herausnahme der Finanzkreditgeber.

---

[514] *Drüke*, Die Haftung der Muttergesellschaft für Schulden der Tochtergesellschaft, S. 56.

[515] *Scheel*, Konzerninsolvenzrecht, S. 96; *Grossmann*, Gesellschafterdarlehen bei Insolvenz, S.101.

[516] *Grossmann*, Gesellschafterdarlehen bei Insolvenz, S.101.

[517] *Scheel*, Konzerninsolvenzrecht, S. 96.

Wenn die Bildung einer allgemeinen Abgrenzungsformel scheitert, muß man wie in den USA die Abgrenzung im Einzelfall den Gerichten überlassen. Die Folge einer solchen einzelfallbezogenen Differenzierung ist aber Rechtsunsicherheit, weil der Rechtsanwender nicht vorhersehen kann, wie das Gericht entscheiden wird. Ein Warenkreditgeber weiß in den USA eben nicht, ob Gesellschafterfremdkapital zu seinen Gunsten subordiniert wird oder nicht. Dieses Problem ist in der US-amerikanischen Literatur so weit ersichtlich nicht thematisiert worden[518], weil gerade die Einzelfallentscheidung zentrales Element der amerikanischen Rechtsprechung ist. Sie ist deshalb aus Sicht eines Amerikaners, insbesondere eines Richters wie *Richard Posner* nicht zu beanstanden.

Welche negativen Folgen diese Rechtsunsicherheit hätte, zeigt sich aber deutlich, wenn man an die Erkenntnisse von Kapitel 5 zum Gläubigerverhalten anknüpft. Die Gläubiger würden entweder als schwache oder als starke Kreditrationierer auf diese Rechtsunsicherheit reagieren. Als schwache Kreditrationierer würden sie sich mit besonderen Vereinbarungen gegen das zusätzliche Risiko absichern; als starke Kreditrationierer würden sie ganz auf den Abschluß eines Vertrages verzichten. Es hatte sich gezeigt, daß beide Verhaltensformen ökonomisch ineffizient sind[519].

II. Beseitigung der durch die Ausnahmetatbestände verursachten Regelungsdefizite

Das vorangegangene Kapitel hat gezeigt, daß im deutschen Recht die Einschränkung des Normadressatenkreises durch die Ausnahmetatbestände zu Regelungsdefiziten führt[520]. Diese beruhten auf der vom deutschen Recht gewählten rechtli-

---

[518] Vgl. insbesondere die grundlegenden Arbeiten zum Haftungsdurchgriff von *Easterbrook/Fischel*, The Economic Structure of Corporate Law, S. 52 ff.; *dies.*, 52 U. Chi. L. Rev. 89 (1985); *Posner*, 43 U. Chi. L. Rev. 499 (1976). Auch bei der zitierten deutschen Literatur fehlt eine Auseinandersetzung mit dieser Problematik.

[519] Siehe oben Kapitel 5:B.I.2.a) auf Seite 93 f. zur strengen und Kapitel 5:B.I.2.b) auf Seite 94 ff. zur schwachen Kreditrationierung.

[520] Siehe dazu Kapitel 6:B.V auf Seite 128.

chen Konstruktion. § 32a GmbHG erfaßt zunächst mit einer pauschalen Regelung alle Gesellschafter, um anschließend einzelne Gruppen von ihnen von der Geltung der Norm auszunehmen. Diese Ausnahmen sind wiederum sehr starr, weil auch hier wieder nur an formale Kriterien angeknüpft wird. Bei § 32a Abs. 3 S. 2 GmbHG sind dies die formale Stellung als nicht-geschäftsführenden Gesellschafter und die Beteiligungshöhe. Die Ausnahme des § 32a Abs. 3 S. 3 GmbHG gilt, wenn der Gesellschafter zunächst nur ein externer Fremdkapitalgeber war. § 24 UBGG setzt voraus, daß es sich bei dem Gesellschafter gleichzeitig um einen Gesellschafter einer Unternehmensbeteiligungsgesellschaft handelt. § 56e DMBilG greift bei bestimmten Darlehen der Treuhandanstalt[521].

Ganz anders stellt sich die Rechtslage im amerikanischen Recht dar. Dort gibt es keinen pauschalen Grundtatbestand. Vielmehr entscheiden die amerikanischen Gericht im Einzelfall, ob der am Prozeß beteiligte Gesellschafter von der Regelung der *equitable subordination* erfaßt werden soll. Die Bildung von Ausnahmen ist in einem solchen System nicht notwendig. Die *equitable subordination* erfaßt seine Normadressaten vielmehr in einem Schritt. Entscheidendes Kriterium hierfür ist die von einer Person ausgeübte Kontrolle über die Gesellschaft[522]. Die amerikanische Rechtsprechung betrachtet solche Gesellschaftsmitglieder als kontrollierend, die in der Lage sind, die Entscheidungen des Unternehmens zu beeinflussen[523]. Dabei ist unerheblich, ob sie dies unmittelbar als Geschäftsführer oder mittelbar durch die bloße Auswahl eines Geschäftsführers tun[524]. Entgegen anderslau-

---

521 Jetzt Bundesanstalt für vereinigungsbedingte Sonderaufgaben (BvS).

522 *DeNatale/Abram*, 40 Bus. Law. 417, 424 (1985); In the Matter of Lemco Gypsum, Inc., 108 B.R. 831, 835 (Bankr. S. D. Ga. 1988); In the Matter of N&D Properties, 54 B.R. 590, 596 (N. D. Ga. 1985) und 799 F.2d 726, 732 (11th Cir. 1986); In the Matter of Sullivan Haas Coyle, Inc., 208 B.R. 239 (Bankr. N. D. Ga. 1997).

523 In the Matter of Lemco Gypsum, Inc., 108 B.R. 831, 835 (Bankr. S. D. Ga. 1988).

524 In the Matter of N&D Properties, 799 F.2d 726, 732 (11th Cir. 1986) unter Verweis auf *Berle*, 58 Colum. L. Rev. 1212 (1958).

tenden Behauptungen in der deutschen Literatur wird fehlende Kontrolle auch nicht durch ein erhebliches Darlehen ausgeglichen[525].

Das amerikanische Regelungskonzept weist mit dem Kriterium der Kontrolle allerdings eine gewisse Ähnlichkeit mit dem hinter § 32a Abs. 3 S. 2 GmbHG stehenden Ansatz auf. Diese Regelung nimmt den nicht geschäftsführenden Gesellschafter, der mit zehn vom Hundert oder weniger am Stammkapital beteiligt ist, von der Geltung des Eigenkapitalersatzrechts aus. Sie orientiert sich damit ebenso wie § 510(c) B.C. an dem Kriterium der Kontrolle[526]. Man könnte deshalb versucht sein, diesen Gleichklang als Beweis dafür zu sehen, daß das Kriterium der Kontrolle ein problemadäquates Unterscheidungskriterium darstellt. Die Untersuchung zum deutschen Recht hatte allerdings ergeben, daß diesem Kriterium keine entscheidende Bedeutung beigemessen werden kann. Denn die Gläubigergefährdung besteht weitestgehend unabhängig von einer Kontrolle des Gesellschafters über die Gesellschaft. Die Gläubiger werden auch durch die Gesellschafterfremdfinanzierung eines nicht kontrollierenden Gesellschafters gefährdet[527]. Das ameri-

---

525 So aber *Gehde*, Eigenkapitalersetzende Gesellschafterleistungen in Deutschland und den USA, S. 405. Sein Verweis in der dortigen Fn. 118 ist irreführend. Zum einen verweist er versehentlich auf eine falsche Stelle im Text (auf Seite 330 und nicht auf Seite 324 ff., wo er sich tatsächlich mit dieser Fragestellung befaßt). Darüber hinaus ist seine Aussage auch inhaltlich unzutreffend. Als Beleg für seine Behauptung läßt sich allenfalls der von ihm zitierte Fall Braddy v. Randolph, 352 F.2d 80 (4th Cir. 1965) anführen, in dem die Darlehen der vier gleichmäßig mit je 25% beteiligten Gesellschafter subordiniert wurden. Allerdings wurden sie gemeinsam verklagt und in dem Urteil überhaupt nicht einzeln erwähnt. Die Frage, ob eine einzelne 25%ige Beteiligung an der Gesellschaft Kontrolle in einem relevanten Sinn vermittelt, und wenn nicht, wann ein Darlehen Kontrolle in einem relevanten Umfang vermittelt, wurde darin schlichtweg nicht aufgeworfen. Aus diesem Grunde formuliert er seine Aussage auf Seite 326 noch ganz anders: Die Gerichte hätten mit dem Maßstab der wirtschaftlichen Einflußnahme ein flexibles Instrument zur Hand. Es erscheine deshalb vertretbar, allein in der Kreditvergabe schon eine wirtschaftliche Machtstellung zu sehen. Das ist aber eine reine Vermutung, die insbesondere der amerikanischen Rechtsprechung zur *lenders liability* widerspricht, die die bloße Kreditvergabe, in welcher Höhe auch immer, eben nicht als ausreichend erachtet (vgl. dazu oben Kapitel 7:C.I.1.b) auf Seite 145 ff.).

526 Siehe oben Kapitel 6:B.I auf Seite 117 ff.

527 Einzig drei Gläubigergefahren konnten auf die Kontrolle des kapitalgebenden Gesellschafters zurückgeführt werden. Es handelt sich um den Übergang zu einer riskanteren Investitionspolitik, die Aufnahme von zusätzlichem Fremdkapital und die Durchführung zusätzlicher Investiti-

kanische Kriterium der Kontrolle ist somit als Vorbild für das deutsche Recht abzulehnen.

Dadurch verlieren auch rechtsvergleichende Aussagen zu den übrigen Ausnahmetatbeständen an Aussagekraft. Da sich das amerikanische Recht ausschließlich am Kriterium der Kontrolle orientiert, ist es nur zwangsläufig, daß die übrigen deutschen Ausnahmen, die sich nicht an diesem Kriterium orientieren, amerikanischen Vorstellungen zuwiderlaufen. Nach amerikanischem Verständnis macht es zwangsläufig keinen Sinn, staatliche Einrichtungen unabhängig von der tatsächlich ausgeübten Kontrolle per se zu bevorzugen, wie dies im deutschen Recht durch § 56e DMBilG mit der Treuhandanstalt geschieht. Ebensowenig Sinn macht es aus amerikanischer Sicht, Gesellschafterfremdkapital nur deshalb auszunehmen, weil der betreffende Gesellschafter eine Unternehmensbeteiligungsgesellschaft ist (§ 24 UBGG). Schließlich ist auch eine Ausnahme für die spezielle Sanierungssituation eines neu hinzukommenden Gesellschafters, der zuvor schon Gläubiger der Gesellschaft war (§ 32a Abs. 3 S. 3 GmbHG), in diesem System nicht integrierbar[528].

Dieses Nichtbestehen von Pendants im amerikanischen Recht kann man zwar als Ablehnung des deutschen Regelungskonzepts verstehen. Es fehlt allerdings eine überzeugende Alternative oder zumindest Erklärung, warum diese Ausnahmetatbestände abzulehnen seien. Beides sucht man aus den genannten Gründen in der amerikanischen Rechtsprechung und Literatur vergeblich. Eine Verbesserung des deutschen Rechts mit Hilfe amerikanischer Ansätze ist somit hinsichtlich der Ausnahmetatbestände nicht möglich.

onsprojekte mit negativem Kapitalwert. Die übrigen Gläubigergefahren bestehen unabhängig von der Kontrolle des kapitalgebenden Gesellschafters. Vgl. dazu Kapitel 6:B.I auf Seite 117 ff.

[528] Siehe auch *Herrmann*, Quasi-Eigenkapital im Kapitalmarkt- und Unternehmensrecht, S. 253, der darauf hinweist, daß das amerikanische Recht kein Sanierungsprivileg kennt.

III. Anreize für Investitionen mit positivem Kapitalwert

§ 32a GmbHG hat zur Folge, daß der Anreiz, Investitionen mit positivem Kapitalwert vorzunehmen, sinkt[529]. Das ist der Preis, den das deutsche Recht dafür zahlt, um die Gläubiger vor den übrigen gesellschafterfremdfinanzierungsbedingten Gefahren zu schützen[530]. Ein Schwachpunkt dieses Ansatzes liegt darin, daß § 32a GmbHG auch dann eingreift und Investitionen mit positivem Kapitalwert verhindert, wenn die Gläubigergefahren, vor denen er schützen sollte, gar nicht eingetreten sind. Die *equitable subordination* greift dagegen nach dem oben vorgestellten Mobile Steel-Test nur dann, wenn das Verhalten des Gesellschafters auch kausal für einen Schaden der Gläubiger ist[531].

Ein Schaden wird in der amerikanischen Gerichtspraxis angenommen, wenn die Gläubiger nachweisen können, daß das Verhalten des Gesellschafters ihre Vermögensposition im Insolvenzverfahren verändert hat[532]. Die Anforderungen an diesen Nachweis sind allerdings relativ gering, was sicherlich daran liegt, dass bereits eine Risikoerhöhung eine Vermögensgefährdung darstellt, die bei wirtschaftlicher Betrachtung als (nicht realiserter) Schaden gelten muß. Nach amerikanischem Recht muß der Schaden des einzelnen Gläubigers nicht quantifiziert werden. Die klageführende Partei muß lediglich nachweisen, daß das Fehlverhalten den Gläubigern insgesamt geschadet hat[533]. Selbst dieser Nachweis ist bei der Fallgruppe der Unterkapitalisierung schwer zu führen. Man müßte nämlich ex post die Auswirkungen der Finanzierung nachweisen. Die Gerichte kommen den Gläubigern

---

529 Siehe dazu Kapitel 6:A.II.2 auf Seite 114 f.

530 Siehe hierzu bereits die Analyse der deutschen Regelung im umgekehrten Fall des § 32a Abs. 3 S. 3 GmbHG am Ende von Kapitel 6:B.II auf Seite 122 ff.

531 In the Matter of Mobile Steel Co., 563 F.2d 692, 699-700 (5th Cir. 1977). Siehe hierzu auch bereits Kapitel 7:A auf Seite 132 ff.

532 *DeNatale/Abram*, 40 Bus. Law. 417, 426 (1985); In the Matter of Kansas City Journal Post Co., 144 F.2d 791, 800 f. (8th Cir. 1944).

533 *DeNatale/Abram*, 40 Bus. Law. 417, 426 (1985); *Scheel*, Konzerninsolvenzrecht, S. 198. Vgl. dazu auch In the Matter of Tantrex Corp., 10 B.R. 235, 241 (Bankr. D. Mass. 1981); In the Matter of Commonwealth Light & Power Co., 1417 F.2d 734, 739 (7th Circuit), appeal dismissed, 322 U.S. 766 (1944); In the Matter of Beverages International Ltd., 50 B.R. 273, 283 (Bankr. D. Mass. 1985).

deshalb auch hier entgegen. Sie haben wiederholt festgestellt, daß die Gläubiger im Rahmen ihrer Darlegungs- und Beweislast nicht verpflichtet sind, tiefere Nachforschungen anzustellen[534] und lassen es als Nachweis genügen, daß die Aussicht, ihre Verbindlichkeiten einzutreiben, gesunken ist[535]. Dafür reicht aus, daß ein Insolvenzverfahren eröffnet wurde[536]. Da die *equitable subordination* ein Rechtsinstitut des amerikanischen Insolvenzverfahrens ist, wird diese letzte Voraussetzung immer erfüllt sein.

Im Ergebnis stellt sich die zweite Voraussetzung des Mobile Steel-Tests damit nicht als wirklicher Prüfungspunkt, sondern als faktische Pauschalannahme des Gerichts dar. Das amerikanische Recht ist folglich in diesem Zusammenhang trotz theoretischer Unterschiede ebenso undifferenziert wie das deutsche Recht und bietet damit keine Lösung zu dem deutschen Problem.

IV. Unterdrückung der Anreize zur Gläubigerschädigung

Das vorangegangene Kapitel hat gezeigt, daß die in Kapitel 4 identifizierten sieben Anreize zur Gläubigerschädigung[537] unter dem Regime des § 32a GmbHG

[534] Vgl. In the Matter of Westgate-California Corp., 642 F.2d 1174, 1178 (9th Cir. 1981); In the Matter of Kistner, 25 B.R. 262, 264 (Bankr. S. D. Ohio 1982); In the Matter of Sayman's, Inc., 15 B.R. 229, 231 (Bankr. N. D. Ga. 1981); In the Matter of Reed, 11 B.R. 258, 276 f. (Bankr. D. Utah 1981).

[535] Vgl. In the Matter of Trantex Corp., 10 B.R. 235, 238 (Bankr. D. Mass. 1981). Siehe auch *DeNatale/Abram*, 40 Bus. Law. 417, 426 (1985) Fn. 54, die schreiben: „Proving a reduction in the reasonable likelihood of the general creditors collecting upon their debt has been held a sufficient demonstration of harm."

[536] In der Entscheidung In the Matter of Trantex Corp., 10 B.R. 235, 258 wurde dies folgendermaßen zusammengefaßt: "This is not a situation where the court could point to a number and [determine the extent of each creditor's injury] ... It is important to note that the alleged injury has already occurred, namely the need for the filing of a bankruptcy petition. The damages are not a specific number of dollars, but the fact that general creditors must stand last in line to receive payment." Kritisch zu dieser Gerichtspraxis *Dickens*, 65 Tex. L. Rev. 801, 808 (1987).

[537] Täuschung der Gläubiger, Übergang zu einer riskanteren Investitionspolitik, Aufnahme von zusätzlichem Fremdkapital, absprachewidrige Auszahlungen an den Gesellschafter, Vornahme

sinken[538]. Die Norm vermochte mit ihrer Rechtsfolge der Subordination aber weder die Anreize zu gläubigerschädigendem Verhalten vollständig zu unterbinden, noch zu verhindern, daß es ohne Anreize zu einem gläubigerschädigendem Verhalten kommt. Der Grund dafür liegt darin, daß § 32a GmbHG zu pauschal wäre. Grund ist vielmehr, daß die deutsche Norm keine präventive Regelung ist, die das eigentliche, schädigende Verhalten verhindert, sondern eine repressive Regelung, die das schädigende Verhalten lediglich sanktioniert. § 510(c) B.C. ist ebenfalls repressiv. Das gläubigerschädigende Verhalten wird deshalb auch im amerikanischen Recht lediglich rückwirkend sanktioniert. Man verwendet dazu sogar grundsätzlich die gleiche Rechtsfolge, nämlich die Subordination[539]. Naturgemäß muß man deshalb zu den gleichen Regelungsdefiziten kommen, wenn man die „amerikanische" Rechtsfolge auf das deutsche Recht anwendet. Das amerikanische Recht vermag somit auch hinsichtlich der Anreize zur Gläubigerschädigung keine Abhilfe zu schaffen.

D. Ergebnis

Entgegen dem allgemeinen Trend, Verbesserungen des deutschen Rechts in einer Übernahme amerikanischer Regelungskonzepte zu suchen, muß für den speziellen Fall des § 32a GmbHG die Übernahme amerikanischer Lösungsansätze aus § 510(c) B.C. abgelehnt werden. Das amerikanische Recht weist zwar eine Vielzahl alternativer Ansätze auf. Bei genauerer Betrachtung erweisen sich diese je-

---

zusätzlicher Investitionen mit negativem Kapitalwert, Fortführung einer nicht mehr fortführungswürdigen Gesellschaft, Bevorzugung des Gesellschafters bezüglich der Rückzahlung.

538 Siehe zum deutschen Recht zusammenfassend Kapitel 6:C auf Seite 129, sowie die hinführenden Erörterungen unter Kapitel 6:A.I.2 auf Seite 108 ff.

539 Ein Unterschied besteht allerdings darin, daß im amerikanischen Recht auch Teilsubordinationen möglich sind. Siehe dazu schon oben Kapitel 7:A mit Fn. 411 auf Seite 133 m. w. N. Relevant ist eine solche Teilsubordination allerdings nur dann, wenn man wie im amerikanischen Recht eine einzelfallabhängige Differenzierung vornimmt. Eine solche hat sich für den in der vorliegenden Untersuchung relevanten Sachverhalt entweder als nicht einschlägig (siehe Kapitel 7:C.III auf Seite 159 f.) oder nicht sinnvoll (siehe Kapitel 7:C.I.2 auf Seite 148 ff.) erwiesen.

doch als ungeeignet, um die Regelungsdefizite im deutschen Recht zu beheben. Das liegt zum einen daran, daß sich bestimmte Besonderheiten des deutschen Rechts, namentlich die Ausnahmetatbestände zu § 32a Abs. 3 S. 3 GmbHG, § 24 UBGG und § 56e DMBilG, mit der amerikanischen Systematik nicht vereinbaren lassen[540], teilweise daran, daß die amerikanische Regelung die gleichen Regelungsdefizite aufweist wie das deutsche Recht[541], schließlich aber auch daran, daß sich manche amerikanischen Lösungsvorschläge als schlichtweg ungeeignet erweisen - wie auf die unterschiedliche Behandlung einzelner Gläubigergruppen[542].

---

[540] Kapitel 7:C.I.1 auf Seite 142 ff. und Kapitel 7:C.II auf Seite 155 ff.

[541] Kapitel 7:C.III auf Seite 159 ff. und Kapitel 7:C.IV auf Seite 160 ff.

[542] Kapitel 7:C.I.2 auf Seite 148 ff.

Kapitel 8: Weitere Verbesserungsansätze

Wenn das amerikanische Recht keine überzeugenden Verbesserungsvorschläge für die deutschen Probleme bereithält, müssen anderweitig Lösungen gesucht werden. Die folgenden Ausführungen dienen dem Zweck, alternative Lösungsansätze zur Behebung der Regelungsdefizite aufzuspüren und zu bewerten.

A. Beseitigung der durch die Ausnahmetatbestände verursachten Regelungsdefizite

Zur Verbesserung der durch die Ausnahmetatbestände verursachten Regelungsdefizite könnte zunächst auf die neuere deutsche Literatur zurückgegriffen werden, die sich in den letzten Jahren intensiv mit den neu geschaffenen Ausnahmetatbeständen § 32a Abs. 3 S. 2 und 3 GmbHG beschäftigt haben[543]. Scheinbar unabhängig voneinander haben die verschiedenen Autoren diverse Möglichkeiten untersucht, mit denen die neuesten Ausnahmetatbestände, § 32a Abs. 3 S. 2 und 3 GmbHG, teleologisch reduziert werden können[544].

---

[543] An Monographien sind zu nennen *Kuthe*, Die Änderungen im System der eigenkapitalersetzenden Gesellschafterdarlehen (2001); *Schenk*, Finanzierungsfolgenverantwortung eines Kleingesellschafters (2001); *Vervessos*, Das Eigenkapitalersatzrecht (2001); *Tillmann*, Privilegierte Kapitalhilfen durch GmbH-Gesellschafter (2001); *Barth*, Der Anwendungsbereich des Eigenkapitalersatzrechts (2001); *Schouler*, Grundlagen des Eigenkapitalersatzrechts (2001); *Lehner*, Sanierungsprivileg (2001).

[544] Siehe hierzu jeweils die erschöpfenden Darstellungen bei *Vervessos*, Das Eigenkapitalersatzrecht, S. 194 ff. und 312 ff.; *Schouler*, Grundlagen des Eigenkapitalersatzrechts, S. 243 ff.; *Barth*, Der Anwendungsbereich des Eigenkapitalersatzrechts, S. 112 ff. und 189 ff.; *Tillmann*,

Der Beitrag, den diese Bemühungen zu der vorliegenden Untersuchung leisten können, ist jedoch enttäuschend gering. Denn alles, was die diversen Formen teleologischer Reduktion tun können, ist, den Umfang der Ausnahmen zu begrenzen. Dies ist zwar zu begrüßen, da damit die durch die Ausnahmetatbestände geschaffenen Regelungsdefizite eingeschränkt werden. Eine teleologische Reduktion ist jedoch ungenügend, weil sie das zugrundeliegende Problem nicht beheben kann. Dieses besteht darin, daß die Ausnahmetatbestände in jeder Form, ob nun teleologisch reduziert oder nicht, das Risiko von den Gesellschaftern auf die Gläubiger verlagern[545]. Eine solche Regelung ist nach den Erkenntnissen dieser Untersuchung abzulehnen, weil sich in Kapitel 5 gezeigt hat, daß eine effiziente Regelung den Schaden den Gesellschaftern als den *cheapest cost avoiders* zuweisen muß[546]. Will man die durch die Einführung der Ausnahmetatbestände geschaffenen Regelungsdefizite vermeiden, bleibt damit nur eine Möglichkeit: Sie müssen aufgehoben werden.

B. Anreize für Investitionen mit positivem Kapitalwert

Um zu verhindern, daß Investitionen mit positivem Kapitalwert unterlassen werden, bieten sich neben den im vorangegangenen Kapitel untersuchten aber wieder verworfenen Lösungsansätzen noch drei weitere Möglichkeiten an.

Privilegierte Kapitalhilfen durch GmbH-Gesellschafter (2001), S. 325 ff.; sowie exemplarisch die Zeitschriftenbeiträge von *Altmeppen*, ZGR 1999, 291 ff.; *Casper/Ulrich*, GmbHR 2000, 472 ff.; *Dörrie*, ZIP 1999, 11 ff.; *Pentz*, GmbHR 1999, 437 ff.; *Westermann*, DZWiR 2000, 1 ff.

545 Siehe zu der Feststellung, daß die Ausnahmetatbestände das Risiko von den Gesellschaftern zu den Gläubigern verlagern bereits Kapitel 6:B.V auf Seite 128.

546 Siehe oben Kapitel 5:B.I.1 auf Seite 91 ff.

I. Abschaffung von § 32a GmbHG

Die naheliegendste Möglichkeit, um zu verhindern, daß Investitionen mit positivem Kapitalwert unterlassen werden, ist § 32a GmbHG ganz abzuschaffen. Die betroffenen Gesellschafter bräuchten dann die Sanktionen des § 32a GmbHG nicht mehr zu fürchten und wären eher zu Investitionen bereit. Diesem Vorteil stehen jedoch gewaltige Nachteile gegenüber: Die in Kapitel 4 beschriebenen strukturellen und anreizbezogenen Risiken bestünden wieder in vollem Umfang. Wie die ökonomische Analyse in Kapitel 5 ergeben hat, muß dies aber unbedingt vermieden werden, will man Ineffizienzen aufgrund erhöhter Transaktionskosten vermeiden. Eine Abschaffung von § 32a GmbHG kommt somit nicht in Betracht.

II. Zustimmung der Gläubiger als Ausnahmegrund

In der deutschen Literatur wird verschiedentlich vertreten, daß es ineffizient sei, wenn wegen § 32a GmbHG Investitionen mit positivem Kapitalwert unterbleiben, obwohl auch die Gläubiger die Wahrscheinlichkeit eines positiven Ertrages *ex ante* hoch eingeschätzt haben[547]. Zutreffend wird ausgeführt, daß die Gläubiger, könnten sie privatautonom über die Geltung von § 32a GmbHG verfügen, möglicherweise den Gesellschafter von der Sanktionsdrohung des § 32a GmbHG ausnehmen würden, um ihn zu der Investition zu bewegen. Der Gesellschafter würde sein Darlehen dann im Insolvenzfall nicht mehr vollständig verlieren, sondern erhielte zumindest noch eine Insolvenzquote. Er wäre deshalb eher geneigt, die Investition zu wagen[548]. Ausgehend von dieser Überlegung wird gefordert, in die-

---

[547] *Klaus*, ZBB 1994, 247, 257; *Fischer*, in: Sadowski/Czap/Wächter (Hrsg.), Regulierung und Unternehmenspolitik, S. 179, 192 f.; *Drukarczyk*, in: FS Schneider, S. 189, 195; *Gehde*, Eigenkapitalersetzende Gesellschafterleistungen in Deutschland und den USA, S. 419; *R. H. Schmidt*, 54 ZfB 717, 734 (1984).

[548] Aus ökonomischer Sicht macht eine Investition nicht erst dann Sinn, wenn ein positiver Kapitalwert als sicher vorausgesehen wird, sondern bereits dann, wenn sich aus einer Wahrscheinlichkeitsrechnung ein günstiger Wert ergibt. Aus diesem Grunde kann bereits eine geringfügige Verbesserung des erwarteten Kapitalwerts Auswirkungen auf unternehmerische Entscheidungen haben. Siehe oben Kapitel 3:B.II.7 Seite 69 Fn. 251 für ein Beispiel einer solchen Rechnung.

sem Fall eine Ausnahme von 32a GmbHG einzuführen[549]. Für diese Ansicht scheint zunächst zu sprechen, daß ineffiziente Eingriffe in die privatautonome Gestaltungsfreiheit vermieden werden können, wenn sich der Gesellschafter mit den Gläubigern auf diese Weise über die Investitionspolitik einigen kann[550].

Zur Bewertung dieses Vorschlags müssen aber die möglichen Spielarten einer solchen Einigung näher betrachtet werden. Den Ausgangspunkt für diese Betrachtung soll der Idealfall bilden: Alle Gläubiger gehen davon aus, daß die Investition des Gesellschafters Erfolg verspricht und stimmen deshalb der Vergabe des Gesellschafterfremdkapitals zu[551]. Dieser Fall kann indes praktisch gar nicht eintreten. Zustimmen können nämlich nur zwei Gruppen von Gläubigern - die Altgläubiger, also die Gläubiger, die bereits vor der Vergabe des Gesellschafterfremdkapitals mit der Gesellschaft in Kontakt standen, und die vertraglichen Neugläubiger. Die deliktischen Neugläubiger können dagegen nicht darüber entscheiden, ob sie sich auf eine solche Investitionspolitik einlassen wollen, weil sie ohne ihren Willen Gläubiger einer gesellschafterfremdfinanzierten Gesellschaft werden.

Trotz gewisser Ähnlichkeiten darf diese Differenzierung nicht mit der ähnlich erscheinenden Gruppenbildung in Kapitel 5 verwechselt werden. Dort wurde zwischen zwei Gläubigergruppen, den „freiwilligen" und den „unfreiwilligen" Gläubigern, unterschieden[552]. Die dort vorgenommene Kategorisierung paßt im vorliegenden Zusammenhang nicht. Denn es geht hier nicht um die Möglichkeit, sich bei der Begründung der Rechtsbeziehung gegen Risiken abzusichern. Es geht

---

[549] Siehe dazu *Drukarczyk*, in: FS Schneider, S. 189, 195; *Gehde*, Eigenkapitalersetzende Gesellschafterleistungen in Deutschland und den USA, S. 419; *R. H. Schmidt*, 54 ZfB 717, 734 (1984). *Gehde* ordnet diesen Lösungsansatz in das amerikanische System ein. Letztlich handele es sich um eine Gläubigerdifferenzierung nach der Schutzwürdigkeit (vgl. dazu meine Ausführungen in Kapitel 7:C.I.2 auf Seite 148 ff.). Wenn alle Gläubiger zugestimmt hätten, wäre keiner schutzwürdig. Ein solcher Fall ist indes in der amerikanischen Rechtspraxis noch nicht vorgekommen und, wie die nachfolgenden Ausführungen zeigen werden, letztlich auch nicht denkbar.

[550] *Gehde*, Eigenkapitalersetzende Gesellschafterleistungen in Deutschland und den USA, S. 419.

[551] Auf dieses Szenario stützt *Gehde*, Eigenkapitalersetzende Gesellschafterleistungen in Deutschland und den USA, S. 419 seine Überlegungen.

[552] Siehe dazu nochmals Kapitel 5:B.I auf Seite 88 ff.

vielmehr um die viel grundlegendere Frage, ob man sich positiv für eine Haftungserleichterung entscheiden kann. In dieser Beziehung sind alle Altgläubiger gleich. Auch ein Deliktsgläubiger, der unfreiwillig Gläubiger der Gesellschaft geworden ist, kann grundsätzlich frei über seinen Anspruch verfügen. Bei Neugläubigern ist dagegen zu differenzieren, aber nur noch zwischen vertraglichen und deliktischen Gläubigern. Eine Unterscheidung zwischen starken Vertragsgläubigern auf der einen und schwachen Vertragsgläubigern sowie Deliktsgläubigern auf der anderen Seite unterbleibt. Denn auch ein schwacher Vertragsgläubiger kann beim Vertragsschluß einer Regelung zustimmen.

Wenn es also gar nicht möglich ist, daß alle Gläubiger zustimmen, muß man sich von diesem Anspruch trennen und statt dessen zulassen, daß manche Gläubiger stellvertretend für alle zustimmen.

Eine Möglichkeit hierzu wäre eine Abstimmung unter den Altgläubigern. Diese würden dann für die Gläubiger, die noch nicht mit der Gesellschaft in Beziehung stehen, namentlich die deliktischen Neugläubiger, mitentscheiden. Diese Konstruktion hat allerdings zwei Schwächen. Zum einen erfordert sie einen enormen Organisationsaufwand, um die Gläubiger zusammenzubringen. Das ist wiederum mit erheblichen Kosten verbunden. Da man auch für eine einzelne Forderung alle Gläubiger zusammenbringen muß, sind die Kosten wohl annähernd so hoch wie die Massekosten bei einer Insolvenz. Zum anderen hat die Konstruktion den Nachteil einer negativen Publizität, die zusätzliche Kosten verursacht[553].

Diese Kosten, die durch den Organisationsaufwand und die negative Publizität entstünden, könnte man vermeiden, indem man die Abstimmung der Gläubiger fingiert. Ein solches Vorgehen ist von dem Ökonomen *Reinhard H. Schmidt* vorgeschlagen worden. Die Gerichte sollten beurteilen, ob die Mehrheit der Gläubiger (auch nach seinem Ansatz stimmen manche Gläubiger stellvertretend für alle zu) zum Zeitpunkt der Vergabe des Gesellschafterfremdkapitals einer Haftungsbe-

---

[553] *Drukarczyk*, in: FS Schneider, S. 189, 195, der vermutet, daß die indirekten Kosten die direkten Kosten der Insolvenz übersteigen würden.

freiung zugestimmt hätten[554]. Für eine solche Beurteilung müßte dreierlei vorausgesetzt werden: Erstens, daß die Gläubiger über die Lage der Gesellschaft informiert worden wären. Zweitens, daß sie eine „stille“ Sanierung unter Ausschluß der Öffentlichkeit vorgezogen hätten und drittens, daß sie im Falle einer Zustimmungsverweigerung mit der Eröffnung des Insolvenzverfahrens hätten rechnen müssen[555].

Auch diese Konzeption weist bei näherer Betrachtung erhebliche Schwächen auf. Verantwortlich ist dafür bereits der unklare Entscheidungsansatz. Was ist die Mehrheit der Gläubiger? Ist sie nach der Anzahl der Gläubiger selbst zu beurteilen, oder danach, wer den größten Betrag der Gläubigerforderungen innehält? Im letzteren Fall kann die „Mehrheit“ dann aus bloß einem Großgläubiger bestehen, beispielsweise einer Bank, die „Minderheit“ dagegen aus einer Vielzahl von Kleingläubigern.

Unabhängig davon, wie man diese Frage entscheidet, scheitert das Konzept aber auch schon daran, daß es ungeeignet erscheint, eine Gläubigergruppe für eine andere entscheiden zu lassen. Wie bereits in dieser Arbeit festgestellt wurde, bestehen nämlich zwischen den einzelnen Gläubigern, besonders zwischen den gesicherten und den ungesicherten Gläubigern, erhebliche Interessendivergenzen[556]. Aufgrund dessen haben sie eine unterschiedliche Einstellung zum unternehmerischen Risiko. So werden gesicherte Gläubiger, in dem Wissen, daß ihnen auch bei einem Fehlschlagen der Investition durch den Gesellschafter noch ihr Sicherungsgut zur Befriedigung zur Verfügung steht, viel gelassener an riskante Geschäfte des Gesellschafters gehen, als ungesicherte Gläubiger, die im Falle des Fehlschlags lediglich eine Quote auf ihre Forderung erhalten. Darüber hinaus erscheint es äußerst problematisch, einer Gruppe die Entscheidungsbefugnis für die Gesamtheit der Gläubiger zu geben, weil die Gefahr besteht, daß sie sich auf Kosten

---

554 *R. H. Schmidt*, 54 ZfB 717, 735 (1984); zustimmend *Drukarczyk*, in: FS Schneider, S. 189, 196.

555 *Drukarczyk*, in: FS Schneider, S. 189, 196.

556 Siehe oben Kapitel 5:B.I.2.b)(2) auf Seite 96 ff.

der anderen unmittelbar bereichern – etwa indem sie mit dem Gesellschafter vereinbaren, ihre Zustimmung nur gegen eine Gewinnbeteiligung zu geben.

Im Hinblick auf die in der ökonomischen Analyse gewonnenen Erkenntnisse spricht zudem eine ganz grundlegende Überlegung gegen alle vorangehenden Vorschläge. Das Hauptproblem einer Haftungsbefreiung bei Zustimmung der Gläubiger liegt darin, daß durch diese Konstruktion zwar mehr Gesellschafterfremdkapital vergeben wird, aber nur um den Preis mangelhaften Gläubigerschutzes. Es wird also das Risiko vom Gesellschafter zu den Gläubigern verlagert. Das ist aber, wie bereits mehrfach gezeigt, ineffizient[557].

III. Unterscheidung nach dem konkreten Kapitalwert der Investition

Wenn man Investitionen erleichtern und gleichzeitig verhindern will, daß das Ausfallrisiko vom Gesellschafter als dem *cheapest cost avoider* hin zu den Gläubigern verlagert wird, muß man einen Weg suchen, wie man nur solches Gesellschafterfremdkapital aus dem Anwendungsbereich des § 32a GmbHG herausnimmt, das tatsächlich für die Gläubiger keine Gefahr darstellt.

Eine Möglichkeit besteht darin, einzelne Gesellschafterdarlehen von dem Regime des § 32a GmbHG zu befreien, wenn sie für Investitionen mit positivem Kapitalwert verwendet wurden[558].

---

[557] Hat man die Wahl, wer einen Schaden tragen soll, dann soll man ihn dem *cheapest cost avoider,* also demjenigen, der ihn am billigsten vermeiden kann, zuweisen. Das ist der Gesellschafter. Siehe hierzu insbesondere Kapitel 5:B.I.1 auf Seite 91 ff und Kapitel 5:B.I.2.b)(3) auf Seite 98 ff.

[558] Der hier zu prüfende Ansatz greift eine Forderung des Ökonomen *Thomas R. Fischer* auf, der eine nicht näher spezifizierte „Exkulpationsregel" für den Fall fordert, daß Fremdgläubiger durch die Gesellschafterfremdfinanzierung nicht geschädigt wurden (*Fischer*, in: Sadowski/Czap/Wächter (Hrsg.), Regulierung und Unternehmenspolitik, S. 179, 193). Dies stellt eine Modifikation des amerikanischen Ansatzes dar. Die *equitable subordination* greift nach dem vorgestellten Mobile Steel-Test nur dann, wenn das Verhalten des Gesellschafters kausal für einen Schaden der Gläubiger ist (siehe dazu Kapitel 7:A auf Seite 132 ff.). In der Analyse dieser Voraussetzung erwies sich, daß diese Bedingung in der Rechtspraxis irrelevant ist, weil

Dies hätte auf den ersten Blick einige Vorzüge: Zum einen könnte vermieden werden, daß die Investition des Gesellschafters auch dann sanktioniert wird, wenn sie einen positiven Kapitalwert aufweist und damit im Interesse der Gläubiger ist. Gleichzeitig hätte dieser neue Ansatz nicht das Problem des vorangegangenen Ansatzes. Denn anders als bei einer Ausnahmeregelung bei Zustimmung der Gläubiger würde nicht das Risiko vom Gesellschafter auf die Gläubiger verlagert, was sich als ineffizient herausgestellt hatte. Es würde vielmehr rückwirkend eine Ausnahme für den Fall gemacht, in dem die Gläubiger gar nicht geschädigt wurden.

Bei diesem Ansatz ergeben sich dafür andere Probleme. Zum einen stellt sich dem Rechtsanwender die Frage, wie man überhaupt eine Investition mit positivem Kapitalwert identifizieren soll. Nur in seltenen Fällen lassen sich Erträge konkreten Einzelinvestitionen zuordnen. Entweder verschwinden die Erträge in Ergebnissen von größeren Unternehmenseinheiten oder sind schon deshalb nicht nachvollziehbar, weil der Ertrag auf mehreren Investitionen beruht, die man nicht exakt gewichten kann. Woher will man wissen, daß das Gesellschafterfremdkapital ausgerechnet in ein Investitionsprojekt mit positivem Kapitalwert geflossen ist, wenn es gleichzeitig noch andere Projekte mit negativem Kapitalwert gibt?
Zudem läßt sich argumentieren, daß Gesellschafterfremdkapital, welches in einer kreditunwürdigen Gesellschaft für Investitionen mit positivem Kapitalwert verwendet wird, nicht im Sinne der Gläubiger ist. Denn Gesellschafterfremdkapital verstärkt nicht nur den Anreiz, Investitionen mit positivem Kapitalwert vorzunehmen, sondern auch die agency-theoretischen Fehlverhaltensweisen. So kann der Gesellschafter ein – an sich aus Gläubigersicht positiv zu beurteilendes - Gesellschafterdarlehen dazu benutzen, um eine fortführungsunwürdige Gesellschaft am Leben zu halten und während dessen Reichtumsverlagerungen zu seinen Gunsten auf Kosten der übrigen Gläubiger vorzunehmen[559]. Die dadurch eintre-

die Gerichte faktisch immer vermuten, daß die Vergabe von Gesellschafterfremdkapital an eine kreditunwürdige Gesellschaft zu Schäden der Gläubiger führt (siehe dazu Kapitel 7:C.III auf Seite 159 f.). Im Gegensatz dazu wird dies im vorliegenden Ansatz nicht vermutet, sondern geprüft.

[559] Siehe dazu bereits Kapitel 3:B.II.7 auf Seite 68 ff.

tenden Verluste können die Gewinne aus der Investition bei weitem übersteigen. Wie bereits in Kapitel 4 gezeigt, hat der Gesellschafter im Anwendungsbereich von § 32a GmbHG allen Grund zu einem solchen Verhalten[560]. Eine Unterscheidung zwischen positivem und negativem Kapitalwert vermag die Gläubiger nicht davor zu schützen.

IV. Zwischenergebnis

Weder die Abschaffung von § 32a GmbHG noch die Einführung einer Ausnahme für den Fall, daß alle Gesellschafter der Finanzierung zugestimmt haben, oder die Differenzierung nach dem konkreten Kapitalwert der Investition haben sich als problemadäquate Lösungen erwiesen. Gangbare Möglichkeiten, um unter dem Regime des § 32a GmbHG das Unterlassen positiver Investitionen zu verhindern, sind somit nicht ersichtlich.

C. Unterdrückung der Anreize zur Gläubigerschädigung

Im vorstehenden Abschnitt ging es um ein agency-theoretisches Verhalten, das den Gläubigern nützt und durch § 32a GmbHG eingeschränkt wird. Die übrigen anreizbezogenen Verhaltensweisen schaden den Gläubigern. Auch hier hat § 32a GmbHG die Wirkung, daß der ursächliche Anreiz vermindert wird.

Wenn damit also der Anreiz zur Gläubigergefährdung sinkt, vermag die Norm dennoch nicht zu verhindern, daß es weiterhin zu einer Gläubigerschädigung kommen kann[561]. Der Grund dafür liegt darin, daß § 32a GmbHG wie auch sein amerikanisches Gegenstück eine repressive Norm ist, die das eigentliche, schädigende Verhalten nicht verhindert, sondern lediglich sanktioniert.

---

[560] Siehe dazu insbesondere die Einleitung von Kapitel 3.

[561] Siehe oben Kapitel 6:C auf Seite 129.

Es stellt sich damit die Frage, ob es nicht sinnvoller wäre, dem Verhalten der Gesellschafter mit einem präventiven Schutzkonzept zu begegnen. Man könnte zunächst erwägen, die Gläubigerschädigungen mit verstärkten Informationsrechten der Gläubiger zu verhindern. Schließlich kann etwas, das zutreffend vorhergesehen werden kann, nicht mehr überraschen und schädigen[562]. Ein informierter Gläubiger, so könnte man denken, kann sich auf schädigendes Verhalten der Gesellschafter vorbereiten und deren finanzielle Konsequenzen bereits bei Vertragsschluß berücksichtigen. Aber auch dies vermag letzten Endes nicht zu überzeugen. Zum einen kann sich nur ein „freiwilliger" Gläubiger schützen. Informationsrechte machen somit nur für ihn Sinn. Zum anderen sind die Möglichkeiten der Gesellschafter, sich auf Kosten der Gläubiger Vorteile zu verschaffen, vielfältig[563]. Die Informationskosten, die die Gläubiger aufzuwenden hätten, um all diese Möglichkeiten zu überschauen, wären so hoch, daß die Vorteile der Arbeitsteilung zwischen Gläubiger als Kapitalgeber und Gesellschafter als Manager aufgehoben würden[564].

Wenn sich also bloße Informationsrechte als unangemessen erweisen, so könnte man versucht sein, den Gläubigern Herrschaftsrechte, insbesondere Vetorechte, einzuräumen. Eine solche Lösung ist allerdings bereits aus grundsätzlichen finanzwirtschaftlichen Erwägungen abzulehnen: Zentraler Vorteil des Eigenkapitals ist nämlich, daß es seinen Kapitalgebern - also den Gesellschaftern - die Herrschaftsmacht über das Unternehmen gibt[565]. Bei einer Zustimmungspflicht Externer würden die Gesellschafter das hohe Verlustrisiko des Eigenkapitals tragen, ohne auf die Geschicke des Unternehmens Einfluß ausüben zu können. Unter diesen Umständen wäre Eigenkapital in einem so hohen Maße riskant, daß niemand mehr bereit wäre, es zu zeichnen. Dies hätte zur Folge, daß die Gesellschafter ihre Eigenkapitalbeteiligung auf ein Minimum reduzieren oder ganz aufgeben würden.

---

562 *Fama*, 68 AER 272, 278 (1978).

563 Vgl. hierzu nochmals die Übersicht in Kapitel 4:A auf Seite 77 ff.

564 So *Drukarczyk*, Unternehmen und Insolvenz, S. 24 zu der allgemeinen Frage, wie Gläubiger den Risiken einer Insolvenz begegnen können.

565 Siehe oben Kapitel 2:C.I.4 auf Seite 41 ff.

Daraufhin müßte die Gesellschaft entweder mit einem minimalen Haftkapital weitergeführt oder liquidiert werden.

Außerdem erweist sich eine solche Konzeption in der Durchführung als völlig unpraktikabel. Da jede Maßnahme des Gesellschafters potentiell Gläubigerinteressen beeinträchtigen kann, müßten sämtliche Entscheidungsprozesse einem solchen Genehmigungsverfahren unterworfen werden. Dies würde den Entscheidungsprozeß deutlich verzögern. Dadurch würden die Gesellschafter stärker eingeschränkt, als es zur Vermeidung der bekämpften Gefahr erforderlich ist. Das wiederum wäre ökonomisch ineffizient. Im Extremfall würden die Gesellschaften dadurch sogar lahmgelegt. Zudem wäre der dafür erforderliche Verwaltungsaufwand immens. Darüber hinaus würden Entscheidungen nicht mehr von denjenigen getroffen, die in aller Regel in Bezug auf ihre eigenen Geschäfte über die größere Sachkompetenz verfügen, sondern durch Externe mit geringerer Kompetenz. Die Folge wären Ineffizienzen in der Unternehmensführung.

Im Interesse der Gläubiger wären solche Herrschaftsrechte auch nur dann, wenn sie geeignet wären, sie vor den Gefahren der Gesellschafterfremdfinanzierung zu schützen. Auf den ersten Blick könnte man das annehmen. Anders als beim Selbstschutz durch Kreditsicherheiten[566], scheint bei Herrschaftsrechten die Gefahr, daß sich die starken Gläubiger auf Kosten der schwachen Gläubiger absichern, recht gering zu sein. Im Gegenteil erscheint es sogar logisch, daß starke Gläubiger, für die eine Einmischung in die Geschäftspolitik der Gesellschaft rentabel ist, dies auch tun werden, um für eine „gläubigerfreundliche" Geschäftspolitik der Gesellschaft zu sorgen. Davon würden dann auch die schwachen Gläubiger profitieren. Dieses Bild trügt allerdings, weil die Gläubiger untereinander unterschiedliche Interessen verfolgen. So wird ein gesicherter Gläubiger unter bestimmten Umständen eine riskante Geschäftspolitik dulden, weil er ohnehin zur Befriedigung auf seine Kreditsicherheit zurückgreifen kann. Ein ungesicherter Gläubiger wird eine riskante Geschäftspolitik dagegen wohl nur in Ausnahmefällen hinnehmen[567]. Die Überwachung der Gesellschaft durch einen Gläubiger liegt

---

[566] Siehe dazu Kapitel 5:B.I.2.b)(2) auf Seite 96 ff.

[567] Siehe dazu bereits Kapitel 8:B.II auf Seite 165 ff.

deshalb nicht im Interesse des anderen. Die Sanktionierung des Fehlverhaltens erweist sich somit als das einzig angemessene Verfahren[568].

D. Maßnahmen gegen den unvollständigen Schadensausgleich

Es ist festgestellt worden, daß § 32a GmbHG den Forderungsausfall der Gläubiger nicht immer vollständig ausgleichen kann. Nur dann, wenn der Betrag der nachgeordneten Gesellschafterfremdkapitalforderung höher ist als die Summe der Forderungsausfälle der Gläubiger, ist der durch die Subordination erfolgende Ausgleich angemessen[569]. Bereits unter dem Regime der Grund- und Umgehungstatbestände wird dies nicht die Regel sein. Im Bereich der Ausnahmetatbestände wird es sogar nie vorkommen, weil dort das Gesellschafterfremdkapital pauschal von der Subordination befreit ist. Zur Vermeidung der sich daraus ergebenden Vermögenseinbußen der Gläubiger gibt es verschiedene Möglichkeiten, die im Folgenden untersucht werden sollen.

I. Ausweitung des Normadressatenkreises

Um dem unvollständigen Schadensausgleich entgegenzuwirken, bietet sich an, die Anzahl der Normadressaten von § 32a GmbHG zu erhöhen. Möglich wäre diese Ausweitung dadurch, daß man, wie bereits vorgeschlagen[570], die Ausnahmetatbestände abschafft. Damit würde auch die hieraus folgende Einengung des Normadressatenkreises wieder aufgehoben. Der unvollständige Schadensausgleich ist gegenwärtig ja nicht zuletzt darauf zurückzuführen, daß einzelne Gesellschafter wegen der Ausnahmetatbestände nicht erfaßt werden. Durch die Abschaffung der Ausnahmetatbestände wird allerdings nur die zusätzliche, von den Ausnahmetat-

---

[568] Die Option, gläubigerfreundliches Verhalten zu belohnen, etwa durch steuerliche Anreize, soll an dieser Stelle außer Betracht bleiben. Neben organisatorischen Schwierigkeiten und generellen Vorbehalten sprechen v.a. die hohen Kosten gegen einen solchen starken Staatsdirigismus.

[569] Siehe dazu Kapitel 6:C auf Seite 129.

[570] Kapitel 8:A auf Seite 163 f.

beständen verursachte Schadenshöhe beseitigt. Das unter dem Regime der Grund- und Umgehungstatbestände von § 32a GmbHG bestehende Regelungsdefizit unvollständigen Schadensausgleiches bleibt hingegen unverändert bestehen.

Wie schon die Ausführungen zum amerikanischen Recht gezeigt haben, kann man dieses Regelungsdefizit auch nicht durch eine zusätzliche Ausweitung des Normadressatenkreises auf Geschäftsführer und Kreditgeber bekämpfen. Denn das eigentliche Problem des unvollständigen Schadensausgleiches wird damit nicht gelöst, sondern nur verschoben. Die neu hinzugetretenen „Gesellschafter" bringen zwar zusätzliche Haftungsmasse, verursachen aber auch selbst zusätzliche Gläubigergefahren[571].

II. Modifikation der Rechtsfolge

Kann man die Haftungsmasse, die zum Ausgleich gesellschafterfremdfinanzierungsbedingter Forderungsausfälle zur Verfügung steht, nicht durch eine Erweiterung des Normadressatenkreises erhöhen, so bleibt als Lösung nur eine Erhöhung des Betrages, mit dem jeder einzelne Normadressat haftet. Das könnte man erreichen, indem man für diesen speziellen Fall als Ausnahme zum Prinzip der Haftungsbeschränkung bei der GmbH[572] einen unbeschränkten Haftungsdurchgriff auf das Privatvermögen des Gesellschafters erlaubte.

So weit ersichtlich, ist diese Rechtsfolge für das Eigenkapitalersatzrecht bisher noch nicht diskutiert worden. Zwar wurde im Zuge der Suche nach einer Rechtsgrundlage für die sogenannten „Rechtsprechungsregeln" des Bundesgerichtshof (§§ 30, 31 GmbHG analog) verschiedentlich erwogen, die Regulierung der Gesellschafterfremdfinanzierung auf Rechtsgrundlagen zu stützen, die unter dem Stichwort „Durchgriffshaftung" geführt wurden[573]. Tatsächlich wollte man aber in

---

[571] Siehe dazu Kapitel 7:C.I.1.c) auf Seite 147 f.

[572] Vgl. § 13 Abs. 2 GmbHG.

[573] Ohne die Nennung einer speziellen Norm *Serick*, Rechtsform und Realität juristischer Personen, S. 203 ff.; unter Berufung auf § 826 BGB RGZ 166, 51, 57; RG JW 1938, 862; unter Berufung auf § 823 BGB *Reinhardt*, in: FS Lehmann, S. 588 ff. Diese Ansätze sind in Rechtspre-

diesen Fällen den Durchgriff auf den Betrag des Gesellschafterfremdkapitals beschränken[574]. Sogar das Reichsgericht, das den Umgang von Gesellschafterfremdkapital mit der Rechtsfigur des Haftungsdurchgriffs sanktionierte, beschränkte sich in der Rechtsfolge auf die Einbehaltung des Gesellschafterdarlehens[575].

Das legt nahe, daß die Fachwelt gar kein Bedürfnis gespürt hat, eine über die Einbehaltung des Gesellschafterfremdkapitals hinausgehende Haftung zu statuieren. Man mag intuitiv gespürt haben, daß eine höhere Haftung unverhältnismäßig wäre. Eine solche Annahme erscheint auch bei näherer Betrachtung berechtigt.

Würde man die Gesellschafterfremdfinanzierung in der Insolvenz mit einem Haftungsdurchgriff sanktionieren, müßte der Gesellschafter mit seinem Fremdkapital weitaus stärker haften als mit dem Eigenkapital. Gäbe er Eigenkapital, würde er nur mit dem Betrag seines einmal investierten Kapitals haften. Bei einer Fremdkapitalinvestition wäre seine Haftung dagegen unbeschränkt. Das wäre genau das, was er vermeiden will, wenn er sich für eine wirtschaftliche Betätigung in einer GmbH entschließt. Der zentrale Vorteil der GmbH als einer Kapitalgesellschaft besteht doch gerade in dem Privileg der Haftungsbeschränkung[576]. Genau dieses Privileg gibt der Gesellschafter auf, wenn er Fremdkapital vergibt, über dem die Sanktion eines unbeschränkten Haftungsdurchgriffs schwebt. Es käme deshalb nie zu einer Investition von Gesellschafterfremdkapital. Der Gesellschafter würde seine Investition allenfalls mit Eigenkapital durchführen. Das wäre volkswirtschaftlich nachteilhaft, weil er dann schlichtweg weniger investieren würde.

---

chung und Literatur teilweise ohne nähere Begründung abgelehnt worden (*Flume*, Allgemeiner Teil des Bürgerlichen Rechts, Erster Band, Zweiter Teil, S. 84; *K. Schmidt*, Gesellschaftsrecht, § 18 III 4 b, S. 532; BGHZ 81, 311, 317), teils mit Begründung (*Wüst*, Gläubigerschutz bei der GmbH, S. 19 f.; *Kreis*, Finanzierungsverantwortung bei eigenkapitalersetzenden Gesellschafterdarlehen, S. 37 ff.).

[574] Vgl. *Serick*, Rechtsform und Realität juristischer Personen, S. 207; RGZ 166, 51, 57; RG JW 1938, 862, 865; *Reinhardt*, in: FS Lehmann, S. 592.

[575] Siehe dazu bereits Kapitel 1:B.I auf Seite 9 f.

[576] Siehe zu den Vorteilen der Haftungsbeschränkung die grundlegenden Arbeiten von *Halpern/Trebilcock/Turnbull*, 30 U. Toronto L. J. 117 (1980); *Easterbrook/Fischel*, The Economic Structure of Corporate Law, S. 41 ff.; *dies.*, 52 U. Chi. L. Rev. 89, 93 (1985); zusammengefaßt und ergänzt durch *Adams*, Eigentum, Kontrolle und Beschränkte Haftung, S. 47 ff.

Schließlich fehlen dem Eigenkapital aus Gesellschaftersicht die in Kapitel 2 vorgestellten Vorteile der Gesellschafterfremdfinanzierung, insbesondere die für einen wirtschaftlichen Entscheidungsträger entscheidenden steuerlichen Vorteile. Dieses generelle Unterlassen von Investitionen hätte wiederum erhebliche volkswirtschaftliche Effizienzverluste zur Folge, weil geschäftliche Betätigungen unterblieben, die den Gesamtnutzen hätten maximieren können[577].

III. Zwischenergebnis und Bewertung

Sowohl die Ausweitung des Normadressatenkreises als auch die Modifikation der Rechtsfolge haben sich nicht als problemadäquate Ansätze erwiesen, um zu verhindern, daß der durch § 32a GmbHG erfolgende Schadensausgleich in vielen Fällen unvollständig bleibt. Dieses Regelungsdefizit muß deshalb hingenommen werden.

E. Ergebnis

Nur für die von den Ausnahmetatbeständen verursachten Regelungsdefizite ist eine sinnvolle Verbesserungsmöglichkeit in Sicht – die Abschaffung. Die übrigen Regelungsdefizite des § 32a GmbHG müssen dagegen hingenommen werden.

---

[577] Siehe zum parallelen Fall der strengen Kreditrationierung als Reaktion der „freiwilligen“ Gläubiger oben Kapitel 5:B.I.2.a) auf Seite 93 f.

Kapitel 9: Endergebnis

Unsere Rechtsordnung braucht § 32a GmbHG. Wie diese Untersuchung gezeigt hat, ist die Norm notwendig, um die externen Gesellschaftsgläubiger vor den in seinem Anwendungsbereich bestehenden Gefahren der Gesellschafterfremdfinanzierung zu schützen.

Der durch § 32a GmbHG vermittelte Schutz wäre angemessen, wenn der Gesetzgeber ihn nicht im Laufe der Jahre durch die Einführung verschiedener Ausnahmetatbestände (§ 32a Abs. 3 S. 2 und 3 GmbHG, § 24 UBGG und § 56e DMBilG) unterlaufen hätte. Diese von der Literatur vielfach aus dogmatischer Sicht kritisierten Ausnahmen halten auch einer ökonomischen Betrachtung nicht stand, weil sie zu einer ineffizienten Risikozuweisung führen. Die Analyse kann deshalb nur zu einem Ergebnis kommen: Die Ausnahmetatbestände zu § 32a GmbHG sind abzuschaffen.

Zusammenfassung

Die vorliegende Untersuchung versteht sich als eine Grundlagenarbeit zu § 32a GmbHG, der im Jahre 1980 eingeführt und seitdem mehrfach modifiziert wurde. Bis zum heutigen Tage sind die Kernfragen im Zusammenhang mit dieser Norm, nämlich warum sie notwendig ist und wie ihr Regelungsumfang beschaffen sein müßte, nicht geklärt. Zu ihrer Beantwortung vereint die Arbeit drei nebeneinander bestehende wissenschaftliche Disziplinen, eine finanzwirtschaftliche Untersuchung mit dem ersten umfassenden Modell der Gesellschafterfremdfinanzierung, eine ökonomische Analyse des Rechts zur Frage der rechtspolitischen Notwendigkeit ihrer Regulierung, eine rechtsvergleichende Untersuchung alternativer Regelungskonzepte in den USA. Diese werden durch eine Analyse möglicher Fortentwicklungen unter Berücksichtigung der gewonnenen Erkenntnisse ergänzt.

Das erste Kapitel legt das Fundament zu dieser Untersuchung. Dazu wird zunächst § 32a GmbHG und der von ihm geregelte Lebenssachverhalt vorgestellt[578]. Anschließend erfolgt eine Analyse der rechtshistorischen und rechtsdogmatischen Entwicklung des § 32a GmbHG in seinem rechtlichen Kontext, dem Eigenkapitalersatzrecht[579]. Es zeigt sich, daß das Rechtgebiet seit nunmehr über 60 Jahren besteht, ohne daß man ein wirkliches Verständnis seiner Grundlagen entwickelt hätte. Sowohl der Gesetzgeber als auch die Rechtsprechung und Literatur haben niemals den eigentlichen Regelungsgegenstand, nämlich die Gesellschafterfremdfinanzierung, in den Mittelpunkt ihrer Betrachtungen gestellt, sondern sich statt dessen damit begnügt, einmal getroffene Einzelfallentscheidungen des BGH dog-

[578] Kapitel 1:A auf Seite 3 ff.

[579] Kapitel 1:B auf Seite 9 ff.

matisch abzusichern. Die Folge dieser Entwicklung ist gleichsam ein Weiterwuchern des Eigenkapitalersatzrechts, ohne daß der legitime Kern dieses Rechtsgebiets bereits ausgemacht wäre[580]. Als Konsequenz dieser Beobachtung wird der Untersuchungsauftrag dahin präzisiert, zuerst die Auswirkungen der Gesellschafterfremdfinanzierung in dem von § 32a GmbHG geregelten Lebenssachverhalt zu untersuchen, anschließend zu prüfen, ob diese eine gesetzliche Regelung überhaupt notwendig machen und schließlich, soweit dies zu bejahen ist, zu untersuchen, ob und wie die bestehende Regelung optimiert werden kann[581]. Anschließend werden einige notwendige Untersuchungsprämissen, etwa die Nichtgeltung der übrigen Regelungen des Eigenkapitalersatzrechts (§ 32b GmbHG, § 135 InsO, § 6 AnfG, §§ 129a und 172a HGB und die sogenannten Rechtsprechungsregeln des BGH), vorgestellt[582].

Das zweite und dritte Kapitel sind der Schaffung der erforderlichen Grundlagen zum Verständnis der Gesellschafterfremdfinanzierung gewidmet. Mangels aussagefähiger Modelle in der betriebswirtschaftlichen Literatur[583] wird ein allgemeines Modell der Gesellschafterfremdfinanzierung entwickelt.

Dazu werden im zweiten Kapitel zunächst die Gründe für den Einsatz von Gesellschafterfremdkapital untersucht[584]. Da es sich bei Gesellschafterfremdkapital um Fremdkapital handelt, das von einem Eigenkapitalgeber stammt, wird bei der Modellbildung von den grundlegenden Merkmalen des Eigen- und Fremdkapitals ausgegangen[585] und daraus entwickelt, welche Vorteile sich bei der jeweiligen Kapitalart für einen Kapitalgeber ergeben[586]. Es zeigt sich anschließend, daß der Gesellschafter im Rahmen einer Gesellschafterfremdfinanzierung die Vorteile der beiden grundlegenden Kapitalarten auf besonders günstige Weise miteinander

---

580 Kapitel 1:B.VI auf Seite 23 f.

581 Kapitel 1:C auf Seite 24.

582 Kapitel 1:D auf Seite 25 ff.

583 Kapitel 2:A auf Seite 30 ff.

584 Kapitel 2:C auf Seite 35 ff.

585 Kapitel 2:C.I auf Seite 36 ff.

586 Kapitel 2:C.II auf Seite 44 ff.

kombinieren kann[587]. Aus Sicht des Gesellschafters bietet die Gesellschafterfremdfinanzierung die Aussicht auf hohe Renditen und hohe Liquidität bei geringem Risiko.

Weniger positiv erweist sich die Gesellschafterfremdfinanzierung aus Sicht der externen Gesellschaftsgläubiger, die den Gegenstand des dritten Kapitels bildet. Neben einigen Chancen können eine breite Palette von Risiken identifiziert werden, denen externe Gesellschaftsgläubiger bei einer Gesellschafterfremdfinanzierung ausgesetzt sind[588]. Sowohl die Chancen als auch die Risiken können nach strukturellen und anreizbedingten Aspekten unterteilt werden. Strukturell sind solche Chancen und Risiken, die sich bereits aus den Fremdkapitaleigenschaften des Gesellschafterfremdkapitals ergeben[589]; anreizbedingte Chancen und Risiken entstehen, weil der kapitalgebende Gesellschafter gleichzeitig auch Eigenkapitalgeber ist[590]. Für diese letzte Kategorie kann auf Erkenntnisse der ökonomischen Agency-Forschung aufgebaut werden. Hinsichtlich der anreizbedingten Chancen ist insbesondere erwähnenswert, daß die Gesellschafterfremdfinanzierung die Vornahme von Investitionen mit positivem Kapitalwert fördert[591].

Im vierten Kapitel wird das Modell der Gesellschafterfremdfinanzierung auf seine Gültigkeit im Anwendungsbereich des § 32a GmbHG überprüft und den dort gegebenen Bedingungen angepaßt. Es zeigt sich, daß in der speziellen Situation zwischen Unternehmenskrise und anschließender Insolvenz eine einseitige Risikoverschiebung zu Lasten der externen Gesellschaftsgläubiger stattfindet[592]. Die im dritten Kapitel identifizierten Chancen bestehen fort, vermögen die Risiken aber nicht aufzuwiegen. Es bestehen insbesondere anreizbedingte Risiken, weil der Gesellschafter ein erhebliches Interesse hat, seine drohenden oder bereits eingetre-

---

587 Kapitel 2:C.III auf Seite 49 ff.

588 Kapitel 3:B auf Seite 56 ff. und C auf Seite 71 ff.

589 Kapitel 3:B.I auf Seite 56 f. und Kapitel 3:C.I auf Seite 71 f.

590 Kapitel 3:B.II auf Seite 58 ff. und Kapitel 3:C.II auf Seite 72 f.

591 Kapitel 3:C.II.1 auf Seite 72.

592 Kapitel 4 auf Seite 75 ff.

tenen Verluste mit Hilfe der agency-theoretischen Verhaltensweisen zu minimieren.

Das fünfte Kapitel befaßt sich mit der Frage, ob die externen Gesellschaftsgläubiger vor diesen Gefahren geschützt werden müssen. Dazu werden die Situationen ohne und mit Gesetz einander unter dem Aspekt der entstehenden Transaktionskosten gegenübergestellt[593]. Dabei muß im unregulierten Zustand innerhalb der externen Gesellschaftsgläubiger zwischen sog. „unfreiwilligen" und „freiwilligen" Gläubigern unterschieden werden[594]. Letztere unterteilen sich nochmals in strenge und schwache Kreditrationierer[595]. Es zeigt sich bei sämtlichen Gruppen, daß die Situation ohne Gesetz erhebliche Transaktionskosten verursacht, welche sich im Rahmen einer gesetzlichen Regelung vermeiden lassen. Es erweist sich zudem, daß eine gesetzliche Regelung den Gesellschafter persönlich für die gesellschafterfremdfinanzierungsbedingten Schäden haften lassen müßte, da dieser als „billigster Kostenvermeider" (*cheapest cost avoider*) dazu am besten in der Lage ist[596]. Ein Rangrücktritt der Gesellschafterfremdkapitalforderungen hinter die Forderungen der externen Gläubiger erweist sich dafür grundsätzlich als sinnvolles Mittel.

Der Gesetzgeber hat mit § 32a GmbHG eine solche Regelung gewählt. Die Auswirkungen dieser Regelung werden im sechsten Kapitel untersucht. Dabei ist zwischen Grund- und Umgehungstatbeständen (§ 32a Abs. 1, Abs. 2 und Abs. 3 S. 1 GmbHG) einerseits und Ausnahmetatbeständen (§ 32a Abs. 3 S. 2 und 3 GmbHG, § 24 UBGG, § 56e DMBilG) andererseits zu unterscheiden.

Die Grund- und Umgehungstatbestände minimieren die Risiken für die Gläubiger weitgehend, aber nicht vollständig, während gleichzeitig die Chancen der Gesellschafterfremdfinanzierung grundsätzlich weiterbestehen[597]. Die einzige Ausnahme bildet insoweit die Aussicht der Gesellschaftsgläubiger auf die Vornahme von

[593] Kapitel 5:B.I auf Seite 88 ff. und Kapitel 5:B.II auf Seite 102 ff.

[594] Kapitel 5:B.I.1 auf Seite 91 f. und Kapitel 5:B.I.2 auf Seite 92 f.

[595] Kapitel 5:B.I.2.a) auf Seite 93 und Kapitel 5:B.I.2.b) auf Seite 94.

[596] Kapitel 5:B.II auf Seite 102 ff.

[597] Kapitel 6:A.III auf Seite 116.

Investitionen mit positivem Kapitalwert durch den Gesellschafter, die sich verschlechtert[598]. Ganz anders stellen sich hingegen die Auswirkungen der Ausnahmetatbestände dar[599]. Die von ihnen erfaßten Gesellschafter werden pauschal von den Rechtsfolgen der Grund- und Umgehungstatbestände ausgenommen. Es zeigt sich, daß die ausgenommenen Gesellschaftergruppen nicht solche sind, von denen keine Gefahr für die externen Gesellschaftsgläubiger ausgeht[600]. Vielmehr besteht unter dem Regime der Ausnahmetatbestände das im vierten Kapitel identifizierte Gläubigergefährdungsszenario fort.

Im letzten Abschnitt des sechsten Kapitels[601] können die gefundenen Ergebnisse zu vier Regelungsdefiziten verdichtet werden: *Erstens* geben die Grund- und Umgehungstatbestände dem Gesellschafter einen Anreiz, Investitionen mit positivem Kapitalwert zu unterlassen. *Zweitens* können die Grund- und Umgehungstatbestände nicht verhindern, daß Anreize zu einem gläubigerschädigenden Verhalten verbleiben, oder daß es ohne Anreize zu einem solchen Gesellschafterverhalten kommt. *Drittens* kann die Subordination den durch die Gesellschafterfremdfinanzierung verursachten Forderungsausfall nicht immer in voller Höhe ausgleichen. *Viertens* leben die Risiken, die durch die Grund- und Umgehungstatbestände unterdrückt werden, im Anwendungsbereich der Ausnahmetatbestände wieder auf.

Das siebte Kapitel vergleicht die alte Regulierung mit Lösungsvorschlägen des US-amerikanischen Rechts. Die amerikanische Rechtsprechung hat in den vergangenen Jahrzehnten unter dem Namen *equitable subordination* Rechtsprechungsgrundsätze entwickelt, um die Gläubiger vor den negativen Folgen der Gesellschafterfremdfinanzierung zu schützen[602]. Diese sind seit der Insolvenzrechtsreform von 1978 in § 510(c) des Bankruptcy Code (B.C.) kodifiziert. Es stellt sich heraus, daß sich die deutschen Regelungsdefizite nicht mit den amerikanischen

[598] Kapitel 6:A.III auf Seite 116.

[599] Kapitel 6:B auf Seite 117 ff.

[600] Kapitel 6:B.V auf Seite 128.

[601] Kapitel 6:C auf Seite 129 f.

[602] Kapitel 7:A auf Seite 132 ff.

Ansätzen vermeiden lassen[603]. Das liegt zum einen daran, daß sich bestimmte Besonderheiten des deutschen Rechts, namentlich die Ausnahmetatbestände zu § 32a Abs. 3 S. 3 GmbHG, § 24 UBGG und § 56e DMBilG, mit der amerikanischen Systematik nicht vereinbaren lassen[604], teilweise daran, daß die amerikanische Regelung die gleichen Regelungsdefizite aufweist wie das deutsche Recht[605], schließlich aber auch daran, daß sich manche amerikanischen Lösungsvorschläge als schlichtweg ungeeignet erweisen - wie auf die unterschiedliche Behandlung einzelner Gläubigergruppen[606].

Im achten Kapitel werden weitere denkbare Lösungen zu den identifizierten Regelungsdefiziten untersucht. Dabei stellt sich heraus, daß die vollständige Abschaffung der Ausnahmetatbestände unumgänglich ist[607]. Die übrigen Regelungsdefizite des § 32a GmbHG müssen dagegen hingenommen werden, um größere Schäden zu vermeiden. Um zu verhindern, daß Investitionen mit positivem Kapitalwert unterlassen werden, erweisen sich weder die Abschaffung des § 32a GmbHG, eine Ausnahmeregelung für den Fall der Zustimmung der übrigen Gläubiger zum Einsatz von Gesellschafterfremdkapital, noch eine Differenzierung nach dem konkreten Kapitalwert der Investition als geeignete Lösungen[608]. Es zeigt sich weiterhin, daß die übrigen weiterhin bestehenden Anreize zu gläubigerschädigendem Verhalten allenfalls mit einer präventiven Schutznorm behoben werden können[609]. Eine solche erweist sich indes als ausgesprochen unzweckmäßig. Es stellt sich schließlich heraus, daß auch das vierte Regelungsdefizit des § 32a GmbHG, der oftmals unvollständige Schadensausgleich, hinzunehmen ist, weil weder die Ausweitung

---

603 Kapitel 7:D auf Seite 161 ff.

604 Kapitel 7:C.I.1 auf Seite 142 und Kapitel 7:C.II auf Seite 155 f.

605 Kapitel 7:C.III auf Seite 159 und Kapitel 7:C.IV auf Seite 160 f.

606 Kapitel 7:C.I.2 auf Seite 148 ff.

607 Kapitel 8:A auf Seite 163.

608 Kapitel 8:B auf Seite 164 ff.

609 Kapitel 8:C auf Seite 171 f.

des Adressatenkreises der Norm noch die Modifikation der Rechtsfolge problemadäquate Lösungen darstellen[610].

Das abschließende neunte Kapitel kommt aufgrund der in dieser Untersuchung gewonnenen Erkenntnisse zu einem klaren Ergebnis: Unsere Rechtsordnung braucht § 32a GmbHG[611]. Der durch die Norm vermittelte Schutz wäre angemessen, wenn die Ausnahmetatbestände ersatzlos gestrichen würden.

---

610 Kapitel 8:D auf Seite 174 ff.

611 Kapitel 9: auf Seite 179 ff.

Literaturverzeichnis

Adams, Michael, Eigentum, Kontrolle und beschränkte Haftung, 1. Aufl., Baden-Baden 1991

Altmeppen, Holger, Der "atypische Pfandgläubiger" – ein neuer Fall des kapitalersetzenden Darlehens?, ZIP 1993, 1677 ff.

ders., Erkennbarkeit der Krise für den Gesellschafter, Voraussetzung der Umqualifizierung einer Gesellschafterbürgschaft in Eigenkapitalersatz – „Früchte GmbH" (Anm. zu BGH, Urt. v. 7.11.1994 – II ZR 270/93, ZIP 1994, 1934), ZIP 1994, 1939 ff.

ders., Verschlimmbesserungen im Kapitalersatzrecht, ZIP 1996, 1455 ff.

ders., Die Auswirkungen des KonTraG auf die GmbH, ZGR 1999, 291 ff.

ders., Zur Frage, ob eigenkapitalersetzende Gesellschafterleistungen im Überschuldungsstatus zu passivieren sind und zur Haftung des Geschäftsführers einer GmbH (Anm. zu BGH, Urt. v. 8.1.2001, II ZR 88/99, ZIP 2001, 235), ZIP 2001, 240 ff.

Apelt, Bernd, Die Publizität der GmbH, Berlin 1991

Arrow, Kenneth J., Essays in the Theory of Risk Bearing, Chicago/Ill. 1971

Assmann, Heinz-Dieter / Kirchner, Christian / Schanze, Erich (Hrsg.), Ökonomische Analyse des Rechts, Tübingen 1993

Balke, Michaela, Haftung des Gesellschafters bei kapitalersetzender Gebrauchsüberlassung trotz Kompensation (Anm. zu BGH, Urt. v. 18.12.2000, II ZR 191/99, WM 2001, 316), WuB II C § 32a GmbHG 1.02

Banerjea, Nirmal Robert, Haftungsfragen in Fällen materieller Unterkapitalisierung und im qualifiziert faktischen Konzern, ZIP 1999, 1153 ff.

Barnea, Amir / Haugen, Robert A. / Senbet, Lemma W., A Rationale for Debt Maturity Structure and Call Provisions in the Agency Framework, 35 JoF 1223 (1980)

dies., An Equilibrium Analysis of Debt Financing under Costly Tax Arbitrage and Agency Problems, 36 JoF 569 (1981)

Barth, Wolfgang H., Der Anwendungsbereich des Eigenkapitalersatzrechts nach § 32a Abs. 3 S. 2 und 3 GmbHG, Berlin 2001 (zit.: *Barth*, Der Anwendungsbereich des Eigenkapitalersatzrechts)

Bartone, Roberto, Gesellschafterfremdfinanzierung: die Frage der Vereinbarkeit des § 8a KStG mit Verfassungs-, Europa- und Völkerrecht, Berlin 2001

Bauer, Kilian, Die Passivierung eigenkapitalersetzender Gesellschafterforderungen im Überschuldungsstatus (Anm. zu BGH, Urt. v. 8.1.2001, II ZR 88/99, ZIP 2001, 235), ZInsO 2001, 486 ff.

Baumbach, Adolf / Hueck, Alfred, GmbH-Gesetz: Kurzkommentar, 17. Aufl., München 2000 (zit.: *Baumbach/Hueck/Bearbeiter*, GmbHG)

Beine, Frank, Eigenkapitalersetzende Gesellschafterleistungen: finanzwirtschaftliche und bilanzrechtliche Grundsätze, Düsseldorf 1994

Beinert, Jörg / Hennerkes Brun-Hagen / Binz, Mark K., Kapitalersetzende Darlehen und GmbH-Novelle, GmbHR 1981, 10 ff.

Benne, Dietmar, Haftungsdurchgriff bei der GmbH, Köln 1978

Berg, Hans-Georg, Rechtsdogmatische Fragen zu § 30 Abs. 1 GmbHG, Berlin 1995

Berger, Hannes, Markenlizenz und Kapitalersatz, Frankfurt am Main 1999

Berger, Kurt, Grundlagen des Eigenkapitalersatzrechts, Wien 1996

Berle, Adolf A., "Control" in Corporate Law, 58 Colum. L. Rev. 1212 (1958)

Bieder, Marcus, Das Kapitalersatzrecht im Umbruch: die Auswirkungen des KonTraG, KapAEG und der neuen Insolvenzordnung für das Recht der kapitalersetzenden Gesellschafterleistungen, Stuttgart 2000

Bitter, Christian von, Das Informationsrecht des GmbH-Gesellschafters in §§ 51a, 51b GmbHG, ZIP 1981, 825 ff.

Bitz, Michael, Finanzdienstleistungen, München, 5. Aufl., München, Wien 2000

ders., Zur rechtlichen Behandlung von Gesellschafterdarlehen an Gesellschaften mit beschränkter Haftung, WiSt 1979, 353 ff.

Black, Fischer, The Dividend Puzzle, 2 JoPM 5 (1976)

ders. / Scholes, Myron, The Pricing of Options and Corporate Liabilities, 81 JoPE 637 (1973)

Blank, Michael, Zur eigenkapitalersetzenden Gebrauchsüberlassung (Anm. zu OLG Hamm, Urt. v. 7.3.2001, 30 U 192/00), EWiR 2002, 253 f.

Blöse, Jochen, Zur eigenkapitalersetzenden Nutzungsüberlassung (Anm. zu OLG Dresden, Urt. v. 6.3.2002, 11 U 2463/01), EWiR 2002, 345 f.

Blumberg, Jens, Die Besteuerung der Gesellschafterfremdfinanzierung unter besonderer Berücksichtigung der Unternehmensverhältnisse in der USA, Baden-Baden 1997 (zit.: *Blumberg*, Besteuerung der Gesellschafterfremdfinanzierung)

Blumberg, Philip I., Limited Liability and Corporate Groups, 11 J. Corp. L. 573 (1986)

Blumenwitz, Dieter, Einführung in das anglo-amerikanische Recht, 6. Aufl., München 1998

Bodie, Zvi / Taggart, Robert A., Future Investment Opportunities and the Value of the Call Provision on a Bond, 33 JoF 1187 (1978)

Bormann, Michael, Eigenkapitalersetzende Gesellschafterleistungen in der Jahres- und Überschuldungsbilanz, Heidelberg 2001

ders., Zum Rangrücktritt und zur Passivierungspflicht eines eigenkapitalersetzenden Darlehens (Anm. zu BGH, Urt. v. 8.1.2001, II ZR 88/99, GmbHR 2001, 190), GmbHR 2001, 198 f.

Brealy, Richard A. / Myers, Stewart C. / Marcus, Alan J., Fundamentals of Corporate Finance, Third Edition, Boston u. a. 2001

Budnitz, Mark E. / Chaitman, Helen Davis, The Law of Lender Liability, Boston 1994

Bungert, Hartwin, Die GmbH im US-amerikanischen Recht - Close Corporation, Köln 1993

ders., Gesellschaftsrecht in den USA, 2. Aufl., München 1999

Burow, Patrick, Einführung in die ökonomische Analyse des Rechts, JuS 1993, 8 ff.

Busse, Franz-Joseph, Grundlagen der betrieblichen Finanzwirtschaft, 4. Aufl., München/Wien 1996

Calabresi, Guido, The Costs of Accidents – A Legal and Economic Analysis, 5th ed., New Haven/Conn. 1977

Casper, Matthias / Ulrich, Kristin, Zur Reichweite des Sanierungsprivilegs in § 32a Abs. 3 S. 3 GmbHG, GmbHR 2000, 472 ff.

Castor, Bernd, Das Recht der eigenkapitalersetzenden Gesellschafterdarlehen unter besonderer Berücksichtigung der Rechtsfolgen nachträglicher Änderungen in den Tatbestandsvoraussetzungen, Frankfurt am Main 1997 (zit.: *Castor*, Eigenkapitalersetzende Gesellschafterdarlehen)

Claussen, Carsten P., Kapitalersetzende Darlehen und Sanierungen durch Kreditinstitute, ZHR 147 (1983), 195 ff.

ders., Betriebswirtschaft und Kapitalersatz, in: Entwicklungen bei der Bilanzierung und Prüfung von Kapitalgesellschaften, Festschrift zum 65. Geburtstag von Karl-Heinz Forster, hrsg. v. Adolf Moxter u. a., Düsseldorf 1992, S. 139 ff.

ders., Zeitenwende im Kapitalersatzrecht?, GmbHR 1994, 9 ff.

ders., Die GmbH braucht eine Deregulierung des Kapitalersatzrechts, GmbHR 1996, 316

Dauner-Lieb, Die Freistellung geringfügig beteiligter Gesellschafter von der Kapitalersatzhaftung: ein Eingriff in die Fortbildungskompetenz der Gerichte?, DStR 1998, 609 ff.

dies., Das Sanierungsprivileg des § 32a Abs. 3 S. 3 GmbHG: ein Eingriff in den harten Kern des Kapitalersatzrechts?, DStR 1998, 1517 ff.

DeNatale, Andrew / Abram, Prudence B., The Doctrine of Equitable Subordination as applied to Nonmanagement Creditors, 40 Bus. Law. 417 (1985)

Dendorfer, Wilhelm, Die Feststellung eigenkapitalersetzender Gesellschafterdarlehen im Sinne des § 32a Abs. 1 Satz 1 GmbHG, Frankfurt am Main u. a. 1985 (zit.: *Dendorfer*, Die Feststellung eigenkapitalersetzender Gesellschafterdarlehen)

Dickens, Jeremy W., Equitable Subordination and Analogous Theories of Lender Liability: Towards a New Model of Control, 65 Tex. L. Rev. 801 (1987)

Dorozala, Ingo, Die steuerliche Behandlung der Gesellschafterfremdfinanzierung durch nichtanrechnungsberechtigte Inländer nach § 8a KStG, Hamburg 1998 (zit.: *Dorozala,* Die steuerliche Behandlung der Gesellschafterfremdfinanzierung)

Dörrie, Robin, Das Sanierungsprivileg des § 32a Abs. 3 Satz 3 GmbHG, ZIP 1999, 11 ff.

Drukarczyk, Jochen, Unternehmen und Insolvenz: Zur effizienten Gestaltung des Kreditsicherungs- und Insolvenzrechts, Wiesbaden 1987

ders., Theorie und Politik der Finanzierung, 2. Aufl., München 1993

ders., Finanzierung, 8. Auflage, Stuttgart 1999

ders., Begrenzte Haftung, Gläubigerrisiko und Gesellschafterdarlehen: zur Vorschrift des § 32a im Entwurf eines neuen GmbHG, in: Heigl, Anton / Uecker, Peter (Hrsg.), Betriebswirtschaftslehre und Recht, Wiesbaden 1979,

S. 107 ff.

ders., Verschuldung, Konkursrisiko, Kreditverträge und Marktwert von Aktiengesellschaften, KuK 1981, 287 ff.

ders., Gesellschafterdarlehen, Rechtsprechungsgrundsätze des BGH und § 32a GmbHG – Einige kritische Anmerkungen, in: Unternehmenstheorie und Besteuerung, Festschrift zum 60. Geburtstag von Dieter Schneider, hrsg. v. Rainer Elschen u. a., Wiesbaden 1995, S. 171 ff.

Easterbrook, Frank H. / Fischel, Daniel, The Economic Structure of Corporate Law, Cambridge/Mass. and London 1991

dies., Limited Liability and the Corporation, 52 U. Chi. L. Rev. 89 (1985)

Ebke, Werner F., Die „Close Corporation": Notwendige Beschlüsse des Board of Directors und das Problem des „Deadlock", IPRax 1983, 18 ff.

Ehricke, Ulrich, Zur Begründbarkeit der Durchgriffshaftung in der GmbH, insbesondere aus methodischer Sicht, AcP 199 (1999), 257 ff.

Eichele, Hans, Die Reichweite des Kapitalerhaltungsgrundsatzes aus § 30 Abs. 1 GmbHG, die Finanzierungsverantwortung des Gesellschafters und das Eigenkapitalersatzrecht in der GmbH, Berlin 1999 (zit.: *Eichele,* Reichweite des Kapitalerhaltungsgrundsatzes)

Eidenmüller, Horst, Effizienz als Rechtsprinzip: Möglichkeiten und Grenzen der Ökonomischen Analyse des Rechts, 2. Aufl., Tübingen 1998

ders., Unternehmenssanierung zwischen Markt und Gesetz, Köln 1999

Eilers, Stefan / Sieger, Jürgen J. / Wienands, Hans-Gerd, Die Finanzierung der GmbH durch ihre Gesellschafter, 2. Aufl., Köln 2001

Eisenhardt, Ulrich, Zum Weisungsrecht der Gesellschafter in der nicht mitbestimmten GmbH, in: Strafrecht, Unternehmensrecht, Anwaltsrecht, Festschrift für Gerd Pfeiffer zum Abschied aus dem Amt als Präsident des Bundesgerichtshofes / hrsg. v, Otto Friedrich Freiherr von Gamm u. a., Köln, Berlin, Bonn, München 1988, S. 839 ff.

Elschen, Rainer, DBW-Stichwort: Agency-Theorie, DBW 1988, 248 ff.

Erman, Walter, Zur Frage der Haftung der Hintermänner überschuldeter Gesellschaften, KTS 1959, 128 ff.

Esser, Carsten, Das Fremdkapital im Unternehmen als Insolvenzursache und die Möglichkeiten rechtlicher Steuerung der Finanzierungsgrundlagen, Frankfurt am Main u. a. 1986 (zit.: *Esser*, Das Fremdkapital im Unternehmen)

ders., Insolvenzschutz durch Dynamisierung des Stammkapitals bei der GmbH: eine Untersuchung von Grundsätzen über eigenkapitalersetzende Gesellschafterdarlehen, Köln 1989 (zit.: *Esser*, Insolvenzschutz)

Ewert, Ralf, Rechnungslegung, Gläubigerschutz und Agency-Probleme, Wiesbaden 1986

Fama, Eugene F., The Effects of a Firm's Investment and Financing Decisions on the Welfare of its Security Holders, 68 AER 272 (1978)

ders. / Miller, Merton H., The Theory of Finance, Hindsdale/Ill. 1972

Fastrich, Lorenz, Ketzerisches zur sogenannten Finanzierungsverantwortung, in: Festschrift für Wolfgang Zöllner zum 70. Geburtstag, hrsg. v. Manfred Lieb u. a., Köln 1998, S. 143 ff.

Feine, Hans Erich, Die Gesellschaft mit beschränkter Haftung, Leipzig 1929

Felleisen, Felix, Zum Rangrücktritt und zur Passivierungspflicht eines eigenkapitalersetzenden Darlehens (Anm. zu BGH, Urt. v. 8.1.2001, II ZR 88/99, GmbHR 2001, 190), GmbHR 2001, 195 ff.

Fischer, Lothar / Lepper, Martin, Das Belassen von Gesellschafterdarlehen im Zeitpunkt der Krise - neue Rechtsprechung zu § 32a GmbHG, ZIP 1986, 1 ff.

Fischer, Thomas R., Entscheidungskriterien für Gläubiger, Wiesbaden 1986

ders., Gläubigerschutz durch eigenkapitalersetzende Gesellschafterdarlehen?, in: Sadowski, Dieter / Czap, Hans / Wächter, Hartmut (Hrsg.), Regulierung und Unternehmenspolitik: Methoden und Ergebnisse der betriebswirtschaftlichen Rechtsanalyse, Wiesbaden 1996, S. 179 ff. (zit.: *Fischer*, in: Sadowski/Czap/Wächter (Hrsg.), Regulierung und Unternehmenspolitik)

Fleck, Hans-Joachim, Das kapitalersetzende Bankdarlehen in der GmbH, in: Handelsrecht und Wirtschaftsrecht in der Bankpraxis, Festschrift für Winfried Werner zum 65. Geburtstag am 17. Oktober 1984, hrsg. v. Walther Hadding u. a., Berlin, New York 1984, S. 107 ff.

ders., Zur Frage des eigenkapitalersetzenden Charakters der – wiederholten und längerfristigen – Stundung von Forderungen (Anm. zu BGH, Urt. v. 28.11.1994, II ZR 77/93, ZIP 1995, 23), EWiR 1995, 367

Fleischer, Holger, Finanzplankredite und Eigenkapitalersatz im Gesellschaftsrecht, Köln u. a. 1995

Flume, Werner, Allgemeiner Teil des Bürgerlichen Rechts, Erster Band, Zweiter Teil: Die juristische Person, Berlin u. a. 1983

Förster, Karsten, Durchbricht der Insolvenzbeschlag über das Vermögen des Vermieter-Gesellschaftes die kapitalersetzende Gebrauchsüberlassung zugunsten der Mieter-Gesellschaft?, ZInsO 2002, 366 ff.

Franke, Günter / Hax, Herbert, Finanzwirtschaft des Unternehmens und Kapitalmarkt, 4. Aufl., Berlin u. a. 1999

Friedman, Milton / Savage, Leonard J., The Utility Analysis of Choices Involving Risk, 56 JoPE 279 (1948)

Gabler- Wirtschaft-Lexikon, 15. Auflage, Wiesbaden 2000

Gehde, Björn, Eigenkapitalersetzende Gesellschafterleistungen in Deutschland und den USA: zugleich ein Beitrag zur marktkonformen Schutzkonzeption des Eigenkapitalersatzrechts, Berlin 1997

Geißler, Markus, Umqualifizierung von Bankkrediten in eigenkapitalersetzende Aktionärsdarlehen, WM 2002, 735 ff.

Gerkan, Hartwin von, Schwerpunkte und Entwicklungen im Recht der kapitalersetzenden Gesellschafterleistungen, GmbHR 1986, 218 ff.

ders., Zum Stand der Rechtsentwicklung bei den kapitalersetzenden Gesellschafterleistungen, GmbHR 1990, 384 ff.

ders., Zur Umqualifizierung stehengelassener Gesellschafterkredite zu Eigenkapitalersatz, GmbHR 1996, 400 ff.

ders., Das Recht des Eigenkapitalersatzes in der Diskussion, ZGR 1997, 173 ff.

ders., Der Entwurf des „Kapitalaufnahmeerleichterungsgesetzes" und das Recht des Eigenkapitalersatzes, GmbHR 1997, 677 ff.

ders. / Hommelhoff, Peter, Kapitalersatz im Gesellschafts- und Insolvenzrecht, 5. Auflage, Köln 1997

dies. (Hrsg.), Handbuch des Kapitalersatzrechts, 1. Aufl., Köln 2000 (zit.: *Bearbeiter* in: v. Gerkan/Hommelhoff (Hrsg.), Handbuch des Kapitalersatzrechts)

Geßler, Ernst, Zur Problematik bei kapitalersetzenden Darlehen, ZIP 1981, 228 ff.

Gleick, Harry S., Subordination in Bankruptcy under the Equitable Power of the Bankruptcy Court, 16 Bus. Law. 611 (1961)

Goette, Wulf, Die GmbH nach der BGH-Rechtsprechung, München 1997

ders., Die höchstrichterliche Rechtsprechung zur Behandlung eigenkapitalersetzender Leistungen im GmbH-Recht, DStR 1997, 2027 ff.

ders., Eigenkapitalersatzregeln bei Rücktritt vom Kaufvertrag in der Krise, DStR 2001, 1577 ff.

Götz, Alexander, Juristische und ökonomische Analyse des Eigenkapitalersatzrechts, Baden-Baden 2001

ders. / Hegerl, Hans-Jörg, Die Sanierungsfeindlichkeit des Eigenkapitalersatzrechts und die Sanierungsobjektgesellschaft als Ausweg, DB 1997, 2365 ff.

ders. / Hegerl, Hans-Jörg, Die Begründbarkeit des Sanierungsprivilegs in § 32a GmbHG und seine praktische Umsetzung, DB 2000, 1385 ff.

Gratz, Kurt, Finanzierungs- und Ausschüttungsstrategien der mittelständischen

GmbH, DB 2002, 489 ff.

Grossmann, Hartmut G., Gesellschafterdarlehen bei Insolvenz: Amerikanische Erfahrungen zum Gläubigerschutz, Berlin 1978

Grunewald, Barbara, Einsichts- und Auskunftsrecht des GmbH-Gesellschafters nach neuem Recht, ZHR 146 (1982), 211 ff.

dies., Plädoyer für die Abschaffung der Rechtsprechungsregeln für eigenkapitalersetzende Gesellschafterdarlehen, GmbHR 1997, 7 ff.

Haas, Ulrich, Fragen zum Adressatenkreis des Kapitalersatzrechts, DZWiR 1999, 177 ff.

Habersack, Mathias, Eigenkapitalersatz im Gesellschaftsrecht, ZHR 162 (1998), 201 ff.

ders. / Mayer, Christian, Zur Passivierung von eigenkapitalersetzenden Gesellschafterdarlehen und zum Schutzzweck von GmbHG § 64 Abs. 2 (Anm. zu BGH, Urt. v. 8.1.2001, II ZR 88/99, NZG 2001, 361), NZG 2001, 365 f.

Hachenburg, Max, Gesetz betreffend die Gesellschaften mit beschränkter Haftung (GmbHG), hrsg. v. Peter Ulmer,
Erster Band, Allgemeine Einleitung; §§ 1-34, 8. Aufl., Berlin/New York 1992 (zit.: *Hachenburg/Bearbeiter*, GmbHG)
Zweiter Band, §§ 13-52, 7. Aufl., Berlin/New York 1979 (zit.: *Hachenburg/Bearbeiter*, GmbHG, 7. Aufl.)

Hackney, William P. / Benson, Tracey G., Shareholder Liability for Inadequate Capital, 43 U. Pitt. L. Rev. 837 (1986)

Hahn, Oswald, Finanzwirtschaft, 2. Aufl., München 1983

ders., Allgemeine Betriebswirtschaftslehre, 3. Aufl., München, Wien 1997

Halpern, Paul / Trebilcock, Michael J. / Turnbull, Stuart, An Economic Analysis of Limited Liability in Corporation Law, 30 U. Toronto L. J. 117 (1980)

Handbuch der Unternehmensfinanzierung, hrsg. v. Oswald Hahn, München 1971 (zit.: *Bearbeiter*, in: Handbuch der Unternehmensfinanzierung)

Handwörterbuch der Finanzwirtschaft, hrsg. v. Hans E. Büschgen, Stuttgart 1976 (zit.: *Bearbeiter*, in: Handwörterbuch der Finanzwirtschaft, 1. Aufl.) (3. Aufl. u. d. T. Handwörterbuch des Bank- und Finanzwesens)

Handwörterbuch des Bank- und Finanzwesens, hrsg. v. Wolfgang Gerke und Manfred Steiner, 3. Aufl., Stuttgart 2001 (zit.: *Bearbeiter*, in: Handwörterbuch des Bank- und Finanzwesens, 3. Aufl.) (1. Aufl. u. d. T. Handwörterbuch der Finanzwirtschaft)

Hasebrink, Anja, Abschied von der „eigenkapitalersetzenden Gebrauchsüberlassung"?, Frankfurt am Main 2001

Hass, Jeffrey John, Insights Into Lender Liability: An Argument for Treating Controlling Creditors as Controlling Shareholders, 135 U. Pa. L. Rev. 1321 (1987)

Hasselbach, Kai / Wicke, Hartmut, Gesellschafterdarlehen in der Überschuldungsbilanz, BB 2001, 435 f.

Hauke, Christian, Die Haftung der Gesellschafter der unterkapitalisierten Corporation im Amerikanischen Recht: ein Vergleich mit der GmbH, Univ. Mainz, Diss., 1977 (zit.: *Hauke*, Haftung der Gesellschafter der Corporation)

Heidelberger Kommentar zum GmbH-Recht, von Harald Bartl, Helmar Fichtelmann, Eberhard Schlarb, Hans-Jürgen Schulze, 5. Aufl., Heidelberg 2002 (zit.: HK GmbHR/*Bearbeiter*)

Herrmann, Harald, Quasi-Eigenkapital im Kapitalmarkt- und Unternehmensrecht. Ein deutsch-amerikanischer Vergleich und Beitrag zum internationalen Wirtschaftsrecht, Berlin, New York 1996

Herrmann, Horst, Fremdfinanzierung durch Gesellschafter aus handelsrechtlicher und konkursrechtlicher Sicht, in: 50 Jahre Wirtschaftsprüferberuf, hrsg. v. Institut der Wirtschaftsprüfer in Deutschland e.V., Düsseldorf 1981, S. 151 ff.

Herrmann, Jürgen, Neue Bestimmung des § 8a KStG, Heidelberg, Univ.,

Diss., 1998

Herzog, Asa S. / Zweibel, Joel B., The Equitable Subordination of Claims in Bankruptcy, 15 Vand. L. Rev. 83 (1961)

Hill, Alfred, The Eerie Doctrine in Bankruptcy, 66 Harv. L. Rev. 1015 (1955)

Hirsch, Christoph J., Gesellschafterfremdfinanzierung inländischer Kapitalgesellschaften durch ausländische Anteilseigner, Frankfurt am Main u.a. 1999 (zit.: *Hirsch*, Gesellschafterfremdfinanzierung inländischer Kapitalgesellschaften)

Hirte, Heribert, Aktuelle Schwerpunkte im Kapitalersatzrecht, in: Hommelhoff, Peter / Röhricht, Volker (Hrsg.), Gesellschaftsrecht 1997, Köln 1998, S. 145 ff.

ders., Das Kapitalersatzrecht nach Inkrafttreten der Reformgesetzgebung, ZInsO 1998, 147 ff.

Holzaepfel, Peter, Belastungswirkungen durch § 8a KStG und verbleibende Gestaltungsmöglichkeiten, Köln, Univ., Diss., 2000 (zit.: *Holzaepfel*, Belastungswirkungen durch § 8a KStG)

Hommelhoff, Peter, Eigenkapitalersatz im Konzern und in Beteiligungsverhältnissen, WM 1984, 1105 ff.

ders., Das Gesellschafterdarlehen als Beispiel institutioneller Rechtsfortbildung, ZGR 1988, 460 ff.

ders. / Kleindiek, Detlef, Flexible Finanzierungsinstrumente im GmbH-Recht. Das eigenkapitalersetzende Gesellschafterdarlehen zwischen Nachschußkapital und Finanzplankredit, in: Festschrift 100 Jahre GmbH-Gesetz, hrsg. v. Marcus Lutter u. a., Köln 1992, S. 427 ff.

Hübener, Erhard, Grundsätzliche Überlegungen zur Vermögensanlage von Personen und Instituten, NB 1969, 9 ff.

Hucke, Anja, Gesellschafter und Geschäftsführer der GmbH: juristische und ökonomische Analyse, Wiesbaden 1996

Immenga, Ulrich, Die personalistische Kapitalgesellschaft: eine rechtsvergleichende Untersuchung nach deutschem GmbH-Recht und dem Recht der Corporations in den Vereinigten Staaten, Bad Homburg 1970

ders., Kapitalersetzende Aktionärsdarlehen als Haftkapital?, ZIP 1983, 1405

Jacob, Adolf-Friedrich / Klein, Sebastian / Nick, Andreas, Basiswissen Investition und Finanzierung, Wiesbaden 1994

Janssen, Bernhard, § 8 KStG: Zweck der Vorschrift und Kritik ihrer Ausgestaltung, Göttingen 1997 (zit.: *Janssen*, § 8 a KStG)

Jensen, Michael C. / Meckling, William, Theory of the Firm: Managerial Behavior, Agency Costs and Ownership Structure, 3 JoFE 305 (1976)

Joost, Detlev, Grundlagen und Rechtsfolgen der Kapitalerhaltungsregeln in der GmbH, ZHR 148 (1984), 27 ff.

Kamm, Christoph, Gesellschafterdarlehen an Kapitalgesellschaften nach deutschem Recht unter Berücksichtigung schweizerischen und französischen Rechts, Düsseldorf 1970

Keck, Joachim, Private Kapitalanlagen unter steuerlichem Einfluß, Frankfurt am Main 1983

Kern, Hans-Günther, Ökonomische Theorie der Langzeitverträge, JuS 1992, 13 ff.

Keßler, Jürgen, Zivilrechtliche Haftungsrisiken der Betriebsaufspaltung, GmbHR 1993, 541 ff.

Keßler, Wolfgang / Teufel, Tobias, Gesellschafterfremdfinanzierung nach der Unternehmenssteuerreform, DB 2001, 1955 ff

Ketzer, Axel, Eigenkapitalersetzende Aktionärsdarlehen, Köln, Berlin, Bonn, München 1989

Kirchhof, Ferdinand, Grundriß des Steuer- und Abgabenrechts, 2. Aufl., Heidelberg 2001

Kirchner, Christian, Ökonomische Analyse des Rechts: Interdisziplinäre Zusammenarbeit von Ökonomie und Rechtswissenschaft, in: Assmann, Heinz-Dieter / Kirchner, Christian / Schanze, Erich (Hrsg.), Ökonomische Analyse des Rechts, Tübingen 1993, S. 62 ff.

Klaus, Hans, Gesellschafterfremdfinanzierung und Eigenkapitalersatzrecht bei der Aktiengesellschaft und der GmbH, Frankfurt am Main u. a. 1994

ders., Gesellschafterdarlehen, Eigenkapitalersatzrecht und Fortführung einer nicht mehr fortführungswürdigen GmbH, ZBB 1994, 247 ff.

Klausing, Friedrich, Die Neuordnung der Gesellschaft mit beschränkter Haftung: zweiter Arbeitsbericht des „Ausschusses für die Gesellschaften mit begrenzter Haftung" der Akademie für deutsches Recht, Frankfurt am Main 1970

Knees, Klaus-Niels, Die Bank als Grundpfandrechtsgläubiger in der Unternehmensinsolvenz, ZIP 2001, 1568 ff.

Koch, Harald / Magnus, Ulrich / Winkler von Mohrenfels, Peter, IPR und Rechtsvergleichung: Ein Übungsbuch zum Internationalen Privat- und Zivilverfahrensrecht und zur Rechtsvergleichung, 2. Aufl., München 1996

Koch, Sabine, Eigenkapitalleistungen und eigenkapitalersetzende Leistungen der Kommanditisten in der gesetzestypischen Kommanditgesellschaft, Berlin u. a. 1992 (zit.: *Koch*, Eigenkapitalersetzende Leistungen der Kommanditisten)

Koh, Jay L., Equity Unbound: A Meaningful Test for Equitable Subordination, 16 Yale L. & Pol'y Rev. 467 (1998)

Koppensteiner, Hans-Georg, Kritik des „Eigenkapitalersatzrechts", AG 1998, 308 ff.

Kreis, Stefan, Finanzierungsverantwortung bei eigenkapitalersetzenden Gesellschafterdarlehen, Mannheim, Univ., Diss. 1990

Kübler, Bruno M. / Prütting, Hanns, Das neue Insolvenzrecht: InsO/EGInsO, 2. Aufl., Köln 2000

Kübler, Friedrich, Die Autorität der Sachnähe: Beobachtungen zum Verhältnis von Richter und Gesetz am Beispiel des Gesellschafterdarlehens, in: Festschrift für Walter Stimpel zum 68. Geburtstag am 29. November 1985, hrsg. v. Marcus Lutter u. a., Berlin/New York 1985, S. 3 ff.

ders., Aktienrechtsreform und Unternehmensverfassung, AG 1994, 141 ff.

Kuthe, Thorsten, Die Änderungen im System der eigenkapitalersetzenden Gesellschafterdarlehen, Lohmar 2001

Lehmann, Andreas, Unternehmenssanierung durch kapitalersetzende Gesellschafterdarlehen unter Berücksichtigung der Doppelrolle der Banken als Gesellschafter und Kreditgeber, Bonn 1988 (zit.: *Lehmann,* Unternehmenssanierung durch kapitalersetzende Darlehen)

Lehmann, Michael, Das Privileg der beschränkten Haftung und der Durchgriff im Gesellschafts- und Konzernrecht, ZGR 1986, 345 ff.

Lehner, Andrea, Sanierungsprivileg (§ 32a Abs. 3 S. 3 GmbHG) für Gesellschaften mit beschränkter Haftung, Frankfurt am Main u. a. 2001 (zit.: *Lehner,* Sanierungsprivileg)

Lehner, Ulrich, Modelle für das Finanzmanagement, Darmstadt 1976

Leopold, Günter / Frommann, Holger, Eigenkapital für den Mittelstand: Venture Capital im In- und Ausland, München 1998

Luckan, Eberhardt / Schacht, Helmut, Gläubigerschutz, Publizität und Haftung, DB 1970, 1449 ff.

Lutter, Marcus, Zum Informationsrecht des Gesellschafters nach neuem GmbH-Recht, ZGR 1982, 1 ff.

ders. / Hommelhoff, Peter, GmbH-Gesetz: Kommentar, 15. Aufl., Köln 2000

ders. / Hommelhoff, Peter, Nachrangiges Haftkapital und Unterkapitalisierung in der GmbH, ZGR 1979, 31 ff.

Matthes, Kai-Uwe, Eigenkapitalersetzende Gesellschafterdarlehen, Frankfurt am Main u. a. 2001

Meiners, Roger / Mofsky, James / Tollison, Robert D., Piercing the Veil of Limited Liability, 4 Del. J. Corp. L. 351 (1979)

Menzel, Hans-Jürgen, Die Bedeutung der BGH-Rechtsprechung zu den Gesellschafterdarlehen für die Unternehmenssanierung, AG 1982, 197 ff.

Merkt, Hanno, US-amerikanisches Gesellschaftsrecht, Heidelberg 1991

Meyer-Landrut, Joachim / Miller, F. Georg / Niehus, Rudolf J., Gesetz betreffend die Gesellschaften mit beschränkter Haftung (GmbHG) einschließlich Rechnungslegung zum Einzel- sowie zum Konzernabschluß, Kommentar, Berlin, New York 1987 (zit.: *Meyer-Landrut/Miller/Niehus/Bearbeiter)*

Michel, Sabine, Eigenkapitalersetzende Gesellschafterleistungen bei der GmbH & Co. KG und KG, Pfaffenweiler 1992 (zit.: *Michel*, Eigenkapitalersetzende Gesellschafterleistungen)

Mincke, Wolfgang, Kreditsicherung und kapitalersetzende Darlehen. Zugleich ein Beitrag zur dogmatischen Einordnung kapitalersetzender Darlehen, ZGR 1987, 521 ff.

Möller, Christian, Die wirtschaftliche Betrachtung im Privatrecht: Dargestellt an den Kapitalaufbringungs- und -erhaltungsvorschriften im Recht der GmbH, Berlin 1997

Mosthaf, Oliver, Die Reformen des Rechts der Gesellschaften mit beschränkter Haftung, Frankfurt am Main u. a. 1994 (zit.: *Mosthaf*, Reformen des GmbH-Rechts)

Müller, Andreas, Regeln für eigenkapitalersetzende Gesellschafterdarlehen bei der GmbH und ihre Übertragbarkeit auf die AG, Frankfurt am Main u. a. 1987 (zit.: *Müller*, Regeln für eigenkapitalersetzende Gesellschafterdarlehen)

Münchener Handbuch des Gesellschaftsrechts, Band 3: Gesellschaft mit beschränkter Haftung, hrsg. v. Hans-Joachim Priester und Dieter Mayer, München 1996 (zit.: *Münchener Handbuch des Gesellschaftsrechts/Bearbeiter*)

Myers, Stewart C., Determinants of Corporate Borrowing, 5 JoFE 147 (1977)

Nahr, Gottfried, Kreditrationierung, Information und Unsicherheit: zur Bestimmung von Kredithöhe u. Zinssatz bei Kreditverhandlungen, München 1980

Noack, Ulrich, Kapitalersatz nach geltendem und künftigem Recht, in: Prütting, Hans (Hrsg.), Insolvenzrecht 1996, RWS-Forum 9, Köln 1997, S. 195 ff.

ders., Neues Insolvenzrecht - neues Kapitalersatzrecht?, in: Festschrift für Carsten Peter Claussen zum 70. Geburtstag, hrsg. v. Klaus-Peter Martens u. a., Köln 1997, S. 307 ff.

Note, Bankruptcy: Power to Subordinate on Equitable Grounds Claims Valid under State Law, 67 Colum. L. Rev. 583 (1967)

Nyzio, Lydia E., Mobile Steel and Beyond: Trends in Equitable Subordination, 37 S. C. L. Rev. 627 (1986)

Obermüller, Manfred, Patronatserklärungen und kapitalersetzende Darlehen, ZIP 1982, 915 ff.

ders., Änderungen des Rechts der kapitalersetzenden Darlehen durch KonTraG und KapAEG, ZInsO 1998, 51 ff.

Oellers, Bernhard, Endlich mal ´ne richtige Reform!, ZIP 1996, 1579 ff.

Onderka, Wolfgang, Die eigenkapitalersetzende Nutzungsüberlassung in der Zwangsvollstreckung, Bonn, Univ., Diss., 2001

Orth, Robert, Die Gesellschafterstellung im Sinne des Eigenkapitalersatzrechts, Köln 1993

Ott, Claus / Schäfer, Hans-Bernd, Die ökonomische Analyse des Rechts: Irrweg oder Chance wissenschaftlicher Erkenntnis?, JZ 1988, 213 ff.

Palandt, Otto, Bürgerliches Gesetzbuch, Kommentar, 61. Aufl., München 2002 (zit.: *Palandt/Bearbeiter*, BGB)

Pardo, Rafael Ignacio, Beyond the Limits of Equity Jurisprudence: No-Fault Equitable Subordination, 75 N.Y.U. L. Rev. 1489 (2000)

Paulus, Christopher G., Passivierungspflicht und Rangordnung eigenkapitalersetzender Darlehen in der Insolvenz, ZGR 2002, 320 ff.

Pentz, Andreas, Zur Anwendbarkeit der GmbH-Eigenkapitalersatzregeln auf Leistungen geringfügig beteiligter Gesellschafter, BB 1997, 1265

ders., Änderungen und Ergänzungen der kapitalersetzenden Regelungen im GmbH-Gesetz, GmbHR 1999, 437 ff.

Perridon, Loius / Steiner, Manfred, Finanzwirtschaft der Unternehmung, 10. Auflage, München 1999

Pfaff, Dieter, Gewinnverwendungsregelungen als Instrument zur Lösung von Agency-Problemen, Frankfurt am Main u. a. 1989 (zit.: *Pfaff*, Gewinnverwendungsregelungen)

Picot, Arnold, Ökonomische Theorien der Organisation: Ein Überblick über neuere Ansätze und deren betriebswirtschaftliches Anwendungspotential, in: Ordelheide, Dieter / Rudolph, Bernd / Büsselmann, Elke (Hrsg.), Betriebswirtschaftslehre und Ökonomische Theorie, Stuttgart 1991

Picot, Gerhard (Hrsg.), Unternehmenskauf und Restrukturierung, 2. Aufl., München 1998 (zit.: *Bearbeiter*, in: Picot (Hrsg.), Unternehmenskauf und Restrukturierung)

Posner, Richard A., The Rights of Creditors of Affiliated Corporations, 43 U. Chi. L. Rev. 499 (1976)

Priester, Hans-Joachim, Passivierung eigenkapitalersetzender Leistungen in der Überschuldungsbilanz der Gesellschaft (Anm. zu BGH, Urt. v. 8.1.2001, II ZR 88/99, ZIP 2001, 235) EWiR 2001, 329 f.

Pronske, Gerrit M. / O'Rourke, Patrick T., Bankruptcy, 21 Tex. Tech L. Rev. 111 (1990)

Rasmussen, Robert K. / Skeel, David A., The Economic Analysis of Corporate Bankruptcy Law, 3 Am. Bankr. Inst. L. Rev. 85 (1995)

Reich, Anka, Die Rechtsfolgen der eigenkapitalersetzenden Dauerschuldverhältnisse nach § 32a GmbHG am Beispiel der schuldrechtlichen Gebrauchsüberlassung und Gesellschafterdienstleistung, Tübingen, Univ., Diss., 2000 (zit.: *Reich*, Rechtsfolgen der eigenkapitalersetzenden Dauerschuldverhältnisse)

Reiner, Günter, Der deliktische Charakter der „Finanzierungsverantwortung" des Gesellschafters: zu den Ungereimtheiten der Lehre vom Eigenkapitalersatz, in: Verantwortung und Gestaltung, Verantwortung und Gestaltung: Festschrift für Karlheinz Boujong zum 65. Geburtstag, hrsg. v. Carsten Thomas Ebenroth u. a., München 1996, S. 415 ff.

Reinhardt, Rudolf, Gedanken zum Identitätsproblem bei der Einmanngesellschaft, in: Das deutsche Privatrecht in der Mitte des 20. Jahrhunderts, Festschrift für Heinrich Lehmann zum 80. Geburtstag, hrsg. in Gemeinschaft mit den Mitarbeitern von Hans Carl Nipperdey, Berlin, Tübingen, Frankfurt am Main 1956, S. 576 ff.

Richter, Wolfram F. / Furubotn, Eirik, Neue Institutionenökonomik, 2. Auflage, Tübingen 1999

Röhricht, Volker, Die Rechtsprechungsregeln zum Eigenkapitalersatz bei der GmbH und GmbH & Co. KG, in: Herzig, Norbert (Hrsg.), Eigenkapitalersetzende Leistungen bei GmbH und GmbH & Co. KG im Zivil- und Steuerrecht, Köln 1992, S. 1 ff. (zit.: *Röhricht*, in: Herzig (Hrsg.), Eigenkapitalersetzende Leistungen)

Ross, Stephen A. / Westerfield, Randolph W. / Jaffe, Jeffrey F., Corporate Finance, 6th ed., Boston u.a. 2002

Roth, Günter H., Zur „economic analysis" der beschränkten Haftung, ZGR 1986, 371 ff.

ders. / Altmeppen, Holger, GmbH-Gesetz, Kurzkommentar, 3. Aufl., München 1997

Rowedder, Heinz u. a. (Hrsg.), Gesetz betreffend die Gesellschaften mit beschränkter Haftung, Kommentar, 3. Aufl., München 1997 (zit.: *Rowedder/Bearbeiter*, GmbHG)

Rudolph, Bernd, Die Kreditvergabeentscheidung der Banken, Opladen 1974

Rümker, Dietrich, Bankkredite als kapitalersetzende Gesellschafterdarlehen unter besonderer Berücksichtigung der Sanierungssituation, ZIP 1982, 1385 ff.

ders., Überlegungen zur gesellschafterlichen Finanzierungsverantwortung, ZGR 1988, 494 ff.

Sandig, Curt, Finanzierung mit Fremdkapital, 2. Auflage, Stuttgart 1974

Schäfer, Hans-Bernd / Ott, Claus, Lehrbuch der ökonomischen Analyse des Zivilrechts, 3. Aufl., Berlin u. a. 2000

Scheel, Hansjörg, Konzerninsolvenz: eine rechtsvergleichende Darstellung des US-amerikanischen und das deutschen Rechts, Köln 1995

Schenk, Karin, Die Finanzierungsverantwortung eines Kleingesellschafters in der GmbH, Aachen 2001 (zit.: *Schenk*, Finanzierungsverantwortung eines Kleingesellschafters)

Schirmer, Hans-Jürgen, Eigenkapitalzufuhr oder Gesellschafter-Fremdfinanzierung: ein steuerlicher Vorteilsvergleich, Fernuniversität Gesamthochschule Hagen, Diss. 1994

Schmidt, Karsten, Informationsrechte in Gesellschaften und Verbänden: Ein Beitrag zur gesellschaftsrechtlichen Institutionenbildung, Heidelberg 1984

ders., Gesellschaftsrecht, 3. Auflage, Köln u. a. 1997

ders., Gesellschafterdarlehen als Insolvenzrechtsproblem, ZIP 1981, 689 ff.

ders., Kapitalersetzende Bankkredite?, ZHR 147 (1983), 165 ff.

ders., Die Eigenkapitalausstattung der Unternehmen als rechtspolitisches Problem, JZ 1984, 771 ff.

ders., § 32a GmbHG: Ein Allheilmittel gegen unerwünschten Eigenkapitalersatz?, ZIP 1990, 69 ff.

ders., Die Information des Gesellschafters, in: Festschrift 100 Jahre GmbH-Gesetz, hrsg. v. Marcus Lutter u. a., Köln 1992, S. 559 ff.

ders., Kapitalersatz und kein Ende, in: Henckel, Wolfram / Kreft, Gerhard (Hrsg.), Insolvenzrecht 1998, S. 287 ff.

ders., Die Rechtsfolgen der „eigenkapitalersetzenden Sicherheiten“, ZIP 1999, 1821 ff.

Schmidt, Reinhard H., Grundformen der Finanzierung, KuK 1981, 186 ff.

ders., Asymetrische Informationsverteilung und Gläubigerverfügungsrechte, 54 ZfB 717 (1984)

Schneeloch, Dieter, Eigenfinanzierung oder Finanzierung durch Gesellschafterdarlehen, StuW 1984, 40

Schneider, Dieter, Investition, Finanzierung und Besteuerung, 7. Auflage, Wiesbaden 1992

Scholz, Franz, Kommentar zum GmbH-Gesetz,
I. Band, §§ 1-44: Anh. Konzernrecht, 9. Aufl., Köln 2000 (zit.: *Scholz/Bearbeiter*, GmbHG)

Schouler, Oliver, Grundlagen des Eigenkapitalersatzrechts: eine Untersuchung zur dogmatischen Legitimation der eigenkapitalähnlichen Sonderbehandlung von Gesellschafterfremdkapital in der Unternehmenskrise, Frankfurt am Main u. a. 2001

Schubert, Werner (Hrsg.), Entwurf des Reichsjustizministeriums zu einem Gesetz über Gesellschaften mit beschränkter Haftung von 1939, Beiheft 58 der ZHR 1985; Heidelberg 1985

Schulz, Christian, Rentabilität und Risiko steuerbegünstigter Kapitalanlagen, Kiel 1990

Schummer, Gerhard, Das Eigenkapitalersatzrecht: notwendiges Rechtsinstitut oder Irrweg?, Wien 1998

Seibert, Ulrich, Einschränkungen des Kapitalersatzrechts bei nichtunternehmerischer Beteiligung: zum Entwurf eines Kapitalaufnahmeerleichterungsgesetzes, DStR 1997, 35 ff.

ders., Der Bundestag greift in die Diskussion zum Eigenkapitalersatz ein, GmbHR 1998, 309

Serick, Rolf, Rechtsform und Realität juristischer Personen: ein rechtsvergleichender Beitrag zur Frage des Durchgriffs auf die Personen oder Gegenstände hinter der juristischen Person, 2. Aufl., Tübingen 1980

Sieker, Susanne, Die Verzinsung eigenkapitalersetzender Darlehen, ZGR 1995, 250 ff.

Smith, Clifford / Warner, Jerold B., On Financial Contracting, 7 JoFE 117 (1979)

Spliedt, Jürgen D., Zu Fragen der Eigenkapitalersetzenden Bürgschaft (Anm. zu OLG Düsseldort, Urt. v. 7.6.2001, 6 U 194/99, ZIP 2001, 2278), EWiR 2002, 287 f.

Spoerr, Wolfgang, Treuhandanstalt und Treuhandunternehmen zwischen Verfassungs-, Verwaltungs- und Gesellschaftsrecht, Köln 1993 (zit.: *Spoerr*, Treuhandanstalt und Treuhandunternehmen)

Spremann, Klaus, Wirtschaft, Investition und Finanzierung, 5. Auflage, München, Wien 1996

Stiglitz, Joseph E. / Weiss, Andrew, Credit Rationing in Markets with Imperfect Information, 71 AER 393 (1981)

Streck, Michael, Körperschaftsteuergesetz: Kommentar mit Nebengesetzen, 5. Auflage, München 1997

Streim, Hannes, Grundzüge der handels- und steuerrechtlichen Bilanzierung, Stuttgart u. a. 1988

Strobel, Wilhelm, Betriebswirtschaftliche Überlegungen zur Reform der Behandlung von GmbH-Gesellschafterdarlehen im Falle des Konkurses oder Vergleichs, DB 1973, 1961 ff.

Süchting, Joachim, Finanzmanagement: Theorie und Politik der Unternehmensfinanzierung, 6. Auflage, Wiesbaden 1995

Swieters, Norbert, Gläubigerschutz durch Insolvenzrecht als Problem der Wettbewerbsordnung, Bergisch Gladbach 1988 (zit.: *Swieters*, Gläubigerschutz durch Insolvenzrecht)

Swoboda, Peter, Betriebliche Finanzierung, 3. Auflage, Heidelberg 1994

ders., Investition und Finanzierung, 5. Aufl., Göttingen 1996

ders., Heterogene Informationen und Kapitalstruktur der Unternehmung, ZfbF 1982, 705 ff.

Tabb, Charles Jordan, The Law of Bankruptcy, Westbury / N.Y. 1997

Terberger, Eva, Der Kreditvertrag als Instrument zur Lösung von Anreizproblemen, Heidelberg 1987

Thiele, Stefan, Das Eigenkapital im handelsrechtlichen Jahresabschluß, Düsseldorf 1997

Tietze, Jörg, Die Informationsrechte des GmbH-Gesellschafters, Köln 1985

Tillmann, Bert, Kapitalausstattung der GmbH - Zivil- und Steuerrecht, GmbHR 1987, 329 ff.

Tillmann, Tobias, Privilegierte Kapitalhilfen durch GmbH-Gesellschafter, Karlsruhe 2001

Tipke, Klaus / Lang, Joachim, Steuerrecht, 16. Auflage, Köln 1998

Treffer, Christian, Eigenkapitalersetzende Dienstleistungen eines GmbH-Gesellschafters, GmbHR 2002, 22 ff.

Uhlenbruck, Wilhelm, Gläubigerberatung in der Insolvenz: ein Handbuch für die Praxis, Köln 1983

ders., Sanierung und Reorganisation als drittes Insolvenzverfahren in einem künftigen Recht?, KTS 1981, 513 ff.

Ulmer, Peter, Umstrittene Fragen im Recht der Gesellschafterdarlehen (§ 32a

GmbHG), ZIP 1984, 1163 ff.

ders., Die gesellschaftsrechtlichen Aspekte der neuen Insolvenzordnung, in: Kübler, Bruno M. (Hrsg.), Neuordung des Insolvenzrechts, RWS-Forum 3, Köln 1989, S. 119 ff.

Ulrich, Hanns, Gesellschafterdarlehen der Banken in der Finanzkrise der GmbH, GmbHR 1983, 133 ff.

Unternehmenshandbuch Familiengesellschaften: Sicherung von Unternehmen, Vermögen und Familie, hrsg. von Brun-Hagen Hennerkes und Rainer Kirchdörfer, 2. Aufl. Köln u. a. 1997, (zit.: *Bearbeiter*, in: Unternehmenshandbuch Familiengesellschaften)

Varian, Hal R., Mikroökonomie, 3. Auflage, München/Wien 1994

Vervessos, Nikolaos, Das Eigenkapitalersatzrecht: Grundlagen und aktuelle Entwicklungen, Baden-Baden 2001

Vollmer, Lothar, Die Unternehmensbeteiligungsgesellschaften nach der Reform des UBGG, ZBB 1998, 221 ff.

ders. / Smerdka, Ute, Neuorientierung im Kapitalersatzrecht: Sanierungserleichterungen für private und institutionelle Investoren, DB 2000, 757 ff.

Vormbaum, Herbert, Finanzierung der Betriebe, 9. Auflage, Wiesbaden 1995

Walz, Rainer, Gestaltungsmöglichkeiten bei US-amerikanischen Tochtergesellschaften und rechtsvergleichende Hinweise, in: Albers, Sönke / Herrmann, Harald / Kahle, Egbert / Kruschwitz, Lutz / Perlitz, Manfred (Hrsg.), Elemente erfolgreicher Unternehmenspolitik in mittelständischen Unternehmen: Unternehmenskultur, Kundennähe und Quasi-Eigenkapital - Ergebnisse des Lüneburger Mittelstands-Symposiums 1988, Stuttgart 1989, S. 187 ff. (zit.: *Walz*, in: Albers u. a. (Hrsg.), Elemente erfolgreicher Unternehmenspolitik)

Watson, W. Clark, Deep Rock in the Deep South - Equitable Subordination of Claims in Fifth Circuit Bankruptcy Proceedings, 11 Cumb. L. Rev. 619 (1980)

Westermann, Harm Peter, Vertragsfreiheit und Typengesetzlichkeit im Recht der Personengesellschaften, Berlin, Heidelberg, New York 1970

ders., Banken als Kreditgeber und Gesellschafter, ZIP 1982, 379 ff.

ders., Entwicklungslinien im Gesellschaftsrecht, in: Henze, Hartwig / Timm, Wolfram / Westermann, Harm Peter (Hrsg.), Gesellschaftsrecht 1995, Köln 1995, S. 269 ff. (zit.: *Westermann*, in: Henze/Timm /Westermann (Hrsg.), Gesellschaftsrecht 1995)

ders., Erkennbarkeit der Krise für den Gesellschafter, Voraussetzung der Umqualifizierung einer Gesellschafterbürgschaft in Eigenkapitalersatz – „Früchte GmbH" (Anm. zu BGH, Urt. v. 7.11.1994, II ZR 270/93, ZIP 1994, 1934), EWiR 1995, 157 f.

ders., Die gesetzlichen Neuregelungen im Kapitalersatzrecht, DZWiR 2000, 1 ff.

ders., Zur Passivierung eigenkapitalersetzender Darlehen in der Überschuldungsbilanz (Anm. zu BGH, Urt. v. 8.1.2001, II ZR 88/99, DZWiR 2001, 202), DZWiR 2001, 207 ff.

Wiedemann, Herbert, Gesellschaftsrechtliche Probleme der Betriebsaufspaltung, ZIP 1986, 1293 ff.

ders., Eigenkapital und Fremdkapital, in: Festschrift für Karl Beusch zum 68. Geburtstag am 31. Oktober 1993, hrsg. v. Heinrich Beisse u. a., Berlin 1993, S. 893 ff.

Wielens, Hans, Probleme bei der Auswahl von Kapitalanlagen und kritische Durchleuchtung von steuerbegünstigten Beteiligungen, DB 1970, 2037 ff.

Wilken, Oliver, Kapitalersetzende Nutzungsüberlassung im internationalen Unterordnungskonzern, Bielefeld 1993 (zit.: *Wilken*, Kapitalersetzende Nutzungsüberlassung)

Winter, Stefan, Der Gläubigerschutz bei der Fremdfinanzierung von Kapitalgesellschaften durch ihre Mitglieder, Diss., Univ. Bonn 1996 (zit.: *Winter,* Gläubigerschutz bei der Fremdfinanzierung)

Wittgen, Robert, Einführung in die Betriebswirtschaftslehre, 2. Auflage, München 1979

Wittich, Dirk, Die Betriebsaufspaltung als Mitunternehmerschaft: eine Untersuchung zur steuer- und gesellschaftsrechtlichen Einordnung der Betriebsaufspaltung unter besonderer Berücksichtigung der eigenkapitalersetzenden Nutzungsüberlassung und der Haftung im qualifizierten faktischen Konzern, Hamburg 2002

Wöhe, Günter, Einführung in die Allgemeine Betriebswirtschaftslehre, 20. Auflage, München 2000

ders. / Bilstein, Jürgen, Grundzüge der Unternehmensfinanzierung, 8. Auflage, München 1998

Wohlleben, Herrmann Peter, Informationsrechte des Gesellschafters, Köln, Berlin, Bonn, München 1989

Wolany, Josef, Rechte und Pflichten der Gesellschafter einer GmbH, Köln 1964

Wolff, Reinhard, Betriebswirtschaftslehre, 2. Auflage, Stuttgart u. a. 1983

Woll, Arthur, Allgemeine Volkswirtschaftslehre, 13. Auflage, München 2000

Wolter, Claudia E., Gesellschafterfremdfinanzierung: verdeckte Einlagen, verdecktes Stammkapital, Drittaufwandseinlage, Berlin 1997

Wüst, Günther, Gläubigerschutz bei der GmbH, Stuttgart u.a. 1966

Wysocki, Klaus von, Zur Frage der angemessenen Eigenkapitalausstattung aus betriebswirtschaftlicher Sicht, in: Wysocki, Klaus v. (Hrsg.), Fremdfinanzierung von Kapitalgesellschaften durch Anteilseigner im deutschen und ausländischen Körperschaftsteuerrecht, München 1982, S. 1 ff. (zit.: *v. Wysocki*, in: Fremdfinanzierung von Kapitalgesellschaften)

Zweigert, Konrad / Kötz, Hein, Einführung in die Rechtsvergleichung, 3. Auflage, Tübingen 1996

FSC
www.fsc.org
MIX
Papier | Fördert gute Waldnutzung
FSC® C083411

Kolibri 360 GmbH
Ferdinand-Jühlke-Straße 7
99095 Erfurt, Deutschland
produktsicherheit@kolibri360.de

Druck:
CPI Druckdienstleistungen GmbH
im Auftrag der
Kolibri 360 GmbH
Ferdinand-Jühlke-Str. 7
99095 Erfurt